Gestão de Carreiras

O GEN | Grupo Editorial Nacional – maior plataforma editorial brasileira no segmento científico, técnico e profissional – publica conteúdos nas áreas de ciências sociais aplicadas, exatas, humanas, jurídicas e da saúde, além de prover serviços direcionados à educação continuada e à preparação para concursos.

As editoras que integram o GEN, das mais respeitadas no mercado editorial, construíram catálogos inigualáveis, com obras decisivas para a formação acadêmica e o aperfeiçoamento de várias gerações de profissionais e estudantes, tendo se tornado sinônimo de qualidade e seriedade.

A missão do GEN e dos núcleos de conteúdo que o compõem é prover a melhor informação científica e distribuí-la de maneira flexível e conveniente, a preços justos, gerando benefícios e servindo a autores, docentes, livreiros, funcionários, colaboradores e acionistas.

Nosso comportamento ético incondicional e nossa responsabilidade social e ambiental são reforçados pela natureza educacional de nossa atividade e dão sustentabilidade ao crescimento contínuo e à rentabilidade do grupo.

JOEL SOUZA DUTRA

Gestão de Carreiras

2ª edição

A pessoa, a organização
e as oportunidades

gen | atlas

- O autor deste livro e a editora empenharam seus melhores esforços para assegurar que as informações e os procedimentos apresentados no texto estejam em acordo com os padrões aceitos à época da publicação, e todos os dados foram atualizados pelo autor até a data de fechamento do livro. Entretanto, tendo em conta a evolução das ciências, as atualizações legislativas, as mudanças regulamentares governamentais e o constante fluxo de novas informações sobre os temas que constam do livro, recomendamos enfaticamente que os leitores consultem sempre outras fontes fidedignas, de modo a se certificarem de que as informações contidas no texto estão corretas e de que não houve alterações nas recomendações ou na legislação regulamentadora.

- O autor e a editora se empenharam para citar adequadamente e dar o devido crédito a todos os detentores de direitos autorais de qualquer material utilizado neste livro, dispondo-se a possíveis acertos posteriores caso, inadvertida e involuntariamente, a identificação de algum deles tenha sido omitida.

- **Atendimento ao cliente: (11) 5080-0751 | faleconosco@grupogen.com.br**

- A primeira edição trazia o título *Administração de carreiras*.

- Direitos exclusivos para a língua portuguesa
  Copyright © 2017, 2025 (5ª impressão) by
  Editora Atlas Ltda.
  Uma editora integrante do GEN | Grupo Editorial Nacional
  Travessa do Ouvidor, 11
  Rio de Janeiro – RJ – 20040-040
  www.grupogen.com.br

  Reservados todos os direitos. É proibida a duplicação ou reprodução deste volume, no todo ou em parte, em quaisquer formas ou por quaisquer meios (eletrônico, mecânico, gravação, fotocópia, distribuição pela Internet ou outros), sem permissão, por escrito, da Editora Atlas Ltda.

- Capa: MSDE | MANU SANTOS Design
- Imagem de capa: MSDE | MANU SANTOS Design
- Editoração eletrônica: Bianca Galante
- Ficha catalográfica

CIP-BRASIL. CATALOGAÇÃO NA PUBLICAÇÃO
SINDICATO NACIONAL DOS EDITORES DE LIVROS, RJ

D976g

Dutra, Joel Souza
   Gestão de carreiras: a pessoa, a organização e as oportunidades / Joel Souza Dutra. - 2. ed. - [5ª Reimpr.]. - São Paulo: Atlas, 2025.

   Inclui bibliografia.
   ISBN 978-85-97-01237-8

   1. Administração de pessoal. 2. Profissões - Desenvolvimento. I. Título.

17-42362   CDD:658.3124
                            CDU: 658.310.845

Material Suplementar

Este livro conta com o seguinte material suplementar:

- *Slides* para apresentação (exclusivo para professores).

O acesso ao material suplementar é gratuito. Basta que o leitor se cadastre, faça seu *login* em nosso *site* (www.grupogen.com.br) e, após, clique em Ambiente de aprendizagem.

O acesso ao material suplementar online fica disponível até seis meses após a edição do livro ser retirada do mercado.

Caso haja alguma mudança no sistema ou dificuldade de acesso, entre em contato conosco (gendigital@grupogen.com.br).

Sumário

Apresentação, xiii

Parte I – Dinâmica das carreiras no mercado e organizações, 1
Capítulo 1 – Desenvolvimento das pessoas na carreira, 3
    Introdução, 3
    Carreira profissional: a busca de uma definição, 4
    Conceitos para compreender o desenvolvimento na carreira, 7
    Definição dos degraus da carreira, 8
    Ações para o desenvolvimento na carreira, 18
        Consciência da necessidade de se desenvolver, 18
        Aquisição de conhecimentos e habilidades
            através da formação, 19
        Experimentação, 20
        Reflexão sobre o aprendizado, 21
    Ações de desenvolvimento para lidar com maior complexidade, 22
    Conclusão, 25

Capítulo 2 – Trajetórias de carreira, 27
    Introdução, 27
    Compreensão das trajetórias de carreira, 28
        Referenciais estáveis para a gestão de pessoas, 29
        Exemplos de trajetórias de carreira, 31
    Tipos de trajetória de carreira e armadilhas, 35
        Trajetórias operacionais, 35
        Trajetórias profissionais, 36
        Trajetórias gerenciais, 37
        Macroprocessos técnicos, 38
        Macroprocessos diferentes dentro de uma mesma
            unidade organizacional, 38

Transição de carreira, 39
    As etapas típicas de um processo de transição de carreira, 41
        Etapa racional, 41
        Etapa emocional, 41
        Etapa do limbo, 42
        Etapa da consolidação da nova carreira, 42
    Transição da carreira técnica ou funcional para a gerencial, 42
    Retorno para a carreira técnica ou funcional, 43
    Gestão da transição de carreira, 44
Conclusão, 47

Parte II – Papel das pessoas na gestão da carreira, 49
Capítulo 3 – Protagonismo das pessoas na gestão de suas carreiras, 53
Introdução, 53
Importância do protagonismo em relação à carreira, 55
Como pensar a carreira, 56
Cuidados na construção de um projeto de carreira, 57
    Futuro pensado em bases movediças, 58
    Dificuldade de sonhar a carreira, 58
    Criação de autorrestrições, 59
Estabelecimento de objetivos, 60
O autoconhecimento, 61
    Tipos psicológicos, 61
    Valores, 63
    Habilidades naturais, 67
    Projeto profissional, 67
    Negociação da carreira, 68
Processos de escolha e etapas da carreira, 69
Conclusão, 77

Capítulo 4 – Armadilhas e estratégias de carreira, 79
Introdução, 79
Armadilhas profissionais, 80
    Caminhos sem saída, 80
    Infelicidade profissional, 81
    Caminho errado, 82
    Desgaste de imagem, 83
Desconforto profissional, 85
Estratégias de carreira, 86
    Crescimento na carreira, 86
    Mudança de carreira na mesma organização, 86
    Mudança de organização na mesma carreira, 87

Mudança de organização e de carreira ao mesmo tempo, 87
Carreiras complementares, 88
Conclusão, 89

Capítulo 5 – Construção e sustentação de um projeto de desenvolvimento profissional, 91
Introdução, 91
Propulsores de carreira, 91
Processo de construção de um projeto profissional, 95
Consciência do propósito, 96
Ações de curto e longo prazo, 97
Autoconhecimento e respeito próprio, 99
Diálogo entre a carreira e as demais dimensões de nossa vida, 101
Monitoramento dos propósitos, da carreira e do desenvolvimento, 102
Ações para sustentar e/ou viabilizar o projeto profissional, 103
Conclusão, 106

Parte III – Perspectiva da carreira na organização, 107
Capítulo 6 – Papel da carreira na gestão estratégica de pessoas, 111
Introdução, 111
Relações entre carreira e estratégia de gestão de pessoas, 112
Pontos de atenção na carreira e estratégia de gestão de pessoas, 116
Papel da organização na gestão de carreiras, 118
Definição estratégica, 118
Definição do sistema de gestão de carreiras, 119
Definição da metodologia de modelagem, implementação e atualização de sistema, 119
Gestão de carreiras × gestão de pessoas, 120
Avaliação da gestão de carreiras, 124
Conclusão, 125

Capítulo 7 – Construção de planos de carreira pela organização, 127
Introdução, 127
Características dos processos de concepção e implantação de sistemas de gestão de carreiras, 128
Grupo de coordenação, 136
Grupo diretivo, 137
Grupo de modelagem, 138
Grupo de consulta, 139
Etapas para a concepção e implantação, 139
Etapa I – Definição dos parâmetros do sistema de gestão de pessoas, 140

Etapa II – Modelagem do sistema, 142
Etapa III – Implantação do sistema
e capacitação do corpo gerencial, 144
Etapa IV – Monitoramento do sistema, 146
Limitações conceituais e metodológicas, 148
Carreiras gerenciais, 150
Mensuração do desenvolvimento na carreira, 151
Conciliação de expectativas entre pessoas e organização, 152
Aprimoramento contínuo, 152
Absorção dos conceitos do sistema, 152
Apropriação do sistema por todas as pessoas, 153
Conclusão, 153

Capítulo 8 – Carreiras paralelas: relação entre carreiras gerenciais e técnicas, 155
Introdução, 155
Características das carreiras paralelas, 156
Características da base, 159
Características do braço técnico ou funcional, 159
Características do braço gerencial, 160
Vantagens para a empresa, 160
Vantagens para a pessoa, 161
Limitações da carreira paralela e principais problemas apresentados, 164
O risco de não usar a carreira paralela quando necessário, 167
Conclusão, 169

Capítulo 9 – Processo sucessório em carreiras gerenciais e técnicas, 171
Introdução, 171
Bases do processo sucessório, 172
Mapa sucessório, 175
Programas de desenvolvimento, 181
Vantagens e riscos da estruturação da sucessão, 183
Desenvolvimento da liderança, 186
Processo de sucessão em trajetórias técnicas e funcionais, 192
Aprendizados com os processos sucessórios
em trajetórias técnicas e funcionais, 193
Recomendações para o aprimoramento desses processos, 195
Conclusão, 197

Parte IV – Conciliação de expectativas e tendências, 199
Capítulo 10 – Conciliação das expectativas das pessoas e da organização, 201
Introdução, 201

Papéis na conciliação de expectativas, 202
    Papel das pessoas, 202
    Papel dos gestores, 204
    Papel da organização, 207
Suporte às decisões individuais, 211
    Instrumentos para auxiliar no autoconhecimento, 212
    Aconselhamento individual, 213
    Informações sobre oportunidades internas, 214
Suporte à gestão de pessoas pela organização, 216
    Previsão de demanda por pessoas, 216
    Programas de desenvolvimento e gestão da massa salarial, 216
Facilitadores da comunicação entre as pessoas e a organização, 217
    Preparação dos gestores para atuar como orientadores, 218
    Processos de avaliação de desempenho e de desenvolvimento, 218
    Processos de avaliação de potencial, 219
Informações que um sistema de gestão de carreiras deve apresentar, 219
    Premissas que nortearam a construção do sistema, 220
    Instrumentos de gestão, 220
    Navegação geral das pessoas, dos gestores e da organização, 221
    Navegação da organização, 222
Processos de orientação profissional, 223
    Mentoring e tutoria, 224
    Aconselhamento, 226
    Coaching, 227
Conclusão, 228

Capítulo 11 – Tendências na gestão de pessoas e a importância da gestão de carreiras no futuro, 229
Introdução, 229
Desafios para a gestão de pessoas, 230
    Perdas dos referenciais para a gestão, 230
    Novas formas de organização do trabalho, 231
    Demografia do Brasil, 233
    Transformações culturais, 235
Impacto sobre a forma de pensar carreiras, 236
    Transparência nos critérios, 236
    Fidelização da pessoa com a organização, 236
    Diferentes vínculos empregatícios, 237
Tendências nos estudos sobre gestão de carreiras, 237
Conclusão, 239

Bibliografia, 241

Apresentação

A discussão sobre carreira é muito presente no dia a dia das pessoas e das organizações. Apesar desse fato, a produção profissional e acadêmica sobre o tema no Brasil é muito tímida. Somente a partir dos anos 2000 passamos a ter um ritmo de produção mais consistente, mas pequena quando comparamos com a produção em países desenvolvidos. Do lado das organizações brasileiras, em pesquisa realizada em 2014, verificamos que apenas 2,5% das organizações amostradas têm um plano de carreira estruturado (FISCHER, 2015) em comparação com os 20% a 30% da realidade dos Estados Unidos ou países da Europa.

Do lado das pessoas verificamos que há um posicionamento ambíguo: elas têm uma avaliação negativa de suas organizações por estas não oferecerem um plano de carreira estruturado e, ao mesmo tempo, têm grandes dificuldades para pensar um projeto profissional e para serem protagonistas de suas carreiras e desenvolvimento.

Em 1996, escrevi o livro *Administração de carreiras* com o objetivo de estruturar a discussão sobre carreiras em nossa realidade e cultura. Ao longo desses 21 anos, foi possível desenvolver várias pesquisas e trabalhos sobre o tema e, consequentemente, um olhar mais arguto. Nesse tempo, verificamos que, para compreender a realidade das organizações e das pessoas, necessitávamos, minha equipe de pesquisa e eu, rever muitas das posições que assumíamos e perceber aspectos que desprezávamos há mais de 20 anos.

Creio que a questão mais relevante no que tange às pessoas foi a mudança de nossa postura em relação ao planejamento da carreira. Verificamos, por exemplo, que planejar a carreira não é natural para o brasileiro nem para o latino-americano em geral. A partir dessa constatação, passamos a trabalhar a construção de um projeto profissional em que a pessoa possa assumir o protagonismo de sua carreira analisando as oportunidades oferecidas pela organização onde trabalha ou pelo mercado onde atua ou tem condições de atuar.

No que tange às organizações, o aspecto mais relevante foi a constatação de que as trajetórias de carreira não se alteram ao longo do tempo e, por essa razão, tornam-se uma referência para predizer o processo de desenvolvimento profissional das pessoas nas organizações.

A gestão da carreira pelas organizações e pelas pessoas sempre me fascinou. Ao longo de minha vida, passei por duas mudanças de carreira, processos que misturam a dor da transformação com a alegria da descoberta de nós mesmos. Quando escrevi o livro sobre carreira em 1996, vinha do meu primeiro processo de mudança de carreira e, naquela época, acreditava que a maturidade pessoal poderia proporcionar maior clareza sobre nosso futuro, tornando os processos de mudança menos doloridos. Hoje, 21 anos mais maduro, percebo que era uma ilusão. Os processos de mudança são sempre doloridos, a maturidade nos dá maior serenidade para encará-los e sabedoria para escolher os caminhos mais bem pavimentados.

Minha decisão de voltar a discutir a questão da carreira vem da constatação da angústia sofrida pelas pessoas e pelas organizações com os desafios contemporâneos. Um exemplo dessa angústia está nos ciclos de carreira. No final dos anos 1990, verificamos que os ciclos de carreira estavam ficando cada vez mais curtos. Para esclarecer, chamamos de *ciclo de carreira* quando a pessoa, em seu processo de crescimento profissional, chega a um ponto em que percebe que não tem mais desafios em sua ocupação, quer na organização, quer no mercado. Se pudéssemos utilizar uma metáfora, diríamos que a pessoa bateu com a cabeça no teto de sua carreira. O ciclo de carreira da minha geração, chamada de *baby boomer*, foi de 20 a 25 anos. Quando estávamos fechando o ciclo, estávamos próximos da aposentadoria.

O ciclo de carreira da geração X é de 15 a 18 anos. Essa geração está chegando aos 40 anos e está fechando seu ciclo de carreira. Considerando que começou a entrar no mercado de trabalho nos anos 1990, a partir do final da primeira década dos anos 2000 essa geração começou a sentir as dores de fechar um ciclo. Ao mesmo tempo, assistimos as organizações em estado de perplexidade diante da constatação de que as pessoas estão chegando ao final de suas carreiras muito jovens e não sabem o que fazer. Imaginemos uma pessoa que, aos 40 anos, chega ao final de sua carreira técnica ou gerencial, como deve proceder a organização? E essa pessoa, quanta consciência tem do que está vivendo, quanto está preparada para iniciar um processo de transição de carreira dentro ou fora da organização?

Acreditamos que a geração que está entrando agora no mercado de trabalho tenha um ciclo de 12 a 15 anos, ou seja, essa situação vai se agravar nos próximos anos. Por essa razão, acredito ser de grande importância abrirmos a discussão sobre a gestão de carreiras no contexto contemporâneo, e esse é o grande propósito deste livro.

Para tanto, estruturamos o livro em quatro partes. Na Parte I, vamos apresentar alguns conceitos para compreendermos a dinâmica da carreira nas organizações e na vida das pessoas. Essa parte é constituída de dois capítulos: no Capítulo 1, vamos apresentar os principais conceitos de carreira e desenvolvimento nas carreiras, e no Capítulo 2 a forma como se organizam as trajetórias de carreira nas organizações e no mercado de trabalho.

Na Parte II, vamos trabalhar o papel das pessoas na gestão de suas carreiras. No Capítulo 3, apresentaremos os caminhos para uma reflexão sobre a construção de um projeto profissional e as condições para assumir o protagonismo na gestão da carreira e no desenvolvimento profissional. No Capítulo 4, com base em várias biografias profissionais e trajetórias das pessoas em organizações, apresentaremos as armadilhas profissionais observadas e uma discussão sobre como evitá-las. Nele serão discutidas, também, as possíveis estratégias de carreira. Por fim, no Capítulo 5, vamos trabalhar a sustentação de um projeto de desenvolvimento profissional.

Na Parte III, vamos trabalhar a carreira na perspectiva da organização. No Capítulo 6, vamos discutir a caracterização de um sistema de gestão de carreiras e como utilizá-lo para orientar as pessoas na construção de projetos de carreira e de desenvolvimento e para auxiliar os gestores na orientação de suas equipes. No Capítulo 7, apresentaremos a gestão de carreira como um instrumento na gestão estratégica de pessoas e formas para avaliar a efetividade do sistema de carreiras adotado pela organização. No Capítulo 8, apresentaremos a dinâmica entre as carreiras gerenciais e as carreiras técnicas ou funcionais e a gestão das carreiras paralelas. No Capítulo 9, apresentaremos o processo sucessório para as carreiras gerenciais e para as carreiras técnicas.

Na Parte IV, vamos trabalhar processos de conciliação de expectativas entre as pessoas e a organização, além das tendências na gestão de carreiras. No Capítulo 10, vamos apresentar papéis e processos para conciliar expectativas de carreira e formas de acompanhar a sua efetividade para a pessoa e para a organização. No Capítulo 11, apresentaremos a tendência na gestão de pessoas para realidades nas quais predominam o trabalho a distância, em estruturas de grande mobilidade das pessoas em projetos e processos, em ambientes sociais que exigem grande flexibilidade das relações de trabalho ou em realidades de trabalho em que há grande desgaste emocional, físico e/ou social.

Para a realização dessa revisão, foi muito importante o trabalho de parceria com Elza Veloso, que, desde os anos 2000, vem desenvolvendo estudos e uma profunda reflexão sobre a gestão de carreiras na realidade brasileira. Graças a sua generosidade em dividir suas descobertas, pudemos desenvolver projetos comuns, gerando dois livros e vários artigos. Rodrigo Silva é outro parceiro que gostaria de destacar em nossas pesquisas. A partir de meados da primeira década dos anos 2000, ele desenvolveu um trabalho incessante na análise da pesquisa dos dados das melhores empresas para se trabalhar. Essa pesquisa é realizada com a revista *Você S.A.* desde 2006 e, com base nos dados publicados, pudemos trabalhar as questões de carreira nas diferentes gerações no Brasil e as expectativas das pessoas em relação a suas organizações.

Gostaria de agradecer a parceria de meus colegas da Faculdade de Economia, Administração e Contabilidade da Universidade de São Paulo (FEA/USP) em nossas pesquisas, e em particular a André Fischer, pela realização de vários projetos em conjunto para compreender melhor a gestão de pessoas nas organizações brasileiras. O amadurecimento da gestão de carreira pelas organizações foi possível graças à parceria com meus sócios Rosa Fischer, José Hipólito, Graziella Comini e Cassiano Silva na Growth Desenvolvimento de Pessoas e Organizações. O aprofundamento nas questões relativas ao processo sucessório recebeu uma grande contribuição de minha filha Tatiana Dutra, por seu trabalho em diferentes organizações.

Por fim, dedico este livro a minha esposa Lair, pelo constante apoio em meu trabalho e por seu estímulo à publicação do meu primeiro livro, *Administração de carreiras*, em 1996.

Joel Souza Dutra

parte I

DINÂMICA DAS CARREIRAS NO MERCADO E ORGANIZAÇÕES

A carreira profissional tem diferentes significados para as pessoas. Pode estar associada à profissão escolhida pela pessoa ou a sua trajetória profissional em uma organização ou no mercado de trabalho. Para as organizações, normalmente é vista como a sucessão de posições ocupadas pela pessoa na organização ou pelas possibilidades oferecidas pela organização para a ocupação de futuras posições.

Ao longo das últimas décadas, procuramos, meus colegas e eu, encontrar parâmetros mais tangíveis para caracterizar as carreiras profissionais nas organizações e no mercado de trabalho e compreender como as pessoas se movimentam nessas carreiras ou entre elas.

Foi possível encontrar alguns padrões na construção de carreiras pelas organizações e na movimentação das pessoas nessas carreiras. Esta parte do livro é dedicada a apresentar esses padrões e, a partir deles, discutir instrumentos para a gestão da carreira pelas pessoas e pelas organizações.

No Capítulo 1, vamos apresentar como a carreira profissional de uma pessoa pode ser definida na perspectiva do mercado de trabalho e da organização e como podemos mensurar o desenvolvimento da pessoa em sua carreira, bem como as condições necessárias para a movimentação entre carreiras.

No Capítulo 2, vamos apresentar como as trajetórias de carreira são constituídas nas organizações e no mercado de trabalho e sua dinâmica, ou seja, em que condições temos mudanças nessas trajetórias. Um dos principais achados em nossas pesquisas foi o de que as trajetórias de carreira nas organizações são elementos estáveis no tempo, constituindo um orientador do desenvolvimento profissional para as pessoas e um importante instrumento de gestão da organização.

1 | Desenvolvimento das pessoas na carreira

Introdução

A demanda por um Sistema de Administração de Carreiras se tornou mais efetiva após a Segunda Guerra Mundial, com o crescimento da complexidade organizacional das organizações. As bases da Administração de Carreiras, entretanto, nasceram com a Escola de Administração Científica, a partir do estabelecimento de cargos ligados a postos de trabalho e dos sistemas de diferenciação entre eles. Mais tarde, esses mesmos conceitos transbordaram das atividades ligadas à fabricação para as atividades administrativas e comerciais das organizações.

As influências da Escola de Administração Científica tornaram a Administração de Carreiras uma atividade de competência exclusiva da organização, cabendo às pessoas submeter-se a seus desígnios.

Este quadro sofreu alteração somente na década de 1960, frente ao aumento da complexidade técnica das organizações, a expansão dos mercados e o maior estímulo às pessoas para refletirem sobre seu modo de vida. Como reflexo disso, a administração da carreira pelas pessoas e pela organização tornou-se um foco de atenção de pesquisadores e da comunidade acadêmica, mas foi somente na década de 1970 que observamos uma consolidação das reflexões e produções acadêmicas.

Na década de 1970, a produção estava concentrada nos Estados Unidos e, a partir da década de 1980, essa discussão foi ampliada para a Europa e a Austrália. Por fim, a partir dos anos 1990 a discussão sobre carreira foi disseminada em todas as partes do globo (VELOSO, 2012; DUTRA, 2010). Uma boa parte da produção acadêmica estava voltada para a compreensão dos processos de escolha das carreiras pelas pessoas, a forma como elas interagiam com suas carreiras e escolhas profissionais, bem como as várias fases e etapas das carreiras. Via-se, de outro lado, uma baixa produção no que se referia à dinâmica das carreiras nas organizações e no mercado e conciliação de expectativas entre pessoas e organização.

No Brasil, os primeiros estudos sobre carreira foram iniciados na década de 1990 e, a partir dos anos 2000, passamos a ter uma produção mais sólida e um diálogo com a produção em outros países. Neste capítulo, vamos apresentar o modo como observamos o desenvolvimento das pessoas em suas carreiras, os processos de transição de carreiras e as formas de mensurarmos o crescimento profissional das pessoas em suas carreiras.

Carreira profissional: a busca de uma definição

Carreira é algo que temos dificuldade de definir, pois trata-se de um termo utilizado em nosso cotidiano e ao qual agregamos vários significados. Podemos utilizar *carreira* para nos referirmos à mobilidade ocupacional, como, por exemplo, o caminho a ser trilhado por um executivo – carreira de negócios –, ou para nos referirmos à estabilidade ocupacional, ou seja, à carreira como uma profissão, como, por exemplo, a carreira militar. Em ambos os casos, *carreira* passa a ideia de um caminho estruturado e organizado no tempo e no espaço que pode ser seguido por alguém (VAN MAANEN, 1977). Partindo dessa mesma linha de raciocínio, Hall sugere a seguinte definição: "carreira é uma sequência de atitudes e comportamentos, associada com experiências e atividades relacionadas ao trabalho, durante o período de vida de uma pessoa" (HALL, 1976, p. 12).

Essas duas definições sugerem a carreira como fruto do arbítrio individual, não levando em conta determinantes colocadas pelas organizações e pela sociedade. Ambas estão impregnadas de influências oriundas da forma como a carreira foi pensada pela escola americana de psicologia e sociologia, isto é, quase sempre a partir da ação das pessoas. Hall e outros autores apresentam um quadro comparativo de como a carreira tem sido vista pelas ciências sociais (ARTHUR; HALL; LAWRENCE, 1989, p. 10), do qual cabe destacar:

- **Psicologia** – a carreira tem sido vista como vocação (HOLLAND, 1985), como um veículo para a autorrealização (SHEPARD, 1984) e como uma componente da estrutura da vida individual (LEVINSON, 1984).

- **Social Psicologia** – a carreira tem sido vista como mediadora entre o papel requerido pelo ambiente externo ao indivíduo e a resposta individual (BAILYN, 1980).
- **Sociologia** – a carreira tem sido vista como um conjunto de papéis (HUGLES, 1958) e como mobilidade social (BLAU; DUNCAN, 1967; FEATHERMAN; HAUSER, 1978).

O conceito de *carreira* cunhado por London e Stumpf (1982, p. 4) foi utilizado como principal referência para as publicações geradas na década de 1980.

> Carreira são as sequências de posições ocupadas e de trabalhos realizados durante a vida de uma pessoa. A carreira envolve uma série de estágios e a ocorrência de transições que refletem necessidades, motivos e aspirações individuais e expectativas e imposições da organização e da sociedade. Na perspectiva do indivíduo, engloba o entendimento e avaliação de sua experiência profissional, enquanto, na perspectiva da organização, engloba políticas, procedimentos e decisões ligadas a espaços ocupacionais, níveis organizacionais, compensação e movimento de pessoas. Estas perspectivas são conciliadas pela carreira dentro de um contexto de constante ajuste, desenvolvimento e mudança.

Essa definição encerra conceitos importantes. Em primeiro lugar, a exemplo das definições de Van Maanen e de Hall, não trata a carreira como uma sequência linear de experiências e trabalhos, mas como uma série de estágios e transições que variam em função das pressões sobre o indivíduo originadas dele próprio e do ambiente onde ele está inserido. Em segundo lugar, pensa a carreira como fruto da relação estabelecida entre a pessoa e a organização, englobando as perspectivas de ambos. Por fim, trata a carreira como elemento de conciliação dinâmica das expectativas entre a pessoa e a organização.

Ao tomarmos por base essas definições, admitimos que cada pessoa tem uma carreira, já que somente ela viverá aquela sequência de experiências. Entretanto, podemos observar nessas sequências de experiências alguns padrões que nos permitem predizer os movimentos das pessoas e as situações que já foram ou serão vividas por elas. Esses padrões podem ter como base diferentes perspectivas ou ângulos de visão. Podemos destacar, pela frequência em que aparecem na literatura e trabalhos sobre carreira, as seguintes propostas de estruturar padrões na sequência de experiências vividas pelas pessoas:

- Etapas de desenvolvimento na carreira, ou seja, o momento de início, etapas de evolução e o momento de saída. Vamos nos aprofundar nessas etapas no Capítulo 3 (SUPER, 1957; SUPER; BOHN JR., 1972; HALL, 1976 e 2002; ROTHWELL; KAZANAS, 1988; SCHEIN, 1978; GUEST; STURGES, 2007; PEIPERL; ARTHUR, 2002; HIGGINS, 2005; MAINIERO; SULLIVAN, 2006; INKSON, 2007; GUNZ; PEIPERL, 2007; BRISCOE; HALL, 2013; MARTINS, 2001; COSTA; BALASSIANO, 2006; VELOSO; TREVISAN, 2005; VELOSO, 2012).
- Processo de desenvolvimento na carreira analisado a partir do nível de complexidade das atribuições e das responsabilidades assumidas pela pessoa. Neste caso, os trabalhos privilegiam a carreira em determinada organização (DALTON; THOMPSON, 1993; JAQUES, 1994; ROWBOTTOM; BILLIS, 1987; STAMP, 1993; CHARAN; DROTTER; NOEL, 2001).
- Processos de transição na carreira, descrevendo situações ou pressões que levam as pessoas a efetuarem mudanças mais profundas em suas carreiras (IBARRA, 2003; MORISON; ERICKSON; DYCHTWALD, 2006; QUISHIDA, 2007; FERREIRA; DUTRA, 2010; VELOSO, 2012).
- Posicionamento das pessoas diante de sua carreira, tanto no que se refere aos valores pessoais quanto à amplitude da carreira. Vamos analisar esses valores no Capítulo 3 (HALL, 1976, 1986, 1996 e 2002; SCHEIN, 1978; ARTHUR; HALL; LAWRENCE, 1989; ARTHUR; ROUSSEAU, 1996; ARTHUR; INKSON; PRINGLE, 1999; GUEST; STURGES, 2007; PEIPERL; ARTHUR, 2002; HIGGINS, 2005; MAINIERO; SULLIVAN, 2006; INKSON, 2007; GUNZ; PEIPERL, 2007; BRISCOE; HALL, 2013; MARTINS, 2001; COSTA; BALASSIANO, 2006; VELOSO; TREVISAN, 2005; VELOSO, 2012; DUTRA, 2010).
- Tipologia de trajetórias de carreira, nas quais é descrita a natureza das atribuições e responsabilidades assumidas pelas pessoas. Em cada tipologia podemos observar movimentos típicos, os quais serão explorados no Capítulo 2 (DUTRA, 2002, 2004, 2010 e 2014; DUTRA; HIPÓLITO, 2012; DUTRA; DUTRA, 2016; JONES; DUNN, 2007; HIGGINS, 2005).

Para discutir padrões que nos permitem tornar tangível o desenvolvimento das pessoas na carreira, é necessário oferecer alguns conceitos para que se possa compreender como esse processo ocorre no interior das organizações e no mercado de trabalho.

Conceitos para compreender o desenvolvimento na carreira

Nos anos 1980, nós já discutíamos a falência das abordagens tradicionais para compreender o que ocorria em nossas organizações, todas elas eivadas de uma abordagem da administração científica, analisando as pessoas a partir de suas funções e cargos em uma realidade cada vez mais fluida. Ao mesmo tempo, criticávamos o fato de não conseguirmos oferecer visões alternativas consistentes e convincentes. De forma tímida e cautelosa, nós nos aproximamos do conceito de *competência*, particularmente do ponto de vista dos franceses, que afirmavam que *pessoa competente* é aquela que contribui de alguma forma para o contexto onde se insere. Também aprendemos com os franceses que, para contribuir para o contexto, a pessoa necessita compreender a demanda desse contexto sobre ela, isto é, não basta ter capacidade e querer contribuir. Caso a pessoa não compreenda a demanda do contexto sobre si, oferecerá uma resposta incompleta ou incorreta e, muitas vezes, sem consciência do que está ocorrendo.

Ao longo dos anos 1990, vimos as demandas sobre as pessoas se tornarem cada vez menos tangíveis, aumentando a dificuldade das pessoas de compreendê-las. Nesse quadro, verificamos que as organizações que conseguiram explicitar suas demandas sobre as pessoas obtiveram melhorias significativas no clima e nos resultados. Hoje, se uma pessoa simplesmente realizar seu trabalho e atingir as metas, provavelmente, estará contribuindo pouco para a organização. Necessitamos de muito mais. Podemos querer, por exemplo, que a pessoa perceba o impacto de seu trabalho no das demais pessoas e que realize seu trabalho dentro de princípios éticos e dos valores da organização. Os aspectos não tangíveis foram ganhando uma proporção ainda maior a partir dos anos 2000, fazendo com que um número cada vez maior de organizações passasse a incorporar o conceito.

Percebemos, então, que o conceito de *competência* não era suficiente para instrumentalizarmos as organizações para lidar com uma realidade cada vez mais volátil. Verificamos, também, que esse conceito não dava conta de discutirmos a valorização e a carreira das pessoas ou de mensurar o desenvolvimento ou aumento de contribuição dessas pessoas para a organização. Nesse sentido, o conceito de *complexidade* veio em nosso auxílio. Verificamos que havia uma alta relação entre o nível de complexidade das atribuições e a responsabilidade das pessoas e seu nível de contribuição para o contexto. A contribuição da pessoa era difícil de mensurar por incorporar muitos elementos não tangíveis, ao passo que a complexidade oferecia elementos para essa mensuração. Isso nos permitiu uma definição operacional de *desenvolvimento*: **a pessoa se desenvolve quando incorpora atribuições e responsabilidades de maior complexidade**. Também nos permitiu uma definição operacional de *carreira*: **a carreira é uma sucessão de degraus de complexidade**. Verificamos, ainda, que podíamos integrar desenvolvimento, remuneração e carreira através do conceito de *complexidade*.

Desse modo, podemos pensar que as pessoas atuam como agentes de transformação de conhecimentos, habilidades e atitudes em competência entregue para a organização. A competência entregue pode ser caracterizada como agregação de valor ao patrimônio de conhecimentos da organização. Cabe destacar o entendimento de *agregação de valor* como algo que a pessoa entrega para a organização de forma efetiva, ou seja, que permanece mesmo quando ela sai da organização.

Observamos que essa entrega é efetuada de diferentes formas porque as pessoas são diferentes na forma como articulam seus conhecimentos, habilidades e atitudes com o contexto ambiental. Portanto, ao definirmos o que esperamos que as pessoas entreguem para a organização, vamos perceber que as pessoas o farão por diferentes caminhos. Teremos pessoas que entregarão o que a empresa espera dando ênfase às suas habilidades de relacionamento interpessoal, e teremos pessoas que entregarão dando ênfase a suas habilidades técnicas – ambas estarão entregando o esperado, porém, de formas diferentes. Essa diversidade é fundamental, pois é por meio dela que a organização vai aprendendo diferentes formas de obter sucesso e competitividade. Ou seja, é importante perceber que as pessoas se desenvolvem a partir delas próprias.

O protagonismo das pessoas em relação a seu desenvolvimento e sua carreira é cada vez mais estimulado pela organização, pois é a principal fonte da inovação, competitividade e amadurecimento organizacional.

Definição dos degraus da carreira

A carreira pode ser pensada em degraus de complexidade, ou seja, na medida em que a pessoa incorpora atribuições (conjunto das funções e atividades executadas pela pessoa) e responsabilidades (conjunto das decisões exigidas da pessoa pela organização) mais complexas, está se desenvolvendo e agregando mais valor para o meio onde se insere.

Os níveis de complexidade podem ser mensurados e podemos definir determinado espectro de complexidade como um degrau da carreira profissional. A carreira seria, então, uma sequência de degraus de complexidade que podem ser definidos formalmente pela organização ou observados pela pessoa em seu crescimento profissional. Um exemplo interessante foi quando analisamos a carreira de jornalistas. Verificamos, por exemplo, que o desenvolvimento do repórter de texto em determinada redação está muito vinculado a seu talento e pouco vinculado a seu tempo de experiência ou de formação. Uma importante marca de complexidade em sua carreira é o momento em que passa a dominar a linguagem do veículo. Observamos que não importa qual seja o veículo, o padrão de complexidade é o mesmo, podendo ocorrer até mesmo quando um homem de 40 anos escreve para uma revista destinada a meninas adolescentes.

Verificamos que qualquer atividade humana pode ser classificada em níveis de complexidade e que essa é a visão mais intuitiva de carreira. Ao estabelecermos um padrão aceito por todas as pessoas envolvidas, formalizamos os degraus da carreira. Esse ponto é importante em realidades em que as pessoas se dedicam a uma mesma atividade, porém em níveis de complexidade diferentes, como, por exemplo, em uma orquestra da qual todos os músicos estão participando, mas em que existem papéis diferentes, demandando de alguns deles um trabalho de maior complexidade para oferecer o resultado final.

A questão da complexidade sempre esteve presente nos processos de valorização das pessoas. Pesquisadores como Elliott Jaques (1967) já produziam reflexões a esse respeito no final dos anos 1950. Em 1956, Jaques escreveu sobre o assunto, e o livro *Equitable Payment* foi publicado pela primeira vez em 1961. Foi ele quem lançou a ideia de *time span*, ou seja, de que "o maior período de tempo durante o qual o uso do discernimento é autorizado e esperado, sem revisão por um superior" (JAQUES, 1967, p. 21). O autor demonstra que quanto maior o *time span*, maior é a complexidade da posição e maior é o nível remuneratório. Em suas proposições sobre complexidade, Jaques é muito reducionista, acreditando que somente o *time span* seria suficiente para determinar a complexidade. Seus seguidores Stamp (1989, 1993, 1994a e 1994b) e Rowbottom e Billis (1987) demonstraram a necessidade de elementos adicionais para essa caracterização.

Le Boterf (2003) retoma a discussão ao ampliar o debate sobre competências. Discute o que chamou de *profissionalismo*, inserindo questões sobre complexidade e carreira. A preocupação de Le Boterf se concentra em um saber combinatório, ou seja, na capacidade da pessoa de perceber as transformações no ambiente e suas novas exigências e, a partir daí, mobilizar adequadamente seu repertório e/ou buscar ampliá-lo. Nossa preocupação se concentra em discutir a mensuração desse desenvolvimento. Le Boterf discute a carreira como a articulação combinatória de saberes necessários ao ambiente profissional no qual a pessoa atua. Nós pensamos a trajetória da pessoa dentro de determinado espectro de complexidade, partindo da premissa de que a realidade do mercado e/ou da organização estabelece naturalmente limitações de complexidade na qual essa pessoa pode atuar, conforme veremos mais adiante.

Le Boterf define o profissional como "aquele que sabe administrar uma situação profissional complexa" (2003, p. 37), estabelecendo complexidade como um conjunto de características objetivas de uma situação, as quais estão em processo contínuo de transformação. Temos também utilizado *complexidade* para nos referir às características objetivas da realidade, buscando, porém, estabelecer padrões estáveis no tempo que possibilitem chegar a uma métrica perene e aplicável a diferentes realidades. Somente dessa forma seria possível estabelecer análises comparativas entre diferentes empresas, mercados e momentos históricos. Para nós, portanto, a *complexidade* é uma característica intrínseca de determinada realidade. Ela se liga ao fato de a situação exigir níveis diferentes de articulação do repertório de determinada pessoa.

Para explicar melhor, é necessário estabelecer uma distinção entre *complexidade* e *dificuldade*. Se uma atividade de difícil execução puder ser sistematizada e reproduzida com facilidade por outros profissionais de mesmo nível, ela deixará de ser complexa, mas continuará sendo de difícil execução, como intervenções cirúrgicas para a extração do apêndice ou das tonsilas; embora difíceis, porque uma pessoa sem preparo em medicina dificilmente poderia executá-las, não são complexas, pois são atividades facilmente incorporáveis ao repertório de um cirurgião. Um transplante de coração, de outro lado, mesmo que possa ser sistematizado, requer o conhecimento de especialidades diferentes, e a possibilidade de ocorrências inesperadas é muito grande. Desse modo, o transplante de coração é uma atividade de grande complexidade e vai exigir do profissional que lidera a equipe de cirurgiões larga experiência, legitimidade perante seus colegas e ter dado mostras para seus pacientes de que é competente para executar esse tipo de intervenção cirúrgica. Pode ser que em um futuro próximo, com os avanços da medicina, essa intervenção deixe de ser complexa, mas continuará sendo de difícil execução. Analogamente, na realidade vivida pelas organizações contemporâneas, em ambiente em constante transformação, **a complexidade não está na situação em si, mas no que ela exige da pessoa. Esse padrão de exigência é a base para a construção de nossas fitas métricas.** Para cada realidade organizacional e de trajetória de carreira, temos procurado estabelecer dimensões de complexidade que retratem esses padrões de exigência. De forma genérica, podemos verificar essas dimensões na Figura 1.1.

Fonte: Figura desenvolvida por José Hipólito para apresentação dessa sistemática em palestras sobre o tema.

Figura 1.1 – Dimensões de complexidade

Um aspecto importante para mensurar a complexidade é o impacto no contexto de decisões ou ações da pessoa, que pode ser medido, conforme mostra a Figura 1.1, pelo nível de atuação, pela abrangência da atuação e/ou pelo escopo da responsabilidade. Outros aspectos importantes da complexidade são: o nível de estruturação da atividade (quanto menos estruturada, maior a complexidade); como a pessoa trata a informação e seu nível de autonomia decisória.

Ao longo de sua utilização, a complexidade revelou-se um conceito importante para se compreender a realidade da gestão de pessoas na empresa moderna. Inicialmente, ele nos permitiu perceber com maior nitidez o processo de desenvolvimento, favorecendo uma definição operacional de *desenvolvimento profissional*. As pessoas se desenvolvem quando lidam com atribuições e responsabilidades de maior complexidade. Observamos que o mercado e as organizações utilizam naturalmente a complexidade como elemento de diferenciação, mas nunca de forma estruturada. Ao estruturá-la, temos tido facilidade em demonstrar o conceito para diferentes gestores, tanto nas empresas onde temos atuado quanto em nossos cursos de extensão para esse público. A facilidade não ocorre por acaso, e sim porque ajuda a explicar para as pessoas aspectos de uma realidade que já conheciam, mas não conseguiam sistematizar de forma lógica e coerente. A questão da complexidade, portanto, sempre esteve presente entre os critérios de diferenciação dos cargos, mas só passou a ocupar o primeiro plano na avaliação das pessoas com a falência dos cargos como elemento de diferenciação.

Em relação aos cargos, percebemos também alterações importantes. As descrições de cargo ao longo dos anos 1990 sofreram transformações em suas características. No final dos anos 1980, eram tipicamente descrições de suas funções e atividades; hoje, procuram traduzir as expectativas de entrega desses cargos e apresentam escala crescente de complexidade. Percebemos que as empresas procuram intuitivamente adequar-se à realidade. Ao fazê-lo conscientemente, entretanto, tornam mais eficientes os sistemas de gestão.

Vamos apresentar, a seguir, formas utilizadas no estabelecimento de escalas para mensurar a complexidade. Os autores nos quais temos nos apoiado são Charan, Drotter e Noel (2001), Dalton e Thompson (1993), Jaques e Cason (1994), Rowbottom e Billis (1987) e Stamp (1993).

Os níveis de complexidade podem ser medidos, segundo Jaques (1967 e 1994), a partir do intervalo de tempo entre a tomada de decisão de forma autônoma e a possibilidade de avaliação dos resultados dela decorrentes. Quanto maior o tempo, mais elevado é o nível de abstração exigido para que a decisão tomada esteja correta e seja efetiva. Jaques identifica sete estratos de complexidade nas organizações, aos quais chama de *níveis de trabalho* (*work levels*) e relaciona à dimensão temporal, conforme as categorias apresentadas a seguir:

- ***Work level* 1 (até 3 meses)** – trabalhadores do chão de fábrica e trabalhadores qualificados, incluindo os supervisores.
- ***Work level* 2 (de 3 meses a 1 ano)** – gerentes que respondem por operações ou processos simples (primeiro nível gerencial).
- ***Work level* 3 (de 1 a 2 anos)** – gerentes de nível médio e táticos, que respondem por um conjunto de processos.
- ***Work level* 4 (de 2 a 5 anos)** – gerentes seniores, que respondem por decisões estratégicas, geralmente posicionados como diretores.
- ***Work level* 5 (de 5 a 10 anos)** – nível típico de presidentes de empresas nacionais.

- **Work level 6 (de 10 a 20 anos)** – profissionais responsáveis por um grupo de empresas ou mesmo organizações de atuação transnacional.
- **Work level 7 (acima de 20 anos)** – esta é uma característica de CEO (*chief executive officer*) de empresas de grande porte, que atuam em vários países e com operações diversificadas.[1]

A Figura 1.2 alinha essas dimensões ao nível de responsabilidade pelo presente e futuro organizacional, em que verificamos que os níveis 1, 2 e 3 são responsáveis pelo valor agregado para o presente do negócio, os níveis 3, 4 e 5 são responsáveis pelo valor agregado para o futuro do negócio, e os níveis 5, 6 e 7 são responsáveis pelos valores e pela criação de valores para a organização/negócio.

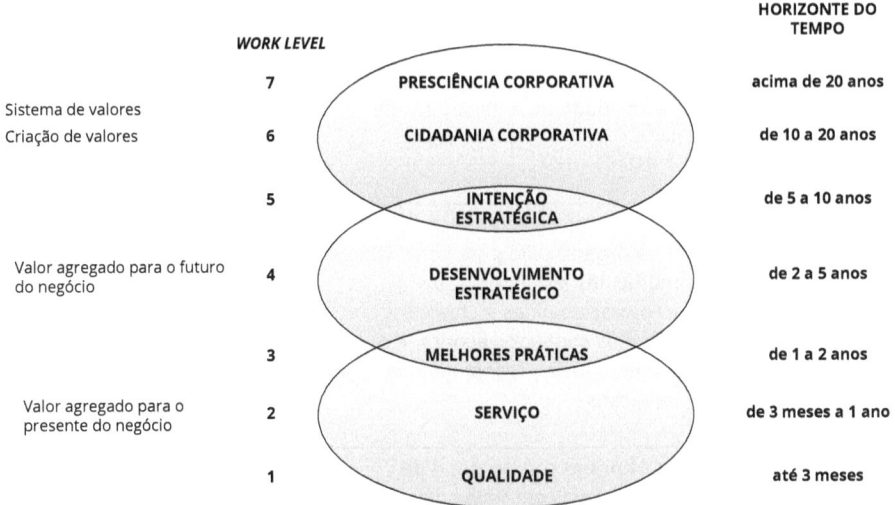

Fonte: Jaques (1994, p. 15).

Figura 1.2 – *Work Level* – Elliot Jaques

Rowbottom e Billis (1987) desenvolveram, a partir dos trabalhos de Jaques, um conjunto maior de referenciais para medir os níveis de complexidade. Acreditavam que a utilização do intervalo de tempo como única medida é de difícil aceitação, além de muitas vezes não levar em consideração características de desenhos organizacionais específicos ou da natureza dos problemas

---

[1] Vale a pena destacar que, segundo os trabalhos do autor, nem sempre as organizações de grande porte de caráter transnacional vão demandar um CEO atuando nesse nível de complexidade. Dependendo do tipo de negócio e das características do ambiente no qual está inserida a organização, pode ser necessário um executivo atuando no nível 6 ou 7.

a serem gerenciados. Os autores procuraram associar a cada estrato definido por Jaques a complexidade das responsabilidades da posição.

De outro lado, Stamp (1993) procurou definir os diferentes níveis de complexidade a partir do processo de tomada de decisão, relacionando-os à maturidade do profissional. A Tabela 1.1 demonstra o alinhamento das abordagens de ambos.

Tabela 1.1 – Comparativo entre trabalho requerido e processo de tomada de decisões para os níveis de trabalho

Nível de complexidade	Trabalho requerido (ROWBOTTOM; BILLIS, 1987)	Processo de tomada de decisão (STAMP; STAMP, 1993)
7	– Assegurar viabilidade para as futuras gerações da organização. – Prever campos futuros de necessidade de uma sociedade.	*Prever* – Interpreta e molda configurações de economias, políticas, nações, regiões, religiões e ideologias para criar futuros desejados.
6	– Ajustar as características de uma organização para contextos multiculturais. – Formar opiniões e conceitos sobre os contextos econômico, político, social, tecnológico e religiosos.	*Revelar* – Estende sua curiosidade e análise além das áreas conhecidas de influência real ou potencial, explorando recursos inesperados de oportunidade ou instabilidade.
5	– Cobrir um campo geral de necessidades em uma sociedade. – Definir qual é a razão de existência de uma organização complexa.	*Tecer* – Compreende relações entre diferentes sistemas. – Identifica relações e vínculos potenciais entre questões e eventos desconectados.
4	– Oferecer um espectro completo de produtos e serviços para a totalidade de um território ou organização. – Introduzir, desenvolver e manter uma unidade de negócios, integrando-a ao ambiente no qual está inserida.	*Modelar* – Utiliza ideias e conceitos, testando possíveis combinações e produzindo inovações. – Constrói modelos a partir do que vê em diversas realidades.

3	– Oferecer respostas sistemáticas de acordo com a necessidade de situações com início, meio e fim definidos. – Garantir o funcionamento pleno de um sistema.	*Conectar* – Examina cuidadosamente várias atividades na busca de ideias, tendências ou princípios que criem um todo coerente.
2	– Realizar tarefas concretas, cujos objetivos e implicações devem ser julgados de acordo com as especificidades da situação. – Identificar as necessidades de clientes específicos.	*Acumular* – Reúne informações, passo a passo, para revelar aspectos óbvios e implícitos de cada situação, identificando resultados das possíveis respostas.
1	– Realizar tarefas separadas e concretas, cujos objetivos e produtos podem ser totalmente especificados.	*Perceber* – Fornece respostas diretas para tarefas imediatas.

Fonte: Rinow (1998) a partir dos trabalhos de Rowbottom e Billis (1987) e Stamp e Stamp (1993, p. 86).

Outro trabalho importante para a compreensão da complexidade foi desenvolvido por Dalton e Thompson (1977 e 1993). Através de pesquisas realizadas nos Estados Unidos, esses autores perceberam a existência de quatro estágios de desenvolvimento ligados ao nível de complexidade da atuação da pessoa. As pessoas migram de um estágio para outro na medida em que ganham experiência e formação e desenvolvem a disposição de efetuar transformações em sua vida profissional, ou seja, assumir um conjunto de atribuições e responsabilidades mais exigentes. O processo foi chamado pelos autores de *novação*, termo derivado da área jurídica que significa a negociação de novos parâmetros em um contrato. A passagem para um estágio de maior complexidade implica, na visão dos autores, que as pessoas estejam dispostas e conscientes para mudar sua forma de percepção da realidade, de suas expectativas e para efetuar ajustes a um novo nível de pressões.

Os estágios de desenvolvimento descritos pelos autores são:

- **Aprendiz** – desenvolve atividades estruturadas, com autonomia para inovar dentro de parâmetros preestabelecidos. Necessita de supervisão para conseguir entregar o que a organização espera dele.
- **Profissional independente** – atua de forma independente e não necessita de supervisão para entregar o que a empresa espera dele. Está pronto para assumir a responsabilidade por projetos, consegue atuar com profundidade em sua área técnica ou funcional e desenvolve credibilidade e reputação em torno de sua atuação.

- **Mentor ou integrador** – responsável por desenvolver outras pessoas, lidera grupos, orienta-os técnica e administrativamente e assume a supervisão formal de projetos e pessoas. É tido como referência técnica e/ou funcional.
- **Diretor ou estrategista** – responsável pela direção estratégica de empresa ou negócio. Exercita poder formal e informal para influenciar decisões dentro e fora da organização, obter recursos, aprovar projetos e trabalhos. Representa a empresa perante todos os níveis dentro da organização e perante pessoas e instituições externas.

Cabe destacar o trabalho de Charan, Drotter e Noel (2001), que propõem níveis de complexidade das atribuições e responsabilidades dos líderes organizacionais aos quais chamaram de *leadership pipeline*. Esses níveis de complexidade são análogos aos *work levels* definidos por Jaques e Cason (1994), conforme demonstrado na Figura 1.2. Um aspecto importante do trabalho desenvolvido por Charan, Drotter e Noel são as dificuldades típicas vividas pelos líderes ao mudar de nível de complexidade. A lógica estabelecida por eles é análoga aos trabalhos desenvolvidos por Dalton e Thompson (1993) em que analisam as dificuldades das pessoas ao mudar de nível de complexidade. Em nossas pesquisas no Brasil, procuramos verificar se os problemas de passagem de nível de complexidade apontados por Charan, Drotter e Noel também ocorriam em nossas organizações. Verificamos que sim, e encontramos dificuldades análogas (DUTRA; DUTRA, 2016), conforme demonstrado na Figura 1.3.

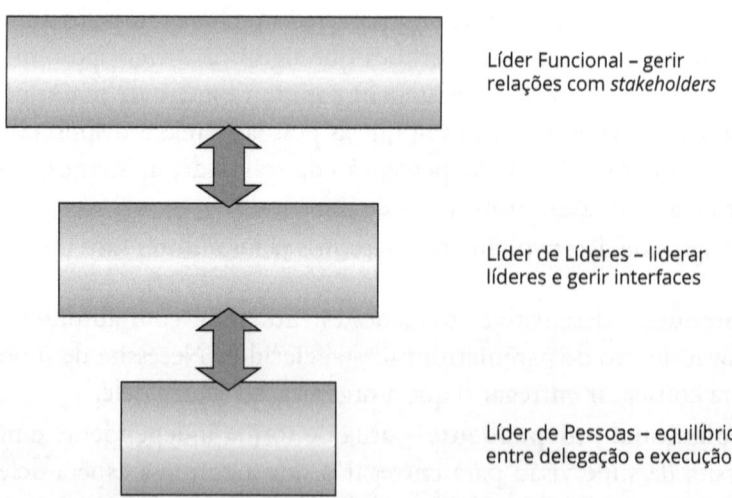

Fonte: Dutra (2016) com base em Charan, Drotter e Noel (2001, p. 41).

Figura 1.3 – Transições de *pipeline*

Desenvolvimento das pessoas na carreira | 17

A Figura 1.3 aponta os problemas de transição. Verificamos que, quando a pessoa deixa de ser líder de si mesma para liderar um grupo de executores, tende a continuar executando e tem grandes dificuldades para delegar. Quando a pessoa ascende de líder de equipe para líder de líderes, tende a tratar seus subordinados como executores, como fazia na posição anterior, e a assumir uma posição de defesa de seu espaço, erguendo muros altos, construindo um fosso profundo ao redor desses muros e colocando jacarés ferozes dentro deles, quando na verdade deveria construir pontes e estradas. Há uma dificuldade típica nessa transição, que é a de construir ou aprimorar as interfaces da área ou unidade com as demais áreas. Ao assumir uma posição de gestor funcional ou gestor estratégico, a pessoa deveria dedicar boa parte de seu tempo ao relacionamento com os *stakeholders*, no entanto, volta-se para dentro da organização e tem dificuldade para construir um relacionamento mais intenso com o público externo.

A Figura 1.4 mostra um comparativo dos níveis de complexidade trabalhados por diferentes autores: Charan, Drotter e Noel (2001), Dalton e Thompson (1993) e Jaques (1994).

Níveis de Complexidade

	Ram Charan *Leadership Pipeline*	Elliot Jaques *Work Level*	Dalton & Thompson *Novations*
	Gestor de Empresas	WL 7 – CEO	–
	Gestor de Grupo de Negócios	WL 6 – Presidente Regional	–
	Gestor de Negócios	WL 5 – Presidente Nacional	Estágio 4 – Estrategista
	Gestor Funcional	WL 4 – Gerente Estratégico	Estágio 4 – Estrategista
	Gestor de Líderes	WL 3 – Gerente Tático	Estágio 3 – Mentor
	Gestor de Equipe	WL 2 – Gerente Tático-Operac.	Estágio 3 – Mentor
	Executor	WL 1 – Não Gerente	Estágio 2 – Profissional
	–	–	Estágio 1 – Aprendiz

Fonte: Material desenvolvido pelo autor com base em Charan, Drotter e Noel (2001), Dalton e Thompson (1993) e Jaques (1994).

Figura 1.4 – Comparativo de diferentes caracterizações de níveis de complexidade

Ações para o desenvolvimento na carreira

A responsabilidade pela construção e pela gestão do plano individual de desenvolvimento é da própria pessoa. Cabe ao líder ajudá-la na construção de seu plano, conciliando seus interesses com os interesses da organização ou negócio e criando as condições objetivas para a concretização desse plano.

Para desenvolver as pessoas para assumirem níveis crescentes de complexidade, o plano de desenvolvimento deve contemplar ações de diferentes naturezas. O processo de desenvolvimento das pessoas na organização e em relação ao seu trabalho tem sido trabalhado por diferentes autores. Para balizar a elaboração de planos de desenvolvimento individuais, nos baseamos em trabalhos desenvolvidos por Ruas (2001, 2002, 2003 e 2005) e Antonello (2004, 2005 e 2011) sobre aprendizagem organizacional, mais particularmente sobre a aprendizagem experimental e a conversão de conhecimento. A aprendizagem experimental é baseada no ciclo de aprendizagem desenvolvido por Kolb, Rubin e McIntyre (1990), e a conversão de conhecimentos baseia-se em Nonaka e Takeuchi (1997).

A partir desses trabalhos, constatamos que o processo de aprendizado passa por diferentes etapas, mas, no caso da construção de um plano de desenvolvimento, podemos ter ações de aprendizagem de diferentes naturezas agindo de forma sinérgica e permitindo que a pessoa alcance seus propósitos de desenvolvimento e de contribuição para a organização ou negócio. Essas ações consistem em: consciência da necessidade de se desenvolver, aquisição de conhecimentos e habilidades através da formação, experimentação e reflexão sobre o aprendizado. Vamos trabalhar essas diferentes categorias e como podemos transformá-las em ações de desenvolvimento.

Consciência da necessidade de se desenvolver

As pessoas estarão engajadas em seu desenvolvimento caso percebam a necessidade disso para suas vidas no presente e no futuro. Caso contrário, não estarão realmente engajadas nas ações de desenvolvimento. Foi possível observar, em nossas experiências, inúmeros casos de fracasso nas ações de desenvolvimento porque as pessoas não as viam como algo importante para suas vidas. O líder deve ter a sensibilidade de perceber o quanto a pessoa está convencida de que necessita desenvolver determinados aspectos para fazer frente aos desafios ou para realizar seus objetivos. Caso a pessoa não esteja convencida ou o líder tenha dúvidas sobre qual aspecto é mais importante desenvolver nela, devem ser pensadas ações de aprendizagem com o objetivo de criar nessa pessoa a consciência de um ponto a ser desenvolvido ou com o objetivo de gerar convicção no líder e/ou no liderado sobre qual é o foco da ação de desenvolvimento.

As ações para criar consciência são, habitualmente, as que permitem à pessoa desenvolver uma distância crítica em relação ao seu trabalho ou a si mesma, como, por exemplo: realizar um *benchmark* em outras áreas da organização ou em outras organizações; participar de um projeto interdepartamental ou coordenar um, o que permitirá à pessoa desenvolver uma visão sistêmica em relação ao seu trabalho; participar de um curso em turmas abertas para conviver com pessoas que realizam trabalho semelhante em outras empresas; atuar em outra atividade ou projeto de diferente natureza; atuar em organizações filantrópicas ou sociais etc.

Essas atividades permitem que a pessoa tenha uma visão externa de si e do seu trabalho. Essa visão externa, por sua vez, cria a consciência de aprimoramentos comportamentais, de competências e de práticas. Essas atividades são úteis, também, para que o líder e a pessoa envolvida formem convicção sobre os pontos a serem desenvolvidos.

Outra forma de trabalhar a consciência é buscar pessoas, grupos ou experiências ligadas ao desafio a ser enfrentado pela pessoa, para compartilhar conhecimentos e vivências. Essa prática é muito útil para antever as dificuldades e o caminho a ser percorrido. Ao mesmo tempo que aprimoramos o planejamento das atividades, percebemos nossas fragilidades e pontos de aprimoramento.

Por fim, outra forma de trabalhar esses aspectos é iniciar uma ação de desenvolvimento que, a princípio, faça sentido para a pessoa e para seu líder, acompanhando os resultados em curtos intervalos de tempo para avaliar se a escolha foi adequada ou não.

Aquisição de conhecimentos e habilidades através da formação

A formação caracteriza-se por uma atividade formal de aprendizagem na qual a pessoa recebe conhecimentos ou desenvolve habilidades através de ações previamente estruturadas e testadas. A formação é recomendada quando a pessoa precisa adquirir um repertório sobre um tema ou trabalho que não tem ou está pouco amadurecido. A formação oferece para a pessoa que necessita desenvolver conhecimentos: conceitos, experiências já vivenciadas e estruturadas no tema ou trabalho, visão de outras pessoas e de outras organizações sobre o tema, e orientação sobre literatura a respeito do tema ou trabalho. No caso da pessoa que necessita adquirir habilidades, a formação oferece:

experimentação assistida, interação com pessoas que estão desenvolvendo a mesma habilidade, visão do emprego e articulação da habilidade ou das habilidades em seu trabalho, e percepção dos problemas gerados com o uso inadequado da habilidade ou da falta da habilidade.

A formação oferece uma certificação ou um reconhecimento formal de que a pessoa adquiriu os conhecimentos ou habilidades a que se propunha. Oferece, também, segurança para a pessoa iniciar seu projeto ou trabalho com mais confiança e com espírito crítico. Portanto, a formação pode acelerar o desenvolvimento, elevando o patamar inicial de conhecimentos e habilidades da pessoa para iniciar um novo trabalho ou enfrentar um desafio.

Embora a formação responda por 10% a 15% do aprendizado da pessoa, é sempre fundamental para a criação ou revisão de repertórios, para a criação ou o aprimoramento de conceitos, tecnologias ou instrumentos.

Experimentação

A partir da década de 1990, foi se formando um consenso entre os autores que estudavam a aprendizagem sobre a importância da experimentação. Comprovamos essa importância ao analisarmos, em nossa pesquisa, a efetividade das ações de desenvolvimento que permitiam às pessoas lidar com situações de maior complexidade. Essa comprovação ocorreu, também, nos trabalhos de campo desenvolvidos por Ruas (2001 e 2005) e Antonello (2004, 2005 e 2011), que analisaram os vários cursos de formação gerencial e o processo de aprendizado.

A experimentação é o espaço para que a pessoa coloque em prática o seu conhecimento e/ou suas habilidades e converta-os em agregação de valor para o contexto e para si mesma. Na maioria das organizações, esse aprendizado não é estruturado e perdem-se muitas oportunidades para o desenvolvimento de pessoas. Quando as organizações estruturam processos de aprendizagem vivencial ou não formal, obtêm um resultado muito interessante.

A recomendação é de estruturar situações de trabalho importantes para a pessoa enfrentar seus desafios e/ou encarar seus projetos de desenvolvimento. O fato, por exemplo, de uma pessoa poder participar da implantação de uma nova tecnologia ou uma nova ferramenta de trabalho pode ser fundamental para o seu desenvolvimento. O que parece óbvio, contudo, não é praticado pela maioria das organizações.

É reforçada, aqui, a importância de um diálogo de desenvolvimento estruturado, em que sejam discutidas oportunidades e situações de desenvolvimento. Algumas organizações procuram estruturar esse processo oferecendo situações de desenvolvimento vivenciais para determinados grupos de profissionais. Seguem alguns exemplos:

- Um grande grupo industrial criou, em sua universidade corporativa, um programa a que chamou de Escola de Desafios. Trata-se de projetos estratégicos definidos pelos acionistas e presidentes para os quais são convidados gerentes táticos com potencial de desenvolvimento. Esses gerentes são assistidos por um diretor e por consultores externos e devem desenvolver soluções. As soluções devem ser apresentadas e discutidas com presidentes e acionistas, submetendo os participantes do programa a um padrão mais elevado de exigência e pressão, a um olhar mais amplo para o negócio e à necessidade de desenvolver uma forma de pensar estratégica.
- Uma organização do setor de tecnologia de produto investe pesadamente na formação de seu quadro técnico e tem vários programas para desenvolvimento desse quadro utilizando métodos vivenciais. Um desses programas é o de mentoria técnica, no qual técnicos especializados estimulam e oferecem suporte para que técnicos de nível sênior desenvolvam projetos sofisticados. Os resultados desse programa são: transferência de conhecimento crítico para a empresa, aceleração do desenvolvimento do corpo técnico e estímulo para que os técnicos optem pela carreira técnica em vez da carreira gerencial.
- Uma empresa industrial de montagem de veículos cria, todo ano, um concurso para os jovens engenheiros que entram na empresa. Nesse concurso, os jovens devem se agrupar e sugerir melhorias nos processos da empresa. Esses grupos são orientados por mentores. Os resultados desse trabalho são: acelerar o desenvolvimento desses jovens, estimular uma visão sistêmica da organização, aumentar o nível de retenção dos jovens e criar um sentimento de propriedade dos resultados obtidos com os projetos.

Reflexão sobre o aprendizado

Em muitas situações, o aprendizado que obtivemos em determinada situação de trabalho ou ao enfrentar um desafio pode ser utilizado em situações diferentes, mas não nos damos conta disso. A reflexão sobre o que aprendemos é muito importante para consolidar o aprendizado e verificar sua utilização em situações diferentes, como, por exemplo: venci o desafio de construir uma parceria importante com um cliente; o aprendizado obtido poderia me ajudar ou ajudar outras pessoas a desenvolverem parcerias internas ou externas. Assumi a liderança de uma equipe desacreditada e recuperei a autoestima das pessoas, e a equipe tornou-se prestigiada pela organização; o aprendizado poderia ser utilizado em processos de formação de novas lideranças, na melhoria de processos de avaliação ou na minha atuação como mentor.

A reflexão sobre o aprendizado ou sobre o aprendizado de membros da equipe pode ser efetuada quando a pessoa é instada a estruturar o que aprendeu para ensinar a outras pessoas. Uma prática muito comum, em áreas de tecnologia ou em programas de residência médica, é a de seus integrantes serem convidados a expor seu aprendizado para os demais. Entre as organizações pesquisadas acompanhamos três empresas de tecnologia. Em todas elas existem vários rituais para estimular as pessoas a transmitirem seu conhecimento para as demais; em uma delas, dois itens importantes da avaliação são a frequência e o nível de profundidade com que a pessoa dissemina seus conhecimentos.

A disseminação de conhecimentos pode acontecer de várias formas, tais como: oferecendo um curso ou uma palestra sobre o que a pessoa aprendeu, em processos de orientação, na estruturação de um processo, na criação de um instrumento ou uma ferramenta etc.

Ações de desenvolvimento para lidar com maior complexidade

Para lidar com maior complexidade, a pessoa necessita ser exposta a situações mais exigentes. Para tanto, necessita ser estimulada e preparada, pois nem sempre lidar com situações mais exigentes traz prazer e satisfação. Por exemplo, pais que têm que lidar com filhos adolescentes encaram essa fase como um grande desafio. Nós nunca sabemos se estamos acertando ou errando. Muitas vezes, até acreditamos que estamos criando um monstro e, após alguns anos, percebemos que acertamos em quase tudo o que fizemos. O mesmo processo acontece quando nos deparamos com desafios: muitas vezes, não nos sentimos preparados e nos assustamos, mas, ao enfrentá-los, verificamos que tínhamos todas as condições para terminar com sucesso.

Para minimizar a sensação de despreparo ou de intimidação frente aos desafios, uma ajuda importante é o diálogo sobre esses tópicos com nossa liderança e/ou ouvir pessoas experientes. Existem ações muito efetivas para ajudar as pessoas a não se intimidarem com desafios ou situações mais exigentes. Observamos que algumas lideranças praticam isso naturalmente e nem percebem o quanto estão ajudando seus liderados a se prepararem para o futuro. A seguir, listo algumas dessas ações:

- objetivos de desenvolvimento com vistas a assumir responsabilidades de maior complexidade;
- a avaliação e as ações de desenvolvimento efetuadas com vistas aos desafios futuros da pessoa;
- ações de desenvolvimento que permitam ter uma visão mais ampla do negócio e maior exposição na organização e com parceiros estratégicos do negócio;
- ações que possam ampliar a rede de relacionamento da pessoa e sua multiplicação para a equipe e/ou área como um todo;
- buscar orientação para trabalhar os pontos mais importantes para alcançar os seus objetivos de carreira;
- ações de desenvolvimento que incluam exposição a situações de trabalho diferenciadas.

Um item que chamou a nossa atenção, por sua simplicidade e eficiência, foi o estímulo para que a pessoa ampliasse sua rede de relacionamento. Observamos que pessoas técnicas desenvolvem toda sua rede entre pessoas técnicas e ficam prisioneiras de uma forma de pensar e de encarar a realidade organizacional. Estimular essa pessoa a ampliar sua rede de relacionamento de forma a incorporar o contato com fornecedores, clientes, concorrentes etc. permitiu-lhe ter uma visão diferente de seu trabalho, do negócio e do seu futuro. Essas ações podem ser implementadas designando a pessoa para representar a organização em associações patronais, participar de encontros com clientes ou fornecedores etc.

A preparação de uma pessoa que está em uma atividade técnica ou funcional para uma posição gerencial é outro aspecto importante a ser observado. A posição gerencial é caracterizada pelo fato de seu ocupante ter que gerenciar recursos escassos. O que caracteriza a posição gerencial não é o fato de o ocupante liderar um grupo de pessoas, mas o fato de estar na arena política da organização. Podemos ter uma pessoa que lidera um grande grupo de pessoas e não está na arena política da organização e, portanto, não é um gerente, e uma pessoa que não tem liderados, mas está na arena política da organização e, portanto, é um gerente.

Desse modo, podemos ter um bom gerente, porque trafega muito bem na arena política da organização e consegue viabilizar projetos e decisões complexas, mas um péssimo líder, porque não consegue estabelecer um diálogo com sua equipe. O melhor dos mundos seria ter um bom gerente e, ao mesmo tempo, um bom líder. Como obter isso? Não é algo que ocorra naturalmente. É necessário que a organização estruture um processo de escolha e preparação de pessoas para essas posições.

A arena política é invisível, percebem-na aquelas pessoas que nela transitam. Um profissional técnico, por exemplo, sente que realiza o trabalho duro enquanto seu gerente passa o dia em reuniões, recebe uma série de benesses da organização e ganha mais; portanto, o sonho desse profissional é tornar-se um gerente. Caso seu sonho se realize, essa pessoa vai levar um susto ao se deparar com a arena política e descobrir que não tem "estômago" para isso.

Na maioria das empresas pesquisadas, a pessoa não tinha preparo para assumir uma posição gerencial. Quando esse preparo não existe, a organização e a pessoa assumem um grande risco: a organização pode perder um bom técnico e ganhar um péssimo gerente, e a pessoa pode ter ganhado um passaporte para a infelicidade profissional. A imagem que podemos criar para descrever esse processo é o da pessoa que é atirada na jaula de um leão – se essa pessoa for devorada, a organização vai dizer que ofereceu uma oportunidade e ela não soube aproveitar; se sobreviver, a organização vai dizer que acaba de ganhar um novo gerente. Até quando vamos continuar a atirar as pessoas aos leões?

Para estancar esse processo, é necessário apresentar a arena política para a pessoa que está sendo cogitada para uma posição gerencial. Mas como a arena política pode ser apresentada para essa pessoa? Oferecendo para ela um projeto que tenha um componente técnico e, também, um componente político, ou oferecendo um conjunto adicional de atribuições e responsabilidades com o componente político. Essas experiências permitirão que a organização perceba se vale a pena investir na pessoa para uma posição gerencial ou não. Permitirão, também, que a pessoa perceba se gosta ou não do trânsito na arena política.

Para exemplificar, vamos relatar uma situação que caracteriza as dificuldades de nossas empresas para testar as pessoas antes de colocá-las em uma posição gerencial. Foi possível acompanhar um caso em uma empresa de tecnologia onde um engenheiro especialista da área de desenvolvimento de produtos foi indicado para assumir a gerência. A indicação deveu-se a dois aspectos: o engenheiro era uma referência dentro e fora da organização em sua especialidade técnica e era apoiado pelos demais integrantes da área por tratar-se de pessoa extremamente generosa na disseminação de seu conhecimento e estímulo para que os colegas se desenvolvessem. Tão logo ele assumiu a posição gerencial, a organização percebeu que havia cometido um grande equívoco, pois se tratava de uma pessoa inábil no relacionamento político, assumindo posições muito rígidas e se escudando sempre nos aspectos técnicos das situações, o que gerou um isolamento na relação com os demais gerentes. Como consequência, ele não conseguia obter apoio político para suas posições, começou a ter dificuldades para manter o espaço político da área e dificuldades para obter recursos. A equipe, com o passar do tempo, percebeu que não tinha representação política e que estava perdendo prestígio na organização, passando a questionar a liderança de seu gerente.

É por isso que é tão importante dispor de um processo de avaliação estruturado e maduro, em que seja possível perceber o surgimento de novas lideranças e prepará-las adequadamente. O preparo da futura liderança é básico para qualquer estratégia. Uma liderança despreparada torna-se uma grande ameaça para a organização ou negócio. Por essa razão, mais de 80% dos processos sucessórios em empresas de capital nacional foram demandados pelos acionistas.

Conclusão

Ao longo de nossas pesquisas e interação com organizações em projetos de consultoria e com profissionais nos cursos de educação executiva, encontramos um baixo nível de compreensão e percepção consciente de como ocorrem os processos de desenvolvimento e de progressão na carreira.

Por essa razão, dedicamos este capítulo para oferecer alguns esclarecimentos sobre isso. Entretanto, é necessário acrescentar outro elemento para completar a compreensão de como as carreiras se estruturam nas organizações e no mercado de trabalho. Esse é o objetivo do Capítulo 2: apresentar como se configuram as trajetórias de carreira e como as pessoas se movimentam nessas trajetórias.

Em nossa experiência, no acompanhamento de grupos para estudar o processo de desenvolvimento de seus integrantes, verificamos que pessoas com maior consciência de como as carreiras se organizam têm melhores condições de enxergar oportunidades e de alcançar seus propósitos profissionais.

2 | Trajetórias de carreira

Introdução

Desde os anos 1980, verificamos que as trajetórias de carreira nas organizações e no mercado não se organizam por profissão ou por função, mas sim pela natureza das atribuições e responsabilidades. Desse modo, pessoas que exercem atividades de mesma natureza estão na mesma trajetória. A natureza das atribuições e responsabilidades é definida por um conjunto de fatores em que os dois principais são: público para o qual se destina o trabalho e natureza do conhecimento técnico. Por exemplo, se um engenheiro de produção entra na empresa como engenheiro de operações, tem sua função alterada para engenheiro de manutenção e, depois, para engenheiro de processos, ele está na mesma trajetória de carreira, embora tenha atuado em três funções diferentes, porque essas três funções são atribuições e responsabilidades de mesma natureza.

Nos anos 1990, vivenciamos duas experiências importantes no estudo sobre carreiras. A primeira foi quando tentávamos discutir como as competências se distribuíam na realidade cada vez mais exigente de nossas organizações. Verificamos rapidamente que as entregas requeridas das pessoas em uma organização não são uniformes. Inicialmente, acreditávamos que as competências se organizavam da mesma forma que os cargos: operacionais, técnicos, vendas, gerenciais, e assim por diante. Verificamos que obedeciam a outra lógica, que havia um grande alinhamento entre as entregas requeridas de um grupo e a caracterização que tínhamos das trajetórias de carreira. Essa descoberta nos levou a investigar mais profundamente como as trajetórias de carreira se organizavam.

A segunda experiência foi a de verificar se as âncoras de carreira desenvolvidas por Edgar Schein (1990) se aplicavam à realidade brasileira. Isso nos levou a realizar diversos levantamentos de biografias para analisar a carreira das pessoas e suas âncoras, além de acompanhar trabalhos desenvolvidos por organizações que iniciavam o uso desse material no Brasil. Essa experiência nos levou a constatar que as pessoas raramente mudavam de carreira ao longo de sua vida profissional. Elas mudavam de função, de empresa e até mesmo de país, mas não mudavam de carreira.

Nos anos 2000, continuamos nossos trabalhos de pesquisa e nos surpreendemos com outras duas constatações. A primeira foi de que as trajetórias de carreira nas organizações não se alteram nem mesmo quando há mudança de estrutura organizacional ou de organização do trabalho, já que as trajetórias estão assentadas nos macroprocessos. Verificamos que as trajetórias de carreira de uma organização sofrem alterações somente quando há mudança na natureza do negócio, como analisaremos com maior profundidade ao longo deste capítulo. Para solidificarmos essa constatação, analisamos a movimentação das pessoas em mais de 200 empresas brasileiras. A segunda foi de que as pessoas, ao mudarem de trajetória de carreira, mudam sua identidade profissional e vivem um grande estresse. Já acompanhávamos a literatura a respeito da transição de carreira, mas não tínhamos ainda relacionado com a transição de trajetória de carreira. Com base nessas verificações, revisitamos as biografias analisadas para constatar que as pessoas viveram um incidente crítico em suas carreiras depois de mudar de trajetória de carreira.

Por essa razão, dedicamos este capítulo ao tema, discutindo inicialmente como as trajetórias de carreira são configuradas em nossas organizações. Isso permitirá ao leitor enxergar como essas trajetórias estão estruturadas na organização onde atua ou pode vir a atuar. Posteriormente, vamos trabalhar os tipos de trajetória de carreira e a movimentação típica em cada uma delas, bem como as armadilhas profissionais que podem gerar. Por fim, vamos tratar das transições de carreira e das várias fases vividas pelas pessoas nesse processo.

Compreensão das trajetórias de carreira

Observamos que as trajetórias de carreira são definidas, de um lado, pelos macroprocessos da organização e, de outro, pela natureza das trajetórias que podemos agrupar em três categorias:

- **Operacionais** – são carreiras ligadas às atividades-fim da empresa; exigem o uso do corpo ou alto grau de estruturação. Geralmente, elas se encerram em si mesmas, por isso é importante que a organização defina critérios de mobilidade para outras carreiras ou para o mercado. Dos casos analisados, um dos mais interessantes é o dos *call centers*, com uma população de grande mobilidade e baixo nível de aproveitamento interno (menos de 10%). Nos casos bem-sucedidos, as empresas recrutam pessoas sem experiência, desenvolvem-nas e as devolvem para o mercado de trabalho com mais valor e maior nível de articulação.

- **Profissionais** – são carreiras ligadas a atividades específicas; geralmente exigem pessoas com formação técnica ou de terceiro grau (superior). Não são definidas pela estrutura organizacional da empresa, e sim pelos processos fundamentais, como: administração, envolvendo atividades administrativas, sistemas de informação, finanças, contabilidade, recursos humanos, jurídico etc.; tecnologia, envolvendo engenharia de produtos, processos, qualidade, produção, materiais, logística etc.; comercialização, envolvendo vendas, marketing, gestão de consumidores etc.
- **Gerenciais** – são carreiras ligadas às atividades de gestão da empresa. A posição se caracteriza mais pelas demandas políticas do que pelas técnicas, como já vimos. Normalmente, as pessoas são oriundas das carreiras operacionais ou profissionais e, ao longo do seu processo de crescimento, demonstraram vocação e apetência para a carreira gerencial. Algumas empresas recrutam pessoas recém-formadas e sem experiência profissional e as preparam para a carreira gerencial – são os chamados programas de *trainee*.

Verificamos que as trajetórias de carreira são constituídas por degraus de complexidade, ou seja, cada degrau na carreira pode ser relacionado a um degrau de complexidade das atribuições e responsabilidades de mesma natureza. Assim, cada trajetória de carreira tem um espectro de complexidade, ou seja, a trajetória tem um final. O final da trajetória de carreira é caracterizado pelo nível mais alto de complexidade daquele conjunto de atribuições e responsabilidades de mesma natureza.

Podemos observar que as trajetórias de carreira têm diferentes espectros de complexidade. Geralmente, o espectro de trajetórias ligadas às atividades-fim da organização tende a ser maior do que o espectro de trajetórias ligadas às atividades-meio.

Referenciais estáveis para a gestão de pessoas

A gestão de carreiras foi sempre uma questão-chave em nossos trabalhos, por nos ajudar a compreender as trajetórias reais das pessoas nas organizações trabalhadas. Ao compreendermos essas trajetórias, podemos desenvolver uma visão crítica em relação a elas, observando o quanto elas atendem ou não aos interesses da organização e das pessoas. A análise das trajetórias nos permite encontrar referenciais estáveis para a gestão de pessoas, ou seja, parâmetros para a gestão de pessoas que não mudam com o tempo, independentemente de a empresa alterar seu intento estratégico ou de estar se associando a outras empresas ou, ainda, incorporando outras. Esse aspecto se reveste de grande importância para orientar o desenvolvimento das pessoas no ambiente volátil em que vivemos e, provavelmente, continuaremos a viver.

Observamos que as trajetórias de carreira são estáveis nas organizações, ou seja, ao compreendermos as trajetórias como atuação da pessoa em atribuições e responsabilidades de mesma natureza, podemos verificar que essas trajetórias não se alteram ao longo do tempo (DUTRA, 2004). As trajetórias nas organizações investigadas estão alinhadas a macroprocessos, e estes se associam à natureza da organização. As trajetórias mudam quando há mudanças substantivas nos macroprocessos, e isso ocorre somente quando a organização muda sua natureza. Vamos analisar alguns casos para ilustrar esse ponto.

No caso de uma empresa que produz lingotes de alumínio, encontramos quatro trajetórias de carreira: operacional, englobando pessoas que produzem o alumínio; técnica, englobando pessoas que atuam na engenharia de produção, qualidade, segurança e meio ambiente; de suporte, englobando as pessoas que atuam em atividades administrativas, financeiras, de tecnologia de informação, jurídica etc.; e gerencial, englobando as pessoas com responsabilidades gerenciais na empresa. Essas trajetórias existem desde a inauguração dessa empresa, ocorrida há quase 50 anos, embora a empresa já tenha passado por várias revisões da estrutura organizacional e tenha mudado a origem de seu capital duas vezes. Nos próximos 50 anos, se a empresa não mudar sua natureza, manterá a mesma estrutura de trajetórias profissionais. Por quê? Porque, se mantiver sua natureza, sempre haverá pessoas produzindo o alumínio, pessoas atuando em engenharia, pessoas efetuando atividades administrativo-financeiras e pessoas em posições gerenciais.

Vamos analisar um caso em que houve mudança da natureza da empresa: trata-se do CPqD, fundação de direito privado que atua em tecnologia de telecomunicações. O CPqD foi formado em 1976 como o braço tecnológico do Sistema Telebras, ligado à sua Diretoria Técnica; com a privatização da telefonia, o CPqD foi transformado em uma empresa que necessitava sobreviver a partir de sua atuação. As trajetórias profissionais existentes até a privatização eram: técnica, englobando o pessoal de desenvolvimento tecnológico; de suporte, englobando o pessoal administrativo, financeiro, de tecnologia de informação aplicada aos sistemas de apoio, jurídico etc.; e gerencial, englobando o pessoal responsável pela gestão do CPqD. Com a privatização, a empresa mudou a sua natureza e passou a ter que vender seus produtos no mercado mundial. Nesse momento, surgiu uma nova trajetória, a comercial, englobando pessoas que cuidam hoje das parcerias estratégicas, da construção e manutenção da imagem da empresa, do relacionamento com o mercado e com os clientes, que assegura a entrega do que foi vendido.

Exemplos de trajetórias de carreira

Apresentaremos, a seguir, alguns exemplos para demonstrar que os critérios de formação das trajetórias de carreira são iguais para qualquer tipo de organização. Inicialmente, apresentamos um exemplo de empresa do setor privado, depois, uma organização pública de administração indireta e, por fim, uma organização pública de administração direta.

Cada uma dessas trajetórias tem um espectro de complexidade diferente, conforme ilustra a Figura 2.1, que mostra as possíveis movimentações entre as diferentes trajetórias. A organização utilizada como exemplo tornou a Figura 2.1 pública e definiu as condições necessárias para que as pessoas pudessem se movimentar verticalmente na carreira ou entre as carreiras. O efeito foi muito positivo, tanto para o clima organizacional quanto para o poder de atração da organização.

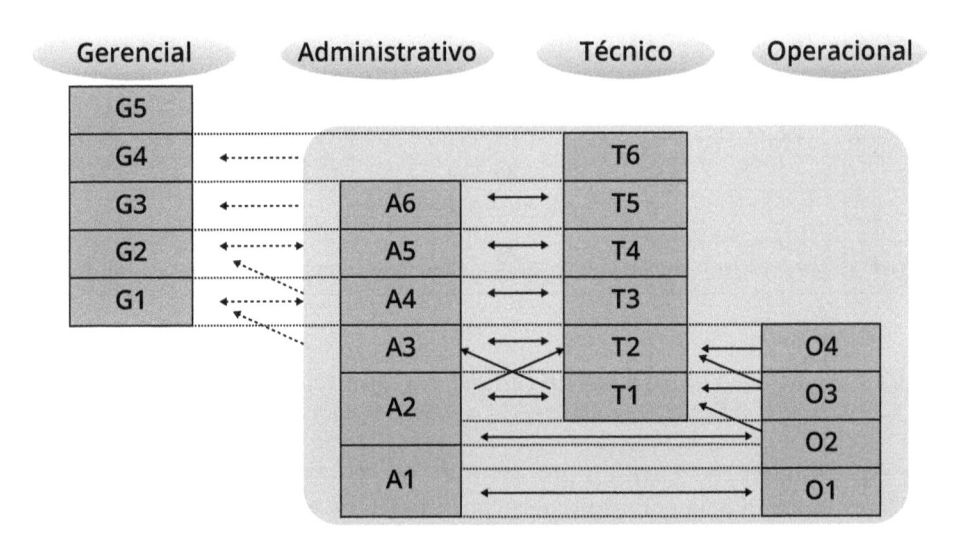

Gerencial	Administrativo	Técnico	Operacional
G5			
G4		T6	
G3	A6	T5	
G2	A5	T4	
G1	A4	T3	
	A3	T2	O4
	A2	T1	O3
			O2
	A1		O1

Figura 2.1 – Movimentação entre trajetórias de carreira (organização privada)

No caso dessa organização, foi possível estabelecer faixas salariais completamente alinhadas com os níveis de complexidade, conforme demonstrado na Figura 2.2, o que não é comum. Isso foi possível porque a empresa era a principal referência do mercado local e havia uma relação natural entre os níveis de complexidade e as faixas salariais. Esse alinhamento foi importante porque a transparência das faixas salariais foi percebida como coerente por uma parcela dos trabalhadores e todos perceberam a importância relativa de suas posições no conjunto das trajetórias de carreira. Nossas experiências e pesquisas apontam que posições de mesma complexidade, mesmo que em diferentes trajetórias, dificilmente ultrapassam a 10% de variação salarial, permitindo às organizações uma política consistente entre os níveis de complexidade das carreiras e a definição das faixas salariais.

Faixa Salarial	Gerencial	Administrativo	Técnico	Operacional
IX	G5			
VIII	G4		T6	
VII	G3	A6	T5	
VI	G2	A5	T4	
V	G1	A4	T3	
IV		A3	T2	O4
III		A2	T1	O3
II				O2
I		A1		O1

Figura 2.2 – Relação entre eixos de carreira e a faixa salarial

Apresentaremos, a seguir, um exemplo do setor elétrico de uma organização responsável pela geração e pela transmissão de energia. Trata-se de uma organização pública de administração indireta, em que as contratações são realizadas através de concurso público.

Essa organização tinha um grande problema porque, como os concursos eram realizados para cargos específicos, o servidor podia mudar de cargo somente através de outro concurso público. Por essa razão, o trabalho consistiu em desenhar cargos amplos. A organização oferecia 176 cargos, que foram reduzidos para quatro cargos amplos: de nível superior, nível médio técnico, nível médio e de nível fundamental. Isso permitiu que as pessoas tivessem maior mobilidade na organização em diferentes trajetórias profissionais, conforme mostra a Figura 2.3.

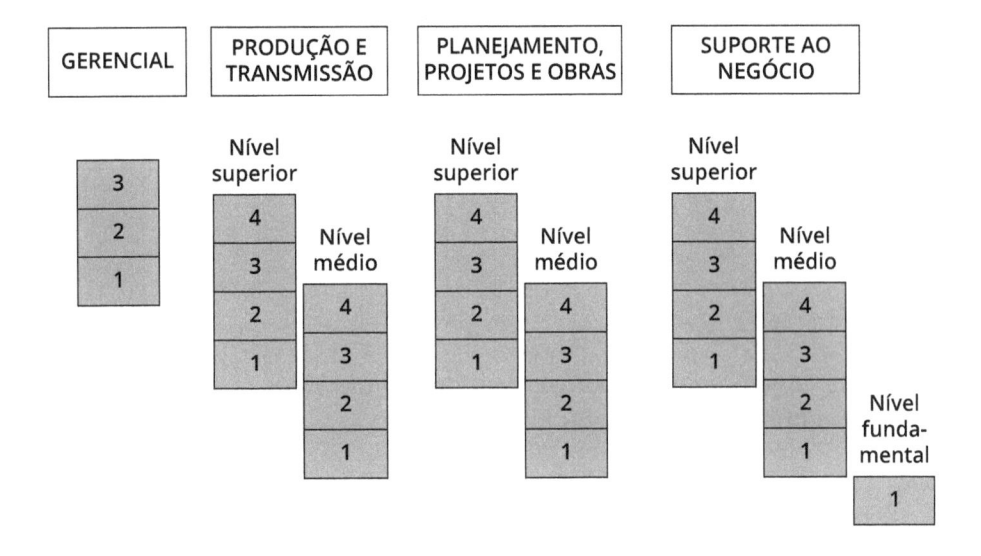

Figura 2.3 – Trajetórias de carreira e níveis de complexidade (organização pública de administração indireta do setor elétrico)

Ao longo dos anos 1990 e dos anos 2000, tivemos, minha equipe e eu, a oportunidade de trabalhar com quase todas as empresas do setor elétrico brasileiro e de constatar que as trajetórias são muito parecidas em todas as organizações do setor. Essa verificação já havíamos efetuado, também, em termos internacionais, já que as trajetórias estão ligadas aos macroprocessos naturais da organização, os quais se repetem em todas as organizações com processos operacionais semelhantes.

Outro exemplo é de uma organização do setor público de administração direta do setor judiciário. O setor judiciário foi vanguardista no Brasil na modernização da gestão de pessoas, apresentando soluções inovadoras para a administração pública no que tange principalmente aos aspectos de desenvolvimento, movimentação e valorização de servidores com base em competências. O caso estudado é de um tribunal federal que apresenta as trajetórias ligadas às atividades-fim, atividades-meio e atividades de especialistas, além da trajetória gerencial, como mostra a Figura 2.4.

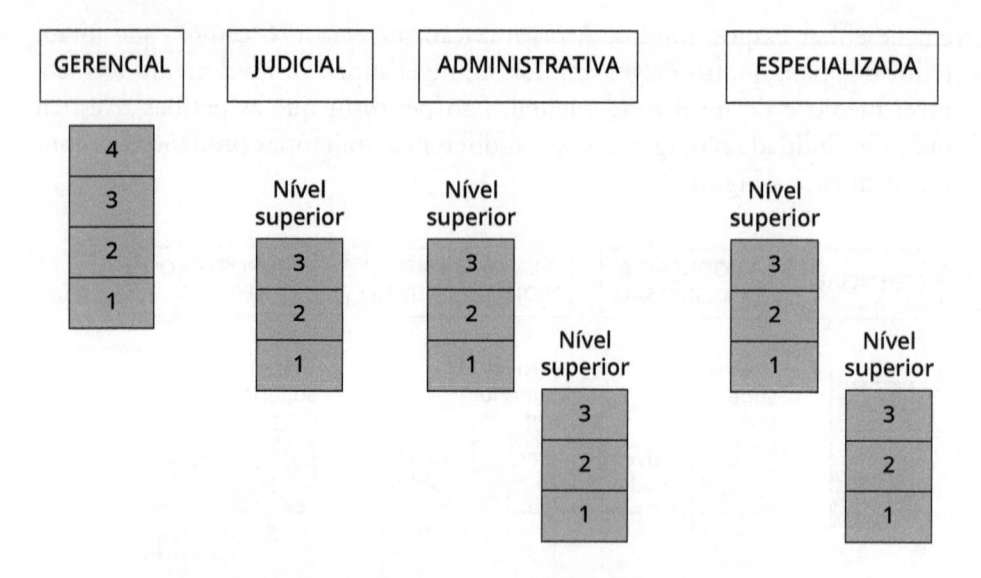

Figura 2.4 – Trajetórias de carreira e níveis de complexidade (organização pública de administração do setor judiciário)

Nesse caso, também os servidores são contratados através de concurso público, por isso o tribunal desenvolveu cargos amplos para permitir maior mobilidade entre eles. Nossa experiência com outras organizações do setor judiciário nos permitiu perceber que as trajetórias de carreira são muito parecidas, tanto em termos das trajetórias quanto na configuração das competências.

Um fato que nos chamou a atenção na realização desse trabalho foi a percepção de que, embora houvesse diferentes tipos de atividades no judicial, tratava-se de uma única trajetória de carreira. Inicialmente, os servidores do tribunal acreditavam que havia pelo menos duas trajetórias distintas, mas, à medida que analisávamos a mobilidade dos profissionais no tribunal, foi ficando claro para todos que estávamos trabalhando uma mesma natureza de atribuições e responsabilidades. Outra constatação foi de que os servidores de nível médio que atuavam nas atividades judiciais tinham atribuições de natureza administrativa e não havia, portanto, distinção entre os servidores de nível médio que atuavam em atividades-fim ou atividades-meio. Essas constatações foram importantes para reformulações nas estratégias de desenvolvimento e valorização dos servidores. Esse episódio exemplifica bem o que temos encontrado em muitas organizações que têm visões distorcidas das verdadeiras trajetórias de carreira e, por consequência, adotam ações inadequadas de gestão.

Tipos de trajetória de carreira e armadilhas

A trajetória de carreira tem três momentos bem definidos no que tange à gestão do desenvolvimento:

- **Início** – a entrada na carreira é bem clara para a organização e para as pessoas. Quase sempre é possível estabelecer com precisão quais são os requisitos e as condições de acesso à carreira.
- **Crescimento** – as organizações, em geral, conseguem monitorar bem o início do processo de crescimento das pessoas na carreira, após o que deixam as pessoas completamente abandonadas. As organizações mais bem estruturadas conseguem estabelecer todo o percurso de crescimento em determinada carreira. Em nossas pesquisas, temos encontrado essa estruturação em carreiras operacionais e técnicas, mas raramente em carreiras administrativas e gerenciais.
- **Final** – raramente as organizações e as pessoas têm clareza sobre o final da carreira. Temos encontrado em várias organizações pessoas que já estão no teto de suas carreiras há muitos anos, sem perspectivas de desenvolvimento e bloqueando o acesso de pessoas que vêm crescendo. O fundamental, na transparência sobre o final da carreira, é a possibilidade de a pessoa preparar-se para outra carreira com o suporte da organização. Essa outra carreira pode ser dentro ou fora da organização. Por exemplo: analisando carreiras de profissionais técnicos sem vocação gerencial, observamos que, durante seu processo de crescimento, podem ser preparados para diferentes carreiras: acadêmica, expatriação, montagem do próprio negócio, profissional liberal etc.

Como vimos, as trajetórias podem ser definidas pelos macroprocessos e pela categoria da natureza das atribuições e responsabilidades em **operacionais**, **profissionais** e **gerenciais**. Vamos analisar inicialmente as categorias e, posteriormente, os macroprocessos.

Trajetórias operacionais

Observamos que as pessoas que ingressam na organização através das trajetórias operacionais têm pouca possibilidade de transitar para outras trajetórias. Essa dificuldade é devida aos seguintes aspectos:

- As pessoas na trajetória operacional lidam com situações concretas, enquanto nas outras trajetórias elas têm que lidar com situações abstratas. Muitas pessoas têm uma inclinação natural para trabalhos mais concretos e não apreciam trabalhos abstratos, entretanto, o espectro de complexidade para as carreiras operacionais é mais curto do que o das demais carreiras.
- A trajetória operacional impede as pessoas de terem uma compreensão e uma interação mais amplas com a organização. Essa situação torna mais difícil a visualização de pessoas com possibilidades concretas de serem aproveitadas em outras trajetórias e dificulta a percepção de possibilidades profissionais em outro tipo de atividade pelas pessoas nessa trajetória.
- A maior complexidade dos processos produtivos tem exigido, nas posições de supervisão das atividades produtivas, profissionais com formação técnica de nível superior, barrando em muitas delas a ascensão para essas posições de pessoas que atuam em atividades operacionais.

Na organização retratada na Figura 2.1, 70% do efetivo está na trajetória operacional – são profissionais de nível médio técnico com formação em química ou metalurgia, geralmente cursando o terceiro grau. A organização sempre pensou nesse público como o celeiro para as demais trajetórias. Quando entramos em contato com essa organização, ela já tinha 20 anos de existência; quando efetuamos o primeiro levantamento de movimentação, constatamos que em 20 anos apenas três pessoas haviam saído da trajetória operacional para as demais trajetórias e somente uma havia obtido êxito. Embora a organização tivesse o propósito de aproveitar as pessoas, e as pessoas, por sua vez, tivessem essa ideia como perspectiva de carreira, isso não ocorria de fato. Esse quadro é muito comum em nossas organizações.

Trajetórias profissionais

As trajetórias profissionais podem ser técnicas ou funcionais. Em empresas industriais, as trajetórias técnicas normalmente são as ligadas a atividades industriais, desenvolvimento de produtos, serviços técnicos e, em empresas de base tecnológica, à logística. As trajetórias funcionais são ligadas às atividades-meio (administração, finanças, tecnologia de informação, recursos humanos e jurídico), comerciais, suporte às atividades operacionais e, em empresas que não são de base tecnológica, logística.

Em empresas industriais ou de base tecnológica é mais frequente observarmos a mudança da trajetória técnica para a funcional, e é muito rara a mudança da trajetória funcional para a técnica. Essa ocorrência se deve ao fato de a trajetória técnica geralmente exigir um conhecimento e/ou formação específica.

Nas trajetórias profissionais é comum observarmos pessoas que ingressam na carreira com formação de nível médio e, ao investirem em sua formação, evoluírem para posições que exigem formação superior. Um exemplo comum é a pessoa ingressar em determinada atividade como auxiliar, evoluir para assistente e, na medida em que investe em sua formação, evoluir para analista. Esse não é um fenômeno que observamos nas trajetórias operacionais.

As trajetórias profissionais, na maioria de nossas organizações, têm um espectro de complexidade limitado. Raras são as organizações que têm complexidade técnica e/ou funcional para oferecer posições com o mesmo nível de complexidade da trajetória gerencial. Desse modo, as alternativas na organização estão quase sempre ligadas à trajetória gerencial para as pessoas que chegam ao final dela. A questão crítica é: o que fazer quando a pessoa não tem vocação ou não quer a trajetória gerencial?

Nem as organizações nem as pessoas têm clareza em relação a esse aspecto. Esse quadro é agravado porque as pessoas estão percorrendo o espectro de complexidade dessas trajetórias com maior velocidade. Observamos que, desde o final da primeira década dos anos 2000, as pessoas estão chegando ao fim dessas trajetórias com idade entre 35 e 40 anos. Torna-se imperioso, portanto, estimular e ajudar essas pessoas a pensarem em possíveis caminhos profissionais, uma vez que aquelas que não tenham vocação para posições gerenciais, ao permanecerem na organização, ocuparão o espaço das posições mais seniores, barrando o crescimento das pessoas em posições de menor complexidade.

Trajetórias gerenciais

A natureza dessas trajetórias é política, como vimos no Capítulo 1. O gestor é caracterizado por gerenciar recursos escassos e, em decorrência disso, atua na arena política da organização. O sucesso na posição gerencial está mais condicionado a uma questão de valor do que de capacidade. Observamos que existem pessoas que não valorizam a atividade gerencial, e sim a técnica e que, nesse caso, terão dificuldade para assumir integralmente seu papel. Vamos aprofundar essa análise no próximo tópico sobre transição de carreira.

A armadilha mais frequente nessa trajetória é quando a pessoa fica isolada em determinada atividade da organização. O exemplo mais comum ocorre no varejo comercial ou bancário. A pessoa inicia sua atividade em uma loja ou agência, cresce e assume uma posição gerencial, posteriormente investe em seu desenvolvimento e passa a gerenciar lojas ou agências mais complexas e pode chegar à posição de um gerente regional, cuidando de várias lojas ou agências. Dificilmente esse profissional conseguirá ocupar uma posição estratégica na organização, porque sempre desenvolveu o olhar para o mercado, mas nunca para a máquina administrativa da organização. Nessas organizações, normalmente ocupam as posições estratégicas pessoas que vieram da máquina administrativa para a atividade comercial ou que em algum momento saíram da atividade comercial e vivenciaram a máquina administrativa.

A pessoa que fica muito isolada, com uma visão parcial da organização, tem mais dificuldade para ascender. Normalmente, as posições que permitem mais interfaces são as que preparam melhor as pessoas para posições de maior complexidade.

Outra questão crítica nessa trajetória é a passagem de um nível tático para um nível estratégico, isso porque a arena política do nível estratégico é muito diferente e nem sempre a pessoa está disposta a assumir o ônus dessa posição.

Macroprocessos técnicos

Observamos dificuldade para lidar com a gestão das trajetórias de carreira em organizações onde há tecnologia de processos industriais e tecnologia de produtos. Isso porque são duas trajetórias distintas e com perfis de profissionais muito diferentes.

Os profissionais para desenvolvimento de produtos são pessoas ligadas no estado da arte da tecnologia e nas demandas do mercado. Essa atividade exige pessoas que gostem da pesquisa e da geração de conhecimento. Esse não é um perfil comum, por isso é muito difícil haver intercâmbio entre essas duas carreiras.

A falta dessa percepção pelas empresas brasileiras gerou equívocos e profissionais insatisfeitos. A principal explicação para esses equívocos é a nossa pouca tradição em desenvolvimento de tecnologia de produto.

Macroprocessos diferentes dentro de uma mesma unidade organizacional

Uma situação que encontramos com muita frequência é a existência de diferentes trajetórias profissionais dentro de uma mesma unidade organizacional, gerando frustração nas expectativas criadas pelas pessoas. Essa frustração ocorre porque a pessoa recebe a sinalização de que tem determinado horizonte profissional que, na verdade, não existe. Não se trata de má-fé do gestor ou da organização, e sim de falta de consciência da realidade.

Um exemplo comum são as áreas de tecnologia de informação em bancos. Parte dos profissionais está voltada para atividades-meio, ou seja, suporte para as operações do banco; outra parte está voltada para os produtos do banco (*offering*). São profissionais com modelos mentais diferentes e, quanto mais eles lidam com realidades mais complexas, menor é a possibilidade de migrarem de uma trajetória para a outra.

Outro exemplo é o pessoal de cobrança em operadoras de telefonia celular. Esse pessoal normalmente está alocado na área financeira, mas realiza relacionamento com os clientes. Em função da natureza de suas atribuições e responsabilidades, essas pessoas estão mais próximas da trajetória comercial.

Transição de carreira

A partir do início dos anos 2000, assistimos, no Brasil, a um crescimento expressivo do que chamamos de *transição de carreira*. A transição de carreira ocorre quando a pessoa efetua um movimento em sua carreira que implica assumir uma nova identidade profissional. É diferente da mudança de função ou de assumir um novo desafio profissional. Uma boa analogia é dizer que mudar de função é como mudar de roupa, que a transição de carreira é como arrancar a pele e viver em carne viva até uma nova pele recobrir nossas feridas. Ao mesmo tempo que a transição de carreira é um processo doloroso, é algo que nos oferece uma grande realização pessoal e profissional, por isso, os sentimentos em relação a ela são ambíguos.

A incidência das transições de carreira na vida das pessoas foi insidiosamente aumentando ao longo do tempo e tem surpreendido a maioria das pessoas que a vivenciam. Por ser um processo que toca as pessoas profundamente e gera sentimentos ambíguos, não é comentado abertamente – o compartilhamento das emoções ocorre de forma reservada e algumas pessoas não compreendem toda a extensão do que viveram ou vivem. Estudar esse fenômeno é fundamental para ajudar as pessoas e as organizações a transpor com serenidade e dignidade as dificuldades do processo e tirar partido dele para o seu crescimento pessoal e profissional.

Preparar uma pessoa que está em uma atividade técnica ou funcional para uma posição gerencial é prepará-la para uma transição de carreira. Como vimos no Capítulo 1, a posição gerencial é caracterizada pelo fato de seu ocupante ter que gerenciar recursos escassos. O que caracteriza a posição gerencial não é o fato de o ocupante liderar um grupo de pessoas, mas o fato de estar na arena política da organização.

Embora raro, observamos, na década de 2000, um crescimento importante das mudanças de trajetórias. Essas mudanças ocorreram em dois momentos: um no que estamos chamando de *crise da meia carreira* (MORISON; ERICKSON; DYCHTWALD, 2006; QUISHIDA, 2007) e outro no processo de aposentadoria. A crise da meia carreira está acontecendo no Brasil para as pessoas com idade em torno de 40 anos. Aqueles que optaram por uma trajetória técnica estão chegando ao final dela cerca de 15 a 18 anos após sua formatura e são defrontados com a necessidade de transição de carreira ou permanência onde estão até sua aposentadoria; os que optaram por uma trajetória gerencial estão chegando ao nível tático entre 30 e 40 anos – alguns antes, outros depois –, mas a maioria das pessoas nessa faixa etária está chegando ao nível estratégico entre 35 e 45 anos – alguns antes, mas raramente depois dos 45 anos de idade. Portanto, aos 40 anos, as pessoas começam a ficar preocupadas com sua progressão e são defrontadas com a necessidade de refletir sobre suas carreiras.

A aposentaria ocorre de forma particular no Brasil por causa de nossa realidade demográfica. Tivemos uma explosão de nascimentos nas décadas de 1970 e 1980, e essa geração pressiona para fora do mercado as gerações anteriores. Há uma aposentadoria precoce pelo mercado; as pessoas estão se aposentando com muita vitalidade e, provavelmente, permanecerão no mercado de trabalho, necessitando, porém, efetuar uma transição de carreira.

De qualquer modo, a transição de carreira na organização ou no mercado é um incidente crítico na biografia profissional das pessoas. Há uma grande probabilidade de a pessoa, ao se desenvolver na organização, assumir atribuições e responsabilidades mais complexas de mesma natureza, ou seja, na mesma carreira.

Alguns teóricos, ao tentarem quantificar a intensidade da tensão em um processo de transição de carreira, a associaram a uma separação conjugal. Por isso, é importante analisar esse processo. Para estudá-lo, vamos trabalhar os seguintes aspectos:

- as etapas típicas de um processo de transição de carreira;
- os problemas da transição da carreira técnica ou funcional para a gerencial;
- os processos de transferência da posição gerencial para a técnica ou funcional;
- as alternativas para gerenciar o processo de transição de carreira.

As etapas típicas de um processo de transição de carreira

A transição na carreira implica uma mudança de identidade profissional, o que gera um grande estresse, por isso vem sendo estudada. Podemos identificar quatro etapas típicas na transição de carreira. Essas etapas podem estar sobrepostas quando uma pessoa sai da carreira técnica ou da funcional e assume uma posição gerencial.

Etapa racional

A primeira etapa é chamada de *racional* porque é o resultado de algo que a pessoa procura. Nessa etapa, a pessoa tem clareza de que enfrentará um grande desafio de adaptação, mas os resultados compensam.

Mesmo quando a situação for imposta, a pessoa se empenhará em se adaptar se perceber um ganho nesse processo. Normalmente, a permanência na posição atual representa limitações ou possibilidades muito reduzidas de crescimento ou desenvolvimento profissional.

A pessoa procura uma mudança de carreira quando percebe que não há perspectivas de crescimento, quando percebe que não tem mais espaço para ampliar a complexidade de suas atribuições e responsabilidades.

Embora a pessoa efetue uma análise de custo-benefício da transição de carreira, vive uma situação de ambiguidade, que é abandonar uma situação confortável para enfrentar o desconhecido.

Etapa emocional

A segunda etapa ocorre quando a pessoa percebe a necessidade de renunciar a sua identidade para poder assumir uma nova. Nesse momento há um sentimento profundo de perda. É o caso, por exemplo, de um médico que clinica durante 15 anos e, de repente, percebe a necessidade de efetuar uma opção de carreira, porque gasta 80% do seu tempo administrando sua clínica e 20% exercendo a medicina.

Normalmente, as pessoas não se dão conta de que essa etapa faz parte do processo e querem ficar com um pé em cada carreira. Assistimos muito gerentes que não querem abandonar sua identidade técnica e ficam em situação ambígua: nem abraçam totalmente a carreira gerencial nem largam totalmente a carreira técnica.

Essa situação de ambiguidade gera grande desgaste emocional e impede que a pessoa deslanche em sua nova carreira. Nesse momento, as pessoas que estão assumindo posições gerenciais necessitam de muito apoio.

Etapa do limbo

Há um momento em que a pessoa renuncia à antiga identidade, mas ainda não consolidou a nova. É um momento em que a pessoa fica sem chão e sente um profundo desconforto. Chamamos essa etapa de *limbo* porque a pessoa se encontra sem identidade.

Um tempo prolongado nessa etapa gera depressão. Isso explica porque pessoas que se aposentam vivem processos depressivos – na maioria dos casos é porque perdeu sua identidade e não desenvolveu uma nova. Por essa razão, é importante acompanhar a pessoa quando ela assume uma posição gerencial para assegurar que esse processo de transição está ocorrendo dentro do esperado.

Etapa da consolidação da nova carreira

Na medida em que incorpora a nova carreira, a pessoa se depara com outro desafio. Muitos dos comportamentos que eram naturais na carreira anterior não o são na nova carreira. A pessoa tem necessidade de se reinventar.

Nessa etapa é comum a pessoa se sentir incompetente, porque vê seus pares atuando com naturalidade enquanto, para ela, é tudo muito difícil. A pessoa apresenta baixa autoestima.

Algumas empresas introduziram nessa etapa processos de *mentoring*, em que os mentores são gestores seniores.

Transição da carreira técnica ou funcional para a gerencial

A preparação da pessoa para transitar da carreira técnica ou da funcional para a gerencial reduz o impacto sofrido por ela no processo.

A preparação mais importante é apresentar a arena política para a pessoa, através de projetos técnicos que tenham componentes políticos ou através da delegação da gestão de determinados processos.

O problema mais grave na transição é a pessoa perceber as dificuldades da arena política e, de forma não consciente, não assumir a identidade gerencial. Nesse caso, a pessoa fica com o título de gerente, mas continua pensando e agindo como um profissional técnico.

Observamos, em nossa pesquisa, que muitas organizações têm uma cultura que estimula essa situação ao cobrarem de seus gestores seus conhecimentos e habilidades técnicas. Desse modo, elas estimulam o comportamento técnico, e não o de gestor. A organização deve estar atenta a essa situação e acompanhar o processo de adaptação da pessoa a sua nova posição.

No processo de adaptação, o gestor tem um papel fundamental. Nesse caso, em sua capacitação, deve haver um capítulo especial para o diálogo de desenvolvimento com pessoas empossadas recentemente em posições gerenciais.

Analisamos mais de 6 mil biografias de pessoas em posição de gerência tática e verificamos que os processos de consolidação na carreira gerencial demoram, em média, 2 anos. Os seis primeiros meses são os mais críticos. Processos de orientação através de gestores mais experientes (*mentoring*) podem abreviar esse período. Os resultados obtidos com essas experiências foram de redução do período de carência: os gestores geraram os resultados esperados em um tempo menor e houve aumento do nível de gestores adequados na posição.

Retorno para a carreira técnica ou funcional

Ao longo dos últimos 20 anos, acompanhamos alguns casos de gestores que retornaram para a carreira técnica, principalmente em empresas de tecnologia.

Esse processo é uma nova transição de carreira, com todos os ônus e bônus. A maioria dos casos é de profissionais que não conseguiram se desenvolver como gestores e cujo retorno para a carreira técnica se deveu ao fato de eles serem profissionais técnicos importantes para a organização. Essa situação não é normal – é comum os gestores que não se desenvolvem serem demitidos das empresas privadas ou retornarem à condição de técnicos nas empresas públicas.

Nos casos estudados, verificamos que, além da dor de uma transição de carreira, havia uma dor adicional, que era a do sentimento de fracasso, de não ter conseguido atender às expectativas da organização. Na percepção da pessoa e de seus colegas houve uma demoção. Por essa razão, movimentos desse tipo devem ser efetuados com muito cuidado e um acompanhamento muito próximo. Nesses casos, recomenda-se o suporte de profissionais especializados.

Mesmo em situações nas quais a pessoa escolhe esse tipo de mudança, o processo é de muito desgaste emocional. Para exemplificar, temos o caso de um alto executivo de uma empresa de tecnologia. Essa pessoa estava a 3 anos de obter sua aposentadoria e queria retornar para a carreira técnica porque tinha a perspectiva de atuar, em sua pós-carreira, como consultor técnico. Acreditava que ia se adaptar com facilidade porque gostava da atividade técnica e encarava a atividade gerencial como algo burocrático. Teve grande dificuldade de se adaptar, porque a atividade gerencial é muito glamourosa. Nos primeiros meses, sentiu falta de estar no centro de tomada de decisões, de estar sempre bem informado sobre os destinos da organização. Também sentiu-se isolado pelos amigos, colocado no ostracismo, embora fosse isso o que quisesse.

Esse caso é um bom exemplo do processo vivido nas transições de carreira: muitas vezes, a situação está resolvida em nossa cabeça, mas não está resolvida no nosso emocional.

Gestão da transição de carreira

Para muitos, o tema *transição de carreira* é desconhecido. Para a maioria das pessoas, assumir uma posição gerencial é uma continuidade natural da carreira. Entretanto, ao conhecermos melhor as fases e consequências de um processo de transição de carreira, podemos nos antecipar e eliminar ou minimizar seus efeitos perversos para as pessoas e para a organização.

As pessoas nunca estarão totalmente preparadas para um movimento em suas carreiras que impliquem uma mudança de identidade – esse aprendizado ocorre ao longo do processo. Com a consciência do processo, as pessoas podem manejar melhor suas incertezas e ansiedades e a organização pode criar o suporte necessário.

Ao analisarmos as diferentes fases do processo de transição de carreira, verificamos algumas experiências bem-sucedidas na mitigação dos efeitos negativos do processo. Para apresentarmos essas experiências, vamos analisar as seguintes situações:

1. **As pessoas pensadas para o processo sucessório não têm nenhuma vivência na posição para a qual foram indicadas.**

    Nesse caso, podemos ter duas situações:

    - uma pessoa que vivenciou até então somente posições técnicas e/ou funcionais e está sendo cogitada para uma posição gerencial;
    - uma pessoa que vivenciou posições gerenciais de nível tático e está sendo pensada para posições de nível estratégico.

    Nas duas situações, é importante que a pessoa viva situações profissionais mais próximas das que vai enfrentar. No primeiro caso, seria interessante que ela incorporasse atribuições e responsabilidades que a aproximassem da arena política. Como resultado, haveria uma percepção mais clara da parte da pessoa e de seu gestor quanto aos pontos a serem trabalhados e desenvolvidos em sua preparação.

No segundo caso, a pessoa deveria viver experiências que pudessem aproximá-la do nível de pressão existente no nível estratégico. Acompanhamos duas experiências interessantes em empresas brasileiras onde gerentes de nível tático são protagonistas no desenvolvimento de projetos estratégicos para a organização. Nesse papel, eles interagem com os presidentes das organizações e com o conselho de administração, percebendo o nível de pressão e o padrão de exigência na arena política do nível estratégico. Ao mesmo tempo, a organização percebe as melhores ações de desenvolvimento para preparar essas pessoas.

2. **As pessoas já estão em posição gerencial e estão sendo pensadas para posições que representam uma transição de carreira.**

Em algumas situações, temos gerentes que atuam em atividades-fim da organização e são cogitados para atuar em atividades-meio. Essa mudança implica uma transição de carreira delicada. Normalmente, essa mudança é percebida como uma demoção. Se assumirmos que as atividades-fim são mais glamourosas e oferecem mais oportunidades de ascensão que as atividades-meio, um movimento desse tipo deve ser previamente negociado com a pessoa, avaliando-se todas as suas implicações.

Por exemplo, acompanhamos o caso de um diretor industrial em uma grande montadora de veículos. Inicialmente, ele era gerente de operações, depois assumiu a posição de gerente de manutenção e efetuou uma grande revolução nos processos de manutenção, graças a seu conhecimento das operações. Por causa de seu sucesso, a organização o convidou para gerenciar a área de Recursos Humanos (RH), que tinha pouca credibilidade na organização e dificuldades para se articular politicamente. Seu papel era transferir seu conhecimento do negócio para a área e abrir-lhe as portas na organização. O profissional foi muito bem-sucedido, mas em nenhum momento fez uma transição de carreira. Suas referências, amigos, literatura predileta eram todos relacionados à atividade-fim da organização. Depois de dois anos na posição de gerente de RH, ele retornou à produção como gerente de processos e, posteriormente, assumiu a posição de diretor industrial.

Esse relato é um exemplo de que é possível haver mudanças de carreira que não implicam mudança de trajetória ou de identidade profissional, mas isso precisa ser explicitado na negociação com a pessoa. A falta de consciência desse processo ou a falta de negociação podem gerar sérios problemas de adaptação das pessoas e um impacto negativo nos resultados organizacionais.

Os movimentos de atividades-meio para atividades-fim são mais raros nas organizações, porque, em sua maioria, essa mudança implica conhecimentos técnicos, normalmente não dominados por alguém que atua em atividades-meio. Quando esse tipo de movimento é possível, as pessoas os encaram como oportunidades de ascensão mais rápida e de maior visibilidade.

3. **As pessoas estão iniciando sua experiência e uma nova posição.**

O início da pessoa em uma nova posição oferece desafios interessantes e estimulantes. Normalmente, as pessoas apreciam essas situações. Há necessidade, entretanto, de cuidados. É comum a pessoa manter algumas atribuições e responsabilidades de sua posição anterior porque não conseguiu e/ou não quis delegar. Isso pode ser um problema se a pessoa utiliza essas atribuições como um refúgio e uma forma de não se envolver plenamente em sua nova identidade.

Acompanhamos o caso interessante de um gerente de operações em uma grande siderúrgica que, ao assumir a posição de diretor industrial, teve muitas dificuldades de incorporar seu novo papel. Um aspecto visível era o fato de ele continuar utilizando a mesma indumentária da usina nos escritórios da diretoria; os aspectos não visíveis eram suas prioridades e sua agenda como diretor industrial não condizia com as expectativas do presidente.

O processo para que a pessoa assuma uma nova posição deve ser negociado, exigindo-se dela que renuncie de forma definitiva ao seu papel anterior. Caso isso não seja possível, deve haver uma negociação sobre o foco principal de suas atividades. Nesse caso, o gestor dessa pessoa tem um papel fundamental. Recomenda-se que a pessoa seja avaliada com maior frequência nessa fase inicial, em termos ideais, pelo menos uma vez a cada mês nos três primeiros meses.

4. **As pessoas estão em fase de consolidação de sua posição.**

Quando as pessoas incorporam sua nova identidade, começam um processo de desenvolvimento efetivo e podem ser muito contributivas com novas ideias, inovação em processos, com novos olhares para a realidade ou contexto em que vivem. Embora haja esse aspecto positivo, elas vivem também o desconforto da adaptação, sentindo-se como estrangeiras.

Ao assumir minha primeira função gerencial, vivi o desconforto de me ver distante de coisas que gostava de fazer. Era comum sair da organização com a sensação de que não havia feito nada de útil ou relevante, pois havia passado o dia em reuniões, discutindo possibilidades, efetuando ajustes em normas e procedimentos, entre outros. Quando, entretanto, realizava um projeto ou alterava um processo, sentia-me realizado. Em dias como esse, tinha ganhado meu dinheiro honestamente, e isso era exatamente o que não devia fazer. Compreender o nosso novo papel na organização, entender a lógica de nossa nova posição, sua importância relativa e compreender seu lugar na arena política são questões importantes e que podem ser mais bem esclarecidas através da orientação de pessoas mais experientes.

Acompanhamos o caso de um gerente financeiro recentemente promovido que tinha muitas dificuldades de se impor nas reuniões, pois seu raciocínio era muito técnico e, por isso, ele assumia um posicionamento inflexível. Ao perceber sua dificuldade, ele pediu ao diretor de RH, com quem tinha uma relação de amizade, que nas reuniões em que estivessem juntos avaliasse seu desempenho. E assim fizeram. Logo após as reuniões, os dois conversavam durante 5 a 10 minutos sobre os resultados e com isso, gradativamente, o gerente financeiro foi percebendo seus erros. A mudança não foi instantânea, mas em um período curto de tempo ele passou a conquistar seu espaço e o respeito dos demais.

Casos em que a pessoa percebe que necessita de ajuda e vai buscá-la não são comuns. Muitas vezes, o desconforto é um fator de desmobilização e a pessoa busca apoio em uma postura mais técnica e inflexível.

Conclusão

Em nossas experiências, temos traduzido as trajetórias de carreiras naturais das organizações em um sistema de carreira. Para cada trajetória, construímos critérios de mensuração do nível de agregação de valor das pessoas a partir da complexidade de suas atribuições e responsabilidades. A transparência desses critérios ajuda as pessoas a visualizarem os horizontes profissionais possíveis e se apropriarem das oportunidades de desenvolvimento e carreira.

Temos verificado que a transparência dos critérios de ascensão na carreira é um dos principais estímulos para que as pessoas assumam o protagonismo de suas carreiras. De outro lado, é importante que o sistema de carreira desenvolvido pela organização ofereça balizas para que as pessoas pensem as suas carreiras a partir delas, caso contrário, a organização criará uma camisa de força para as pessoas que trará resultados negativos para ambos. Nesse caso, as pessoas ficarão acomodadas aos parâmetros estabelecidos e a organização perderá a inventividade e iniciativa delas.

Por essa razão, dedicaremos a Parte II deste livro ao papel das pessoas na gestão de suas carreiras.

parte II
PAPEL DAS PESSOAS NA GESTÃO DA CARREIRA

As pessoas têm uma resistência natural ao planejamento de suas vidas profissionais, tanto pelo fato de encararem a trilha profissional como algo dado (VAN MAANEN, 1977) quanto pelo fato de não terem tido qualquer estímulo ao longo de suas vidas. Essa resistência é percebida em nossas pesquisas com jovens e em pesquisas com empresas de recolocação e aconselhamento de carreira estabelecidas no Brasil.

Historicamente, as pessoas pensam suas carreiras ou em momentos de crise pessoal ou de crise do mercado (HALL, 1986). A resistência ao planejamento individual de carreira é ainda muito grande no Brasil. As pessoas tendem a guiar suas carreiras mais por apelos externos, tais como remuneração, *status*, prestígio etc. do que por preferências pessoais. Observamos, em nossas pesquisas, que o padrão cultural do brasileiro é o de ser reativo quando se trata de sua carreira, tendendo a responder aos estímulos do mercado ou da empresa. Raramente, o brasileiro pensa em sua carreira a partir de suas características ou preferências individuais. Apesar disso, fazendo um contraponto, nossas pesquisas mostram também que o brasileiro, de forma não consciente, tende a permanecer no que chamamos de *região de preferência profissional* (SCHEIN, 1978 e 1990).

Nos últimos 20 anos, a gestão de pessoas das organizações brasileiras tem se deparado com um novo contrato psicológico baseado no mútuo desenvolvimento entre organização e pessoa. Esse contrato advém de um ambiente mais competitivo onde as organizações, para sobreviver, necessitam estar em contínuo processo de desenvolvimento.

O desenvolvimento da organização está intimamente ligado à capacidade de contribuição das pessoas que nela trabalham. Essa capacidade é ampliada na medida em que a pessoa se desenvolve, e esse desenvolvimento individual, associado ao aumento da capacidade de contribuição da pessoa para o desenvolvimento organizacional, é a principal cobrança da organização. Embora não esteja explícito nas organizações, a valorização das pessoas, manifestada por aumentos salariais, promoções ou conquista de espaço político, se dá na medida em que elas aumentam o seu nível de contribuição para o desenvolvimento organizacional. Em suma, a principal contribuição das pessoas esperada pela organização é a sua contribuição para o desenvolvimento organizacional.

O novo contrato psicológico é influenciado, também, por alterações importantes nas expectativas das pessoas em relação à organização. A partir de um ambiente mais competitivo, as pessoas percebem rapidamente que sua mobilidade, tanto no interior da organização, quanto no mercado, está atrelada ao seu contínuo desenvolvimento. As pessoas passam, então, a demandar das organizações a criação de condições objetivas e concretas para o seu desenvolvimento contínuo e, ao mesmo tempo, assumem investimentos próprios para o seu crescimento profissional, gerando mudanças em sua relação com o trabalho e seu empregador. Como efeito dessa transformação foi possível perceber alguns sinais importantes: a criação e a rápida ampliação de cursos de pós-graduação e da ideia de educação continuada ao longo da década de 1990; as pessoas dispostas a trocar remuneração por desenvolvimento no final da década de 1990; a mobilidade das pessoas se dando em função da busca de condições de desenvolvimento ao longo da primeira década dos anos 2000.

O novo contrato psicológico está assentado no desenvolvimento mútuo, ou seja, a relação entre pessoa e organização se mantém na medida em que a pessoa contribui para o desenvolvimento da organização e em que a organização contribui para o desenvolvimento da pessoa. O desenvolvimento organizacional está cada vez mais atrelado ao desenvolvimento das pessoas e, ao mesmo tempo, as pessoas valorizam cada vez mais as condições objetivas oferecidas pela empresa para o seu desenvolvimento. Esse novo contrato envolveu inicialmente os segmentos mais competitivos do mercado e hoje abrange a nossa sociedade e todos os tipos de organização: públicas, privadas e organizações da sociedade civil (terceiro setor).

Nesse contrato, cada vez mais consolidado em nossa sociedade, a pessoa fará diferença na medida em que assumir uma postura de protagonista de sua carreira e de seu desenvolvimento. Essa realidade que se impõe no mercado de trabalho exercerá uma pressão crescente para que a pessoa assuma uma postura ativa em relação a sua carreira.

A postura das pessoas em relação ao seu desenvolvimento vem sofrendo grandes transformações ao longo dos últimos 20 anos. Na década de 1990, as pessoas passaram a se preocupar muito mais com a sua autonomia e a sua liberdade. Isso mudou o panorama da relação entre pessoas e organizações no Brasil. A partir da década de 1990, as organizações foram pressionadas a adotar uma postura mais aberta, a ser mais participativas na relação com as pessoas. As organizações mais abertas e participativas tinham melhores condições de criar nas pessoas uma relação de compromisso com os valores e objetivos da organização; em contrapartida, as organizações mais controladoras e autoritárias tinham grande dificuldade de construir esse comprometimento. Ainda na década de 1990, observamos as pessoas mais preocupadas com o seu desenvolvimento e dispostas a investir nesse processo com ou sem a ajuda da organização.

Na primeira década dos anos 2000, as pessoas se deram conta de que viviam e viveriam por mais tempo, em suma, perceberam de forma objetiva uma longevidade maior. Essa longevidade veio acompanhada de novas possibilidades e demandas, tais como: manter-se útil, manter-se independente financeiramente e manter a qualidade de vida. A essa longevidade foram contrapostas novas situações; uma delas foi a de que as carreiras ficaram mais curtas e, portanto, as pessoas passaram a fechar ciclos profissionais em tempo mais curto, necessitando de várias carreiras ao longo da vida. Com isso, passou a haver uma frequência cada vez maior de transições de carreira na biografia das pessoas.

Outra situação que se contrapõe com a maior longevidade é a demografia brasileira; tivemos uma explosão de nascimentos no período de 1970 a 1985. Esses nossos *baby boomers* entraram no mercado a partir dos anos 1990 e, ao final da década, passaram a assumir posições de liderança. Nesse momento, as organizações passaram a viver um dilema: ficar com as pessoas mais maduras e perder as mais jovens ou tirar as pessoas mais maduras e dar espaço para as mais jovens. As organizações fizeram a segunda opção. No final dos anos 1990 e no início da primeira década dos anos 2000, o mercado expulsou as pessoas com mais de 50 anos de idade. Estimamos que a aposentadoria estabelecida pelo mercado nessa época era de 55 anos e algumas empresas brasileiras estabeleceram 60 anos como idade compulsória de aposentadoria. Entretanto, a maioria dos aposentados, ainda com muita vitalidade, não caminhou para a completa inatividade, mas passou a procurar atividades diferentes, tais como: negócio próprio, docência, atividades filantrópicas etc. Essas pessoas viveram uma transição de carreira.

Outra constatação, como consequência da longevidade, foi a de que pessoas de diferentes faixas etárias começaram a disputar o mesmo espaço no mercado de trabalho. Um exemplo disso pode ser observado nos concursos públicos, aos quais as pessoas concorrem em diferentes momentos de sua vida.

Observamos, também, que a volatilidade do conhecimento e da informação se acentuou na primeira década dos anos 2000, devendo se acentuar cada vez mais no futuro. Inicialmente, as pessoas sentiram-se desorientadas com essa volatilidade, sem saber como pensar o seu desenvolvimento e como filtrar a enorme quantidade de conhecimentos e informações ao seu dispor. Posteriormente, foram percebendo que o mercado passou a demandar, na mesma pessoa, o especialista e o generalista, ou seja, a pessoa devia se desenvolver nas duas direções, aprofundando-se em sua área de especialização e, ao mesmo tempo, adquirindo uma visão ampla do contexto em que vivia.

As pessoas passaram a ser um elemento crítico para a competitividade organizacional, devendo ter sua importância aumentada na medida em que o ambiente se torne mais competitivo e globalizado.

Esta parte do livro é dedicada a um mergulho no papel da pessoa na gestão de sua carreira. A compreensão desse papel é importante para o leitor que pensa na gestão de sua carreira e para aquele que pensa no aprimoramento e no desenvolvimento da organização. No Capítulo 3, vamos trabalhar o protagonismo da pessoa na gestão de sua carreira, discutindo a importância de revermos nossa visão de planejamento de carreira, já que isso provoca uma grande resistência dos brasileiros. Vamos, também, analisar como a percepção do papel das pessoas evoluiu ao longo dos últimos anos, particularmente no Brasil. Nesse capítulo, é importante enfatizar as características culturais do brasileiro e adequar a leitura da teoria para a nossa realidade. No Capítulo 4, vamos abordar as armadilhas de carreira e como evitá-las e/ou minimizar seus efeitos, bem como as estratégias para a gestão de carreira nas suas diferentes fases vividas pelas pessoas. No Capítulo 5, vamos trabalhar como identificar e utilizar os propulsores de carreira existentes nas pessoas, bem como as ações para construção e sustentação do desenvolvimento profissional.

3 | Protagonismo das pessoas na gestão de suas carreiras

Introdução

A discussão estruturada sobre carreira, tanto no ambiente acadêmico quanto no profissional, passou a ter expressão somente a partir dos anos 1970, nos Estados Unidos (HALL, 1986). A ênfase da literatura norte-americana sobre carreira recaiu, ao longo de sua história, sobre o papel das pessoas na gestão de suas carreiras e na sua relação com o trabalho e as organizações.

No Brasil, nossas pesquisas privilegiaram a carreira na perspectiva da organização e apenas nos anos 1990 começou a haver um interesse incipiente da academia pela perspectiva da pessoa. Foi somente nos anos 2000 que iniciamos uma produção mais intensa sobre a gestão da carreira, com uma produção equilibrada analisando o tema na perspectiva da pessoa e da organização.

Nosso interesse pela perspectiva da pessoa nos anos 1990 se deveu a dois aspectos. O primeiro foi a perspectiva de uma década de grandes transformações e incertezas pressionando as pessoas a saírem de suas zonas de conforto e repensarem sua inserção no mercado de trabalho. O segundo foi o desenvolvimento de serviços especializados em orientação de carreira, praticamente inexistente até o final da década de 1980.

Em nossas primeiras pesquisas ficamos impactados pelo fato de os brasileiros não terem um projeto de carreira: 98% dos pesquisados jamais haviam refletido de forma estruturada sobre sua carreira. Ao longo do tempo, com o aprofundamento das pesquisas, percebemos que se tratava de uma característica de nossa cultura, isto é, que o brasileiro não é estimulado a realizar esse tipo de reflexão em casa, na escola e no trabalho.

Verificamos, também, que o brasileiro tem dificuldade de sonhar em termos profissionais. Sempre que tenta fazê-lo, projeta o futuro e a ele próprio em uma situação igual à do presente. Por essa razão, quando trabalhamos o tema, temos que pensá-lo considerando nossa realidade; não podemos simplesmente importar estudos e reflexões realizados em outras culturas e realidades.

Ao longo dos anos 1990, insistimos em que era importante o planejamento da carreira e trouxemos para a realidade brasileira as abordagens e metodologias desenvolvidas para a realidade norte-americana. Ao mesmo tempo, fomos percebendo a resistência do brasileiro em absorver esse comportamento e esses métodos no dia a dia. Duas evidências nos fizeram rever nossas posições:

- Acompanhamos pessoas que haviam passado por momentos de crise em suas carreiras e procurado serviços de aconselhamento de carreira ou passado por serviços de recolocação. Ao longo desses trabalhos, elas foram estimuladas a pensar suas carreiras e sobre a importância de uma reflexão continuada e sistêmica. Ao pesquisarmos essas pessoas após a superação do momento da crise, verificamos que a maioria delas havia abandonado a ideia de uma reflexão sistemática e não tinha um projeto profissional estruturado.
- Uma empresa internacional de capital norte-americano implantou no Brasil uma estrutura mundial de planejamento de carreira em 1987 e aprimorou o processo em 1993. Os empregados recebiam uma semana de treinamento para planejar suas carreiras e havia pelo menos uma reunião anual para discussão sobre carreira entre o empregado e seu líder. Havia uma pressão sobre a liderança para a realização dessa reunião, porque ela estava vinculada à remuneração variável. Ao longo dos anos 1990, cerca de 80% das pessoas realizavam seus planos de carreira e discutiam com suas lideranças. A partir de 1997, a empresa deixou de fazer pressão sobre o processo e, nesse ano, o percentual despencou para 60% e, no ano seguinte, para 40%. Ou seja, embora houvesse um processo estruturado e uma valorização pela cultura da organização, assim que foi retirada a pressão sobre essa prática ela foi sendo gradualmente abandonada. O mesmo não ocorreu na realidade norte-americana, entretanto.

A partir dos anos 2000, mudamos nossa postura e passamos a estimular as pessoas a assumirem as rédeas da gestão de suas carreiras, buscando uma forma de criar esse estímulo considerando as características de nossa cultura.

Neste capítulo, vamos trazer os resultados desse trabalho, falar de como as pessoas podem assumir o protagonismo na gestão de seu desenvolvimento e de suas carreiras e discutir a importância disso. Vamos, também, repassar a evolução da teoria sobre carreira no Brasil e no mundo, procurando propor parâmetros para analisarmos criticamente essa produção e de ajuste à realidade brasileira.

Importância do protagonismo em relação à carreira

As pessoas com maior consciência sobre suas possibilidades de desenvolvimento profissional tendem a ter uma visão de oportunidades de desenvolvimento para a organização e para as pessoas ao seu redor. Assim, essas pessoas passam a ser naturalmente mais contributivas para o contexto onde se inserem e, consequentemente, mais valorizadas.

As organizações vão, gradativamente, se dando conta da importância desse comportamento entre seus colaboradores, criando estímulos, condições concretas e critérios de valorização para as pessoas assumirem o protagonismo de seu desenvolvimento e de suas carreiras.

Mas o que é ter protagonismo em relação ao desenvolvimento e à carreira? É assumir a iniciativa de pensar o desenvolvimento a partir de nós mesmos, ou seja, um movimento de dentro para fora, respeitando o que somos e no que acreditamos. Dessa forma, conseguimos distinguir o que é uma oportunidade de crescimento pessoal e profissional de uma armadilha que se apresenta como algo muito atraente, mas que não está alinhada com o que queremos.

O protagonismo está associado à ideia de termos um projeto profissional consciente. Significa saber aonde se quer chegar e como e agir de forma consistente e coerente com o nosso propósito. As pessoas que têm um projeto levam vantagem em relação àquelas que não têm, porque focam seus investimentos, gerenciam o seu desenvolvimento, olham o mercado e a organização com os próprios olhos, e não com os olhos dos outros, tendo uma visão mais ampla das oportunidades.

Na década de 1990, convidamos pessoas em posição gerencial e em posição técnica de alto nível para discutir suas carreiras. Constatamos que a maioria delas não tinha um projeto profissional e, quando pedíamos que projetassem suas carreiras no futuro, utilizavam os referenciais dados por suas realidades. No caso dos gerentes, normalmente utilizavam o organograma como referência, ao passo que os profissionais técnicos utilizavam as estruturas de cargos e salários. Eles usavam como referência padrões que refletiam o passado, e não o futuro. Observamos, em outras pesquisas, que as pessoas olhavam para o mercado de trabalho utilizando como referências padrões que explicavam o passado do mercado, e não o seu futuro. Nossa constatação final é que os nossos pesquisados, em sua maioria, quando pensavam em seu desenvolvimento ou sua carreira, olhavam pelo retrovisor.

De outro lado, quando observamos pessoas protagonistas em relação ao seu desenvolvimento, quer por estímulos provenientes da organização onde trabalham, quer por sua iniciativa, verificamos que elas olham também para o futuro e o fazem de modo natural. Quando olham para o futuro, elas percebem oportunidades que estão presentes em suas realidades e que podem fazer escolhas, que podem trabalhar para que essas oportunidades se tornem realidade.

Acreditamos que há uma pressão crescente para que as pessoas assumam esse protagonismo como forma de criar um diferencial no mercado de trabalho, mas também para que sejam mais consistentes e coerentes consigo mesmas. Essa crença é suportada pela percepção de transformações que vêm ocorrendo no mercado de trabalho, tais como:

- aumento na diversificação das oportunidades profissionais ocasionada pelos movimentos de maior complexidade organizacional e tecnológica das organizações, revisão das estruturas organizacionais e diversificação do mercado de produtos e serviços, exigindo das pessoas um posicionamento cada vez mais consciente quanto a sua trajetória profissional;
- disseminação cada vez maior da ideia de que as pessoas são capazes de influenciar suas próprias carreiras tanto no setor privado quanto no público;
- valorização social do contínuo crescimento, da mobilidade, da flexibilidade e da notoriedade. Esse tipo de valorização pressiona as pessoas a competirem consigo próprias, a estarem sempre revendo suas expectativas e necessidades.

A construção de um projeto profissional é fácil e está ao alcance de todos, basta olharmos para nós mesmos com honestidade e nos respeitarmos. A partir daí, conseguiremos enxergar com mais clareza as oportunidades ou as possibilidades de criar essas oportunidades.

Como pensar a carreira

A maioria das pessoas que consultamos a respeito do que significava, para elas, ter um plano de carreira ou um projeto profissional tinha em mente que era preciso ter clareza das possibilidades de desenvolvimento profissional ou de um horizonte profissional definido. Associa-se, portanto, à ideia de plano de carreira a metáfora de uma estrada plana, asfaltada e bem conservada que, se trilhada pela pessoa, a conduzirá ao sucesso, à riqueza e à satisfação profissional. Quando as pessoas olham para a realidade das organizações, verificam a carreira como uma sucessão de acontecimentos inesperados de parte a parte. Quando olham para a frente, elas veem um caminho tortuoso, onde se deparam com várias alternativas e, ao mesmo tempo, um grande número de incertezas. A carreira deve ser pensada, portanto, como uma estrada que está sempre sendo construída pela pessoa e pela organização. Desse modo, sempre que olharmos para a frente, veremos o caos a ser ordenado, e, quando olhamos para trás, enxergaremos a estrada que já construímos.

A pessoa é escultora de sua carreira quando constrói sua carreira de forma consciente. A carreira não é uma construção fácil; nós nunca temos certeza absoluta do que encontraremos pela frente. A cada passo abre-se um mundo novo, e a todo instante nos deparamos com o inesperado.

Muitas vezes, nós nos sentimos tentados a optar pelo caminho mais fácil, normalmente já trilhado por outras pessoas, ou por aquele determinado pela empresa. Quando escolhemos o caminho trilhado por outras pessoas, podemos ter vantagem pelo fato de que parte desse caminho já está aplainado, mas, se não agregarmos o nosso esforço na construção do caminho e nos acomodarmos ao caminho traçado, estaremos mais sujeitos às armadilhas profissionais mencionadas. Quando escolhemos o caminho definido pela organização e nos acomodamos, abrimos mão de nós mesmos e passamos de escultores a esculturas.

Esses aspectos deverão criar uma demanda crescente para responder a questões tais como: De que modo posso assumir o protagonismo de minha carreira? Que processos e ferramentas podem ser utilizados? Quais são os diferentes estágios da vida profissional e quais são suas demandas? Que possibilidades de carreira existem para os diferentes estilos e formas de ser das pessoas?

O como pensar e construir uma carreira é um processo muito pessoal, mas podemos oferecer algumas bases para a construção e a implantação de um projeto de carreira consciente. Essas bases advêm de uma consolidação teórica sobre carreira e da análise de muitas biografias profissionais.

Cuidados na construção de um projeto de carreira

Para a construção de um projeto, boa parte da literatura recomenda a fixação de um objetivo de carreira. Ao começarmos a reflexão sobre a carreira por esse ponto, somos induzidos a vários equívocos. Há uma tendência de as pessoas projetarem o passado e o presente para o futuro. Normalmente, elas se projetam de forma subestimada e procuram estabelecer um alvo no futuro. Vamos analisar cada um desses aspectos nos próximos tópicos.

Futuro pensado em bases movediças

Primeiramente, quando as pessoas projetam suas carreiras para o futuro, elas vinculam esse futuro a pessoas, organizações ou contextos, assentando suas projeções em bases movediças. No futuro, com certeza, nossas relações com as pessoas e com a organização serão diferentes e o contexto estará completamente alterado. Para termos uma base estável, devemos projetar nosso futuro sobre algo perene, que não mude ou que mude muito pouco. A base estável somos nós mesmos, pois, em essência, mudamos muito pouco.

A recomendação é que pensemos qual é o nosso grande compromisso conosco mesmos em relação ao que queremos com nossa vida profissional. Dessa forma, se o meu grande compromisso é estar mais feliz profissionalmente no futuro, não sei o que estarei fazendo daqui a cinco anos, mas sei que estarei fazendo algo que me trará mais satisfação. Pensando dessa forma, vamos paulatinamente construindo nossos objetivos de carreira, definindo o que queremos e o que não queremos.

Ao trabalhar com as pessoas em suas biografias profissionais e com o motivo de suas escolhas, observamos que elas tinham um compromisso consigo mesmas em relação a suas carreiras. Na maioria das vezes, esse compromisso não era consciente, mas sempre esteve presente nas escolhas e opções profissionais. Por essa razão, essa reflexão e essa descoberta sobre nós mesmos são muito importantes. Não é algo simples e exige um certo esforço, mas, ao olharmos para nossa história profissional e analisarmos o que nos motivou a efetuar nossas escolhas, teremos uma boa pista sobre o nosso compromisso. Um livro escrito por Maria Tereza Gomes (2016) trabalha esse aspecto com muita propriedade, fazendo uma analogia de nossas escolhas com a trajetória do herói (CAMPBELL, 1949) e relatando trajetórias profissionais nas quais "você é o herói do próprio destino".

Dificuldade de sonhar a carreira

O segundo aspecto está ligado a uma dificuldade dos brasileiros de sonhar em relação a sua carreira. É comum sonharmos em relação a outras dimensões de nossa vida, mas é difícil sonhar em termos profissionais. Em nossas pesquisas, observamos que, ao se projetarem no futuro, as pessoas não ousam, que elas pensam de forma acanhada seu futuro profissional. Nossa hipótese é de que o brasileiro tem dificuldade de sonhar sua carreira porque raramente a planeja ou exercita projetar-se profissionalmente no futuro.

Em nossos trabalhos junto de consultores de carreira e de profissionais de recolocação, verificamos que as pessoas, ao se projetarem no futuro, visualizam-se realizando atividades profissionais que já vinham realizando, no mesmo tipo de organização e em posições semelhantes. Além disso, não conseguem pensar em novos tipos de relação com o mercado de trabalho, onde poderiam assumir vínculos empregatícios diferentes ou utilizar seu conhecimento de forma diferente.

José Augusto Minarelli, um dos profissionais de recolocação e carreira consultados, relatou-me um caso muito interessante que, posteriormente, publicou em seu livro (MINARELLI, 1995). Ele havia recebido o vice-presidente de uma grande multinacional, que tinha sido demitido por problemas de química pessoal com o novo presidente. Tratava-se de um profissional que havia feito toda a sua carreira em uma empresa do setor tabagista e tinha um bom histórico profissional. Essa pessoa estava com grande dificuldade para se recolocar no mercado, porque não acreditava que tivesse condições de trabalhar em uma organização que não estivesse ligada ao setor em que atuava. Para ajudá-la a olhar para si mesma, o profissional de recolocação propôs a ela o desafio de fazer um cigarro de chocolate. Ao imaginar a produção do cigarro, a pessoa se deu conta de que poderia utilizar seus conhecimentos em outros setores e, após três semanas, já tinha várias possibilidades de recolocação profissional. Ou seja, de acordo com o depoimento desses profissionais, as pessoas são os seus principais algozes quando elas pensam em se articular no mercado de trabalho, por terem uma visão limitada de suas possibilidades.

Criação de autorrestrições

O terceiro aspecto é o mais perigoso. Para dar um exemplo, vamos fazer uma simplificação de um plano de carreira no qual a pessoa pensa em ocupar o cargo X na empresa Y daqui a 5 anos. Nesse caso, a pessoa está projetando o presente para o futuro, quando não há segurança de que a empresa Y ainda exista, muito menos o cargo X. Entretanto, o mais perigoso é que uma pessoa que, em tese, pode fazer o que quiser, contenta-se com o cargo X na empresa Y. A pessoa, nesse caso, coloca-se em uma camisa de força que a restringe e limita.

Essa questão foi despertada em uma experiência com o diretor de uma grande multinacional que cursava um MBA executivo em que discutia carreira com os alunos. Esse diretor me procurou depois da aula e me apresentou seu plano de carreira: ele tinha como alvo a posição de vice-presidente global da área de mercados. Estávamos no início dos anos 1990, tempo em que ocorria um alto número de fusões e aquisições. Perguntei a ele se havia pensado na hipótese de aquela posição deixar de existir nos anos seguintes, por causa de alguma movimentação da organização devido a uma fusão ou aquisição. Vi, então, o diretor ficar cada vez mais pálido e sentir um grande mal-estar. Fiquei muito preocupado e acreditando ter feito algo errado. Depois, me ocorreu que ele não havia pensado em alternativas e apenas naquele momento havia se dado conta disso. Passado o primeiro impacto do que eu disse, começamos a discutir as várias possibilidades que ele tinha dentro e fora da organização para pensar seu futuro profissional.

Posteriormente, coloquei essa questão em nossa agenda de pesquisa e pude constatar com os profissionais de aconselhamento e recolocação que era uma situação muito comum vivida por eles a de pessoas que, ao pensar seu futuro, se subestimam e colocam-se em posições que as restringem e inibem seu desenvolvimento.

O projeto profissional deve ser um norte que nos orienta, jamais algo que possa nos restringir ou criar barreiras.

Naturalmente esses três aspectos complementam-se. Nós os separamos aqui apenas para fins didáticos, para percebermos que estabelecer objetivos de carreira não é algo simples. Exige muita reflexão, autoconhecimento e conhecimento das possibilidades oferecidas pela organização onde trabalhamos, assim como pelo mercado de trabalho.

O estabelecimento de objetivos e o autoconhecimento são muito importantes para refletirmos sobre nossas carreiras.

Estabelecimento de objetivos

Para refletirmos sobre os nossos objetivos profissionais e pessoais, é interessante partirmos do concreto para o abstrato, por isso devemos começar pensando em quais são os nossos objetivos para o ano seguinte. Para fazer essa reflexão, temos que mobilizar nossos conhecimentos sobre nós mesmos, sobre a organização onde trabalhamos e sobre o mercado. Em seguida, devemos projetar tudo o que sabemos para daqui a um ano: a organização onde trabalho estará crescendo? Como estará o mercado? Minha área de atuação estará em ascensão ou estará declinando?, e assim por diante.

Ao estabelecermos uma compreensão de nossa carreira a curto prazo, estamos em condições de refletir sobre como ela estará a longo prazo, normalmente fixado em 5 anos. É um período longo o suficiente para nos descolarmos do presente e, ao mesmo tempo, ligarmos o futuro a ele. Ao pensar em minha carreira nos próximos 5 anos, vale a pena me aprofundar em minha área de conhecimento ou de atuação? Devo permanecer em minha organização ou devo mudar? Vale a pena pensar em uma carreira internacional? Enfim, vai surgindo, naturalmente, uma série de questões a serem respondidas e, ao respondê-las, estaremos construindo nosso projeto de carreira a longo prazo.

O passo subsequente é verificar a coerência entre o nosso projeto de curto prazo com o nosso projeto de longo prazo: é fundamental que o primeiro alimente o segundo. Caso haja incoerências, é necessário revisar ambos.

Feita essa revisão, temos o primeiro esboço dos nossos objetivos em relação a nossa carreira. Nesse momento, é importante fazer um investimento em nosso autoconhecimento para verificar se estamos definindo objetivos realmente alinhados com o que somos e com o que queremos. Em parte da literatura coloca-se como primeiro passo o autoconhecimento, mas a experiência em aconselhamento de carreira verifica que, se a pessoa investe em conhecer a si mesma sem fazer uma reflexão anterior sobre seus objetivos, essa informação fica solta, ao passo que, após refletir sobre a carreira, o autoconhecimento é articulado dentro de uma reflexão estruturada.

O autoconhecimento

O autoconhecimento está assentado em três pilares: tipo psicológico, valores e habilidades naturais. Esses pilares trabalham aspectos estruturais da pessoa. Para auxiliar as pessoas em seu processo de autoconhecimento, existem vários instrumentos de diagnóstico, alguns de domínio público e outros comercializados por diversos autores. Vamos, a seguir, trabalhar esses instrumentos de diagnóstico e indicar algumas fontes de consulta. Nossa preocupação aqui é dar uma base conceitual para o autoconhecimento; a indicação de instrumentos e de fontes de consulta é algo complementar, mesmo porque são informações datadas.

Tipos psicológicos

As informações sobre nossa personalidade nos permitem perceber como e por que agimos. Embora cada pessoa seja única, existem condições para estabelecermos categorias de comportamento que oferecem às pessoas informações importantes sobre sua forma de ser. Ao longo do século XX, formaram-se várias linhas de pensamento para refletir sobre essas categorias. No Brasil, há uma utilização mais intensa dos tipos psicológicos desenvolvidos por Myers e Briggs (CASADO, 1998) com base nos trabalhos de Jung em 1921 (JUNG, 1971). O fundamento é que as pessoas acham certas maneiras de pensar e de agir mais fáceis que as outras. Myers e Briggs (CASADO, 1998) propõem a existência de quatro pares opostos de maneiras de pensar e agir, e essas preferências são normalmente indicadas por letras maiúsculas. As preferências, de acordo com Casado (1998), são agrupadas nas seguintes categorias:

1. *Relação Sujeito e Objeto* – são contrapostos comportamentos em relação à forma como as pessoas privilegiam sua atitude. Para os outros são os *extrovertidos*, e para si são os *introvertidos*.

- **Extrovertidos** (**E** de *Extroversion*) – obtêm sua energia através da ação; gostam de realizar várias atividades; agem primeiro e depois pensam. Quando inativos, sua energia diminui. Em geral, são sociáveis.
- **Introvertidos** (**I** de *Introversion*) – obtêm sua energia quando estão envolvidos com ideias; preferem refletir antes de agir e, novamente, refletir. Precisam de tempo para pensar e recuperar sua energia. Em geral, são pouco sociáveis.

2. *Funções Psíquicas/Funções Perceptivas (Captar)* – descrevem como a informação é entendida e interpretada. Algumas pessoas preferem fazê-lo a partir dos seus sentidos: visão, audição, olfato, paladar e tato – são os *sensoriais*, enquanto outras pessoas preferem fazê-lo a partir de como se sentem em relação às informações recebidas – são as *intuitivas*.

- **Sensoriais** (**S** de *Sensing*) – confiam mais em coisas palpáveis, concretas, informações sensoriais. Gostam de detalhes e fatos. Para eles, o significado está nos dados. Precisam de muitas informações.
- **Intuitivos** (**I** de *Intuition*) – preferem informações abstratas e teóricas, que podem ser associadas com outras informações. Gostam de interpretar os dados com base em conhecimento prévio. Trabalham bem com informações incompletas e dedutíveis.

3. *Funções Psíquicas/Funções de Julgamento (Decidir)* – descrevem como as decisões são realizadas. Temos pessoas que tomam suas decisões utilizando predominantemente a razão e a lógica – são os *racionalistas* – e outras pessoas que tomam suas decisões utilizando predominantemente seus sentimentos – são os *sentimentais*.

- **Racionalistas** (**T** de *Thinking*) – decidem com base na lógica e procuram argumentos racionais.
- **Sentimentais** (**F** de *Feeling*) – decidem com base em seus sentimentos.

4. *Posturas Frente ao Mundo* – Myers e Briggs perceberam que as pessoas podem ter uma preferência pela função de julgamento ou pela função de percepção. A isso chamaram de "o embaixador para o mundo externo". Grosseiramente, um julgador tentará controlar o mundo, enquanto um perceptivo tentará se adaptar a ele.

- **Julgadores** (**J** de *Judging*) – trabalham melhor se planejam e seguem o plano; preferem coisas estabelecidas e acabadas; suas decisões são muito rápidas e sentem-se melhores quando as decisões são tomadas.
- **Perceptivos** (**P** de *Perceving*) – não se incomodam em deixar coisas em aberto para mudanças de última hora; adaptam-se a situações de mudança; tomam decisões só com muita informação e usam listas de coisas (lembretes) que algum dia farão.

Essas preferências podem ser combinadas em 16 diferentes formas e ajudam as pessoas a perceberem por que se sentem mais confortáveis com determinadas situações ou tipos de trabalho. Por exemplo, é muito difícil para uma pessoa extrovertida desenvolver um trabalho que exige seu confinamento e que não envolva o relacionamento com outras pessoas.

Valores

Outro aspecto fundamental para a compreensão de nós mesmos é a análise da influência dos nossos valores no estímulo ou na inibição de opções por carreiras. Essas influências não agem somente na escolha de carreira, mas também afetam as decisões de movimentação entre as empresas ou dentro delas, o peso dado aos vários aspectos de nossas vidas, bem como a coloração que damos ao futuro, à construção de expectativas e aos projetos de vida.

Quando as pessoas iniciam a sua vida profissional, há um período de descoberta mútua entre elas e as organizações ou suas atividades profissionais.

A partir de sucessivas provas e novos desafios, cada um aprende mais sobre o outro e as pessoas passam a experimentar oportunidades de conhecer melhor a si próprias e de clarificar suas preferências acerca de sua ocupação.

O conhecimento das pessoas sobre suas preferências profissionais habilita-as a fazer opções mais conscientes. É nesse momento que começam a direcionar com maior clareza sua trajetória de carreira. A clareza quanto a valores influencia não somente o lado profissional das pessoas, mas também os demais aspectos de sua vida.

Edgar Schein (1978) estudou essas preferências acompanhando a carreira de 44 alunos da Sloan School of Management do Massachusetts Institute of Technology (MIT) no período de 1961 a 1973 (15 alunos formados em 1961, 15 alunos formados em 1962 e 14 alunos formados em 1963) e observou que, nos primeiros anos, eles procuravam empregos que pudessem lhes oferecer desafios, salários maiores e responsabilidades maiores. Após alguns anos de experiência, entretanto, esses alunos passaram a buscar tipos específicos de trabalho ou responsabilidade e, do depoimento dessas pessoas, emergiram razões e padrões de escolha que o autor agrupou em cinco categorias. Tais categorias foram ampliadas para oito, a partir de uma série de pesquisas realizadas pelo autor (SCHEIN, 1990), nas décadas de 1970 e 1980, junto de outros grupos de alunos e de profissionais de diversas áreas de especialização.

Temos uma tendência a escolher nossas atividades dentro de nossa região de preferências profissionais. Sempre que saímos dessa região, entramos em trabalhos que nos causam grande sofrimento profissional. Segundo Schein (1978 e 1990), nossas regiões de preferência estão associadas aos nossos padrões motivacionais, aos nossos valores e às nossas habilidades naturais. Schein (1978) chamou essas regiões de preferência profissional de âncoras de carreira. As âncoras são elementos da realidade de uma pessoa que determinam preferências e que resultam em padrões de escolha durante sua trajetória profissional.

As âncoras de carreira apresentam as seguintes características principais (SCHEIN, 1990):

- *Competência técnica/funcional* – nesta âncora, o senso de identidade é obtido por não abrir mão das oportunidades de aplicar habilidades técnicas. A pessoa sente-se totalmente realizada quando o trabalho permite enfrentar fortes desafios em áreas técnicas. Pessoas desta âncora não se interessam por gerenciamento e evitariam o gerenciamento geral, caso isso implicasse desistência de sua área de especialidade.
- *Competência gerência geral* – relaciona-se com a perspectiva de responsabilidade absoluta por resultados e identificação do próprio trabalho

com o sucesso da organização. Esta âncora também abarca a perspectiva de construir oportunidades que permitam integrar esforços de outras pessoas em suas próprias funções, procurando a situação em que a posição em uma área técnica se transforma em constante experiência de aprendizado; o cargo gerencial técnico em si, sem responsabilidade por resultados, não desperta interesse em pessoas desta âncora.

- *Autonomia/independência* – nesta âncora, não há renúncia a qualquer oportunidade de definir seu próprio trabalho, e mesmo em organizações formais a pessoa procura funções que permitam flexibilidade. Não são toleradas regras e restrições organizacionais e, para manter autonomia, até mesmo promoções são recusadas por pessoas desta âncora.
- *Segurança/estabilidade* – a principal preocupação nesta âncora é alcançar a sensação de ser bem-sucedido para ficar tranquilo. Pessoas desta âncora preocupam-se menos com o conteúdo do trabalho e com o posto que possam alcançar e mais com a promessa de garantia de emprego. Constroem toda a autoimagem em torno do gerenciamento da segurança e da estabilidade.
- *Criatividade empreendedora* – esta âncora está focada na busca pela criação da própria organização, desenvolvida a partir de elementos de capacidade própria e disposição para assumir riscos. O alvo é sempre a procura por oportunidades futuras, com a pessoa trilhando um caminho próprio assim que identificar condições para tal. O êxito financeiro é encarado como prova de capacidade.
- *Serviço/dedicação a uma causa* – nesta âncora, não há renúncia, em qualquer hipótese, a oportunidades de trabalho em que se realize algo útil, como ajudar as pessoas, melhorar a harmonia entre elas ou solucionar problemas ambientais. Pessoas desta âncora procuram tais ocupações mesmo que haja a necessidade de mudar de organização, e promoções não são aceitas se resultarem em desvio desse tipo de trabalho.
- *Puro desafio* – não abrir mão de oportunidades de trabalho na solução de problemas aparentemente insolúveis, vencendo oponentes duros ou obstáculos difíceis, é a característica desta âncora. Alguns encontram essa oportunidade em trabalhos intelectuais muito complexos ou em competições interpessoais. A novidade, a variedade e a dificuldade das tarefas tornam-se um fim em si mesmo para as pessoas desta âncora.

- *Estilo de vida* – nesta âncora, não se abre mão de uma situação que permita equilibrar e integrar necessidades pessoais, familiares e as exigências de carreira. São construídos sistemas que integrem todos os segmentos da vida, e a pessoa assume o desejo de que a carreira lhe dê flexibilidade suficiente para alcançar essa integração. A identidade está vinculada ao modo de viver, em diferentes expectativas.

O trabalho de Schein nos permite identificar nossa preferência profissional. Geralmente, nós nos deixamos levar por estereótipos de sucesso que não têm nada que ver conosco e raramente olhamos para nós mesmos. As categorias criadas por Schein não visam criar rótulos, mas demonstrar que as pessoas têm diferentes preferências e que isso é humano e natural. As âncoras podem ser combinadas de infinitas formas quando consideramos que as pessoas podem ter âncoras em diferentes níveis de intensidade. Por essa razão, quando olhamos para a nossa carreira, temos que olhar com os nossos próprios olhos, porque o olhar de outra pessoa será diferente do nosso. Como decorrência disso, o que é uma oportunidade profissional para uma pessoa não é para outra. Isso explica muitos conflitos na relação entre chefe subordinado e entre pais e filhos, porque acreditam que uma oportunidade é algo objetivo e concreto, e não um resultado da forma como as pessoas a valorizam.

Vale registrar a importância da reflexão acerca das âncoras de carreira para alertar que os processos de gestão de carreira devem observar diferentes preferências se quiserem ser efetivos no aperfeiçoamento das relações entre pessoas e organização. Para as pessoas, essa reflexão auxilia a identificação de diferentes preferências de carreira, assim como de pontos fortes e fracos para efeito de alavancagem de suas carreiras.

Iniciamos o uso das âncoras de carreira no Brasil em 1993 e nosso primeiro objetivo era verificar se elas eram válidas para a nossa realidade. Superada essa etapa, procuramos validar no Brasil as constatações efetuadas por Schein (1990) para a realidade norte-americana. Constatamos que não há combinação impossível entre as âncoras – todas podem combinar com todas; as âncoras não mudam ao longo da vida – e verificamos que pessoas mudaram de trajetória de carreira, mas não mudaram de âncora; não há uma relação de efetividade entre âncora e atuação profissional – por exemplo, uma pessoa com a âncora competência gerência geral não será um bom gerente se não tiver habilidades gerenciais, por essa razão, as âncoras não são um bom instrumento para seleção.

Habilidades naturais

Para mapeamento de nossas habilidades naturais, a técnica mais utilizada no Brasil é a do levantamento das realizações pessoais e profissionais. A recomendação é de que listemos as 25 realizações pessoais e/ou profissionais mais significativas para nós. Normalmente, nós nos lembramos de 8 a 12 realizações e, depois, temos que nos esforçar para lembrar de outras. Somente essa parte do exercício já é muito interessante, porque nos faz recordar de eventos importantes que estavam adormecidos em nossa memória.

Na sequência, escolhemos as 8 a 10 realizações mais significativas, quer pelo impacto que geraram, quer pelo nível de satisfação que nos proporcionaram. Para cada uma das escolhidas, devemos verificar as habilidades que utilizamos. Vamos observar que as habilidades utilizadas são coincidentes, revelando nossas habilidades naturais.

Por que é mais fácil observar nossas habilidades naturais desse modo? Porque em situações de grande pressão e estresse utilizamos, de forma não consciente, nossas habilidades naturais. Assim, ao olharmos para essas situações, fica mais fácil percebê-las.

Outra informação interessante surge quando ordenamos cronologicamente as realizações mais significativas: vamos observar que as mais recentes são mais complexas que as mais antigas. Nessa análise, é importante observar o que estava acontecendo conosco quando experimentamos essas situações de realização. Normalmente, descobrimos um padrão, isto é, verificamos situações nas quais somos mais estimulados do que em outras.

Em nossas análises das biografias, nós percebemos que os padrões são diferentes para as pessoas. Por exemplo, há pessoas que se desenvolveram sempre que estavam em equipes que as estimulavam; outras se desenvolveram quando realizaram investimentos educacionais; já outras se desenvolveram quando estavam sob grande pressão.

Projeto profissional

Para o estabelecimento de um projeto profissional, podem ser utilizadas várias técnicas. As mais comuns são as seguintes:

- manuais de autopreenchimento, como os apresentados por Savioli (1991), por London e Stumpf (1982) e por Martins (2001);
- *workshops* para planejamento de carreira, em que os participantes trabalham sua avaliação individualmente e em grupos, discutindo suas

preferências e seus objetivos de carreira. Esses trabalhos podem gerar ainda insumos para uma continuidade de trabalho individual (*homework*) a serem confrontados com opiniões de familiares, amigos e, eventualmente, de colegas na organização (GUTTERIDGE, 1986);
- suporte de consultores especializados que utilizam um *mix* de técnicas que envolvem preenchimento de manuais de autoavaliação e entrevistas de aconselhamento. Geralmente, esse tipo de serviço está associado a uma demanda de organizações em relação a seus empregados, quer visando a trabalhos de desenvolvimento, quer visando a trabalhos de recolocação (*outplacement*). Esse suporte pode ser dado por conselheiros da própria organização ou contratados.

Negociação da carreira

Uma vez construído o projeto profissional, o processo seguinte envolve negociá-lo com a organização. Os aspectos principais a serem considerados nessa negociação são:

- **Definir o posicionamento da organização em nosso projeto de carreira** – a organização pode estar ou não em nosso projeto. Caso não esteja, é importante avaliar quais são as alternativas fora da organização, que podem ser: mudar de organização, montar um negócio, transformar-se em prestador de serviço, iniciar uma vida acadêmica etc. Caso a organização esteja em nosso projeto, isso significa que podemos vislumbrar oportunidades.
- **Avaliação de oportunidades** – a organização normalmente não divulga as oportunidades de modo formal. Em geral, nem têm consciência de todas as oportunidades, portanto, necessitamos realizar uma constante avaliação da situação. As melhores fontes de informação estão em nossa rede de relacionamento.
- **Avaliação dos requisitos exigidos** – devemos ter clareza quanto aos requisitos exigidos pela organização para as posições em que temos interesse e avaliarmos se atendemos ou não a tais requisitos.
- **Negociação com a organização** – para negociarmos nossa carreira com a organização, é importante que estejamos seguros. A segurança em relação à carreira significa efetuar escolhas, sabermos o que queremos e o que não queremos. Na medida em que definimos nossas prioridades, passamos naturalmente a investir nossa energia nesse caminho, a ocupar espaços e a sinalizar com mais clareza para onde vamos.

Processos de escolha e etapas da carreira

O real espaço de arbítrio da pessoa dentro das organizações e do mercado de trabalho, assim como o conjunto de influências que advêm de sua socialização, de seu momento de vida e de seu momento profissional, têm sido profundamente estudados e discutidos ao longo dos últimos 50 anos. Embora tenhamos importantes trabalhos sobre o tema desde o início do século XX, foi na década de 1970 que surgiram os primeiros trabalhos buscando sistematizar e discutir os trabalhos produzidos até então (HALL, 1976; VAN MAANEN, 1977; SCHEIN, 1978). Cabe destacar desses trabalhos as reflexões sobre a escolha da carreira e a dinâmica desse processo ao longo da vida da pessoa.

As teorias da escolha de carreira podem ser agrupadas em duas categorias mais gerais (HALL, 1976; VAN MAANEN, 1977):

- **Compatibilidade** – afirma que determinadas pessoas escolhem determinadas ocupações com base em medidas de compatibilidade entre a pessoa e a ocupação escolhida.
- **Processo de escolha** – afirma que a pessoa ao longo de sua trajetória de vida vai gradualmente chegando à escolha de sua ocupação.

Acredita-se que as pessoas dentro da categoria *compatibilidade* estejam naturalmente preocupadas em escolher uma carreira que atenda a suas necessidades e interesses, que as expresse, uma vez que grande parte de suas vidas gira em torno do trabalho. A compatibilidade entre uma pessoa e uma carreira pode ser explicada por quatro características pessoais: interesse, identidade, personalidade (valores, necessidades, orientação pessoal etc.) e experiência social (HALL, 1976). Essas teorias são fortemente suportadas, para a sua elaboração e divulgação, por referenciais psicanalíticos e biológicos (VAN MAANEN, 1977).

A categoria da compatibilidade dá maior ênfase a explicações sobre o que influencia a escolha da carreira, oferecendo uma visão estática da escolha e menor ênfase a como se processa a escolha e a seu porquê. Os autores que enfocam mais o processo da escolha procuram responder a essas perguntas. De acordo com Ginzberg et al. (1951), o processo de escolha de uma carreira tem lugar em três estágios na vida de uma pessoa:

- **Estágio da fantasia** – cobre o período da infância, indo até os 11 anos.
- **Estágio das escolhas tentativas** – geralmente cobre o período de 11 a 16 anos. Esse estágio baseia-se primeiramente em interesses e, posteriormente, em capacidades e valores.

- **Estágio das escolhas realistas** – ocorre a partir dos 17 anos e geralmente cobre três períodos: *exploratório*, em que é examinada uma série de opções de carreira; *cristalização*, no qual as opções começam a ser mais bem focadas; e *especificação*, em que a pessoa escolhe uma carreira em particular.

Durante a idade adulta, as pessoas podem viver vários ciclos de exploração/cristalização/especificação para tentar encontrar a carreira mais adequada aos seus interesses, necessidades e habilidades. Esse processo pode se arrastar pelos 30 anos para as pessoas que continuam investindo em seu processo educacional. Uma escolha mais definitiva da carreira ocorre por volta dos 40 anos, na chamada "crise da meia-idade" (HALL, 1976; SUPER; BOHN JR., 1972).

Em nossas pesquisas no Brasil, verificamos que os ciclos de carreira estão ficando cada vez mais curtos em termos de tempo entre seu início e seu final. Isso ocorre porque as pessoas estão percorrendo as carreiras com maior velocidade. De um lado, temos a realidade organizacional se tornando mais complexa e exigente; de outro, temos as pessoas ingressando no mercado mais bem preparadas e investindo continuamente em seu aprimoramento.

Vamos agora nos deter com mais profundidade no estudo do processo de escolha de uma carreira por determinada pessoa. Esses trabalhos evoluíram da abordagem oferecida por Super e Bohn Jr. (1972) e Schein (1978) acerca de estágios de vida e sua influência sobre processos de escolha até os trabalhos desenvolvidos nos últimos 15 anos fora do Brasil, oferecidos por Hall (2002), Peiperl e Arthur (2002), Higgins (2005), Mainiero e Sullivan (2006), Inkson (2007), Gunz e Peiperl (2007) e Briscoe e Hall (2013), e, no Brasil, oferecidos por Martins (2001), Veloso e Trevisan (2005) e Veloso (2012), Costa e Balassiano (2006), Dutra (2010), Dutra e Veloso (2013) sobre a dinâmica das carreiras das pessoas e seus processos de escolha.

Dentre as contribuições mais recentes, cabe destacar a evolução da carreira proteana, em que a pessoa procura adaptar-se às exigências da organização e do mercado sem abrir mão de sua essência, apresentada por Hall (1976 e 2002), que faz uma analogia da carreira com o deus grego Proteu, o qual tinha o poder de ver o futuro e de mudar de forma para lidar com as adversidades. Os trabalhos de Hall foram inspiradores para os trabalhos desenvolvidos por Mainiero e Sullivan (2006), que tratam a questão do gênero na carreira, e por Veloso (2012), que trabalha processos de transição de carreira no Brasil. Outro destaque cabe aos trabalhos desenvolvidos por Arthur e Rousseau (1996) sobre carreiras sem fronteiras, nos quais a grande contribuição é a constatação de uma realidade em que as pessoas não podem mais pensar sua carreira restrita à organização onde atuam, devendo romper fronteiras.

Essa abordagem ganhou novos contornos com trabalhos de Arthur, Inkson e Pringle (1999) e Peiperl e Arthur (2002), que discutem o papel da pessoa ao criar uma carreira consciente e inteligente; de Gunz e Peiperl (2007), que coordenam a construção de um *handbook* sobre gestão de carreiras, apontando para novas formas de organização do trabalho e sua influência sobre a gestão da carreira pela pessoa; de Veloso (2012), que utiliza o conceito de *carreira sem fronteiras* para estudar fenômenos brasileiros de transição de carreira; e de Briscoe e Hall (2013), que procuram analisar as possibilidades de postura das pessoas diante de suas carreiras através de um estudo que combina os conceitos de *carreira sem fronteiras* e *carreira proteana*.

Briscoe e Hall (2013) partem das seguintes caracterizações da carreira sem fronteiras em termos de *mobilidade física*, em que as pessoas mudam de carreira, ou *mobilidade psicológica*, em que as pessoas, embora em uma organização ou tipo de trabalho, observam o conjunto de possibilidades que o mercado oferece e a que estão dispostas a se expor. Na carreira proteana, a pessoa pode ser:

> **Orientada por valores**, no sentido de que os valores intrínsecos da pessoa provêm a orientação e a medida do sucesso para a carreira do indivíduo; e **autodirecionada** quanto à gerência pessoal da carreira, tendo a habilidade de ser adaptativa em termos de desempenho e demandas de aprendizado (BRISCOE; HALL, 2013, p. 168).

A partir dessas categorias, os autores realizaram um estudo em que observaram várias pessoas e criaram categorias de posicionamento das pessoas em relação a suas carreiras, ou seja, o quanto elas incorporavam os conceitos de carreira sem fronteiras e carreira proteana em suas decisões sobre carreira. Com base na pesquisa, eles construíram o Quadro 3.1, apresentado a seguir. Nesse quadro, verificamos oito categorias de posicionamento das pessoas em relação a suas carreiras que podem nos ajudar a pensar o nosso próprio posicionamento.

Quadro 3.1 Combinações proteanas e sem fronteiras: perfis de carreira e desafios para o desenvolvimento

Proteana: gerenciamento autodirecionado de carreira	Proteana: orientada por valores	Sem fronteiras: mobilidade psicológica	Sem fronteiras: mobilidade física	Categoria híbrida/ arquétipos	Desafios pessoais para manter o *status quo*	Desafios de desenvolvimento de carreira para grupos de apoio e sujeitos de carreira
Baixo	Baixo	Baixo	Baixo	"Encurralado" ou "desnorteado"	Reagir rapidamente a oportunidades, sobreviver.	Esclarecer prioridades, obter habilidades de gerenciamento de carreira, expansão de perspectivas.
Baixo	Alto	Baixo	Baixo	"Fortificado"	Encontrar oportunidades estáveis em organizações previsíveis que tenham valores compatíveis.	Ampliar horizontes tendo a mente aberta e autodirecionamento. Do contrário, a pessoa e o empregador sofrerão, a menos que esta pessoa seja a escolha perfeita para uma situação/organização estável.
Baixo	Baixo	Baixo	Alto	"Andarilho"	Sempre encontrar novas caronas para "pegar".	Ajuda a desenvolver autodirecionamento, estabelecer o que está de acordo ao conseguir algo.
Baixo	Baixo	Alto	Baixo	"Idealista"	Encontrar organizações cujos valores e curiosidade sejam compatíveis, mas que não exijam mobilidade.	Encontrar desafios saindo da zona de conforto e ajudar a formar habilidades de adaptação, em termos de posicionamento e de trabalho além das fronteiras.

(continua)

(continuação)

Alto	Baixo	Alto	"Homem/mulher organizacional"	Encontrar organizações estáveis nas quais possa ser demonstrado um desempenho com um mínimo de competência.	Não ser seduzido pela habilidade de desempenho. Aumentar autoconsciência para transformar alto desempenho em liderança.
Alto	Alto	Baixo	"Cidadão sólido"	A compatibilidade entre pessoa e organização é o máximo. A mobilidade é uma ameaça.	Manter a diversidade de talentos, mas alavancar contribuições dos cidadãos sólidos.
Alto	Baixo	Alto	"Armas/mãos de aluguel"	Identificar e reagir às melhores oportunidades de prestar serviços além das fronteiras.	Converter pessoa talentosa e reativa em líder eficaz, com consciência de si mesmo e senso de prioridades.
Alto	Alto	Alto	"Arquiteto de carreira proteana"	Capacidade de alavancagem obtendo efeitos significativos.	Determinar estágios para brilhar, aprender, comprometer-se. Controlar o temperamento, se necessário.

Fonte: Briscoe e Hall (2013, p. 172).

Schein (1978) encara a questão da carreira como um processo de desenvolvimento da pessoa como um ser integral. Ele argumenta que, para podermos refletir sobre a carreira de uma pessoa, precisamos entender suas necessidades e características, as quais são fruto de sua interação com todos os espaços de sua vida. Nesse sentido, Schein acredita que as pessoas devem ser pensadas como se estivessem inseridas num mundo onde enfrentam múltiplas pressões e problemas. Na sociedade ocidental, essas pressões e problemas podem ser agrupados em três categorias:

- As pressões e problemas decorrentes do processo biológico e social associado ao nosso envelhecimento. De modo geral, podemos associar à idade determinantes de natureza biológica, tais como: alterações em nosso corpo, alterações em nossa capacidade física e mental etc., e de natureza social e cultural. Essa associação nos permite configurar um ciclo biossocial que vai influenciar o comportamento e as preferências das pessoas.
- Outro conjunto de pressões e problemas são decorrentes das relações estabelecidas entre a pessoa com sua família. Embora possamos associar esta categoria à biossocial, ela apresenta características peculiares. As pressões, aqui, estão associadas à natureza da relação com a família e os diferentes compromissos que assumimos, tais como: casado, solteiro, viúvo, separado ou divorciado; com filhos pequenos ou não; com filhos adolescentes ou não; dá suporte financeiro e emocional para pais idosos ou não etc. Neste caso, também é possível definirmos um conjunto de pressões e problemas típicos das várias fases das relações que as pessoas estabelecem com suas famílias, configurando um ciclo familiar ou de procriação.
- A terceira categoria está associada ao trabalho ou à construção de carreira. As pessoas têm um domínio parcial sobre as pressões e problemas decorrentes desta categoria, uma vez que emanam de necessidades definidas pela sociedade, de suas instituições econômicas, suas tradições, políticas educacionais etc. De outro lado, a relação que as pessoas estabelecem com o trabalho ou com a carreira não sofre o determinismo das outras duas categorias; uma pessoa pode truncar, mudar, alavancar sua carreira. As relações que a pessoa estabelece com a sua ocupação ou com organizações formam também um ciclo, a cujas etapas ou estágio podem ser associadas determinadas características.

Esses três ciclos são apresentados na Figura 3.1.

Há momentos em nossas vidas que, por causa da idade, da relação profissional ou da situação familiar, sofremos uma grande pressão. Esses momentos tendem a ser de grande influência nas decisões sobre nossos projetos de vida pessoal e profissional. Essas fases e ciclos vêm sofrendo algumas alterações nos últimos anos. Tais alterações são motivadas basicamente pelo aumento da longevidade das pessoas.

Verificamos um aumento da expectativa de vida das pessoas graças aos avanços da medicina. As projeções para o futuro são de aumento da longevidade com qualidade de vida e apoiam-se nas seguintes tendências:

- Contínuo avanço da medicina e disposição da humanidade para investir cada vez mais em pesquisas ligadas à saúde e que disseminem rapidamente as conquistas nesse campo.
- Aumento da preocupação da humanidade com o meio ambiente e busca de maior qualidade de vida.
- Maior consciência das pessoas a respeito de si próprias, buscando manter sua integridade física, psíquica e social.

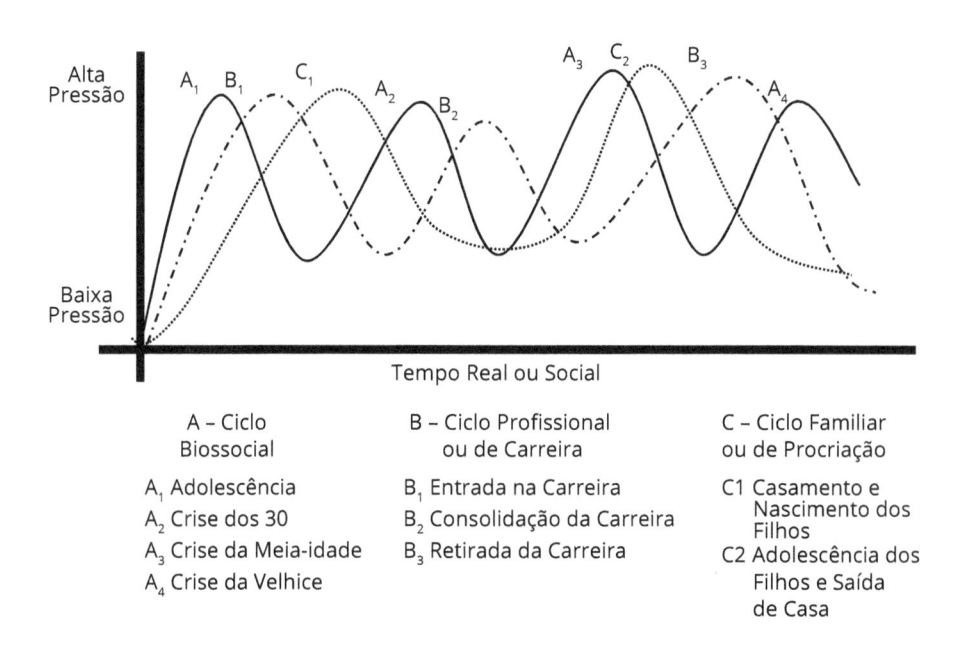

A – Ciclo Biossocial
A_1 Adolescência
A_2 Crise dos 30
A_3 Crise da Meia-idade
A_4 Crise da Velhice

B – Ciclo Profissional ou de Carreira
B_1 Entrada na Carreira
B_2 Consolidação da Carreira
B_3 Retirada da Carreira

C – Ciclo Familiar ou de Procriação
C1 Casamento e Nascimento dos Filhos
C2 Adolescência dos Filhos e Saída de Casa

Fonte: Schein (1978, p. 24).

Figura 3.1 Ciclos de influência sobre as pessoas

Schein (1978) procura demonstrar que há uma relação muito íntima entre nossa vida profissional e nossa vida pessoal. Vamos nos aprofundar no ciclo profissional apontado pelo autor e efetuar uma correspondência com o que observamos em nossa realidade.

Um dos grandes méritos da pesquisa realizada por Schein com seus alunos na década de 1960 foi perceber quando eles consolidaram sua identidade profissional – de acordo com sua pesquisa, esses alunos demoraram cerca de 3 a 5 anos para fazer isso. Em trabalhos desenvolvidos com nossos estudantes do curso de administração, observamos que eles demoraram, em média, 3 anos para consolidar sua identidade profissional.

Por essa razão, nos primeiros anos observamos uma angústia em nossos recém-formados, que chamamos de *síndrome do recém-formado*. Nessa fase, as pessoas não têm clareza do que estão vivendo e um problema pequeno é encarado como inaptidão para a profissão. Em nossos serviços de suporte aos alunos de graduação, recebemos pessoas desencantadas com a profissão que estão concluindo o curso. Ao aprofundarmos nossa investigação, verificamos que se trata de questões muito simples de serem equacionadas e que as pessoas mudam radicalmente suas posições e se sentem mais aliviadas.

Para exemplificar essa situação, quero relatar o caso de um amigo que, aos 12 anos, decidiu ser médico. Mais tarde, ele cursou medicina e se especializou em otorrinolaringologia. Quando começou a clinicar, contudo, percebeu que não gostava de gente e sofreu um grande choque, porque alguém que não gosta de gente não pode ser médico. Meu amigo ficou um ano sem saber o que fazer até o momento em que descobriu que na verdade adorava medicina, mas não gostava da relação médico-paciente. Resolveu, então, fazer residência em patologia e, atualmente, é uma pessoa realizada profissionalmente.

A entrada na carreira é um momento muito delicado para a maioria das pessoas e, por isso, necessita de muita atenção. Verificamos que as organizações que têm mais sucesso em retenção e satisfação de jovens são aquelas que propiciam situações de diálogo mais frequentes.

Outro momento crítico é o que chamamos de *crise da meia carreira*, que, como vimos no Capítulo 2, ocorre por volta dos 40 anos para a geração que entrou no mercado de trabalho nos anos 1990 e na primeira década dos anos 2000. Acreditamos que essa crise virá mais cedo para a geração que entrou no mercado de trabalho a partir do final da primeira década de 2000, a qual provavelmente estará fechando um primeiro ciclo de carreira entre os 35 e 38 anos de idade.

Nesse momento, a pessoa vive a necessidade de repensar sua carreira, e pode ocorrer uma transição de carreira ou não. De qualquer modo, trata-se de um momento de angústia que não afeta somente a dimensão profissional. O momento mais estressante do ciclo profissional é a aposentadoria, porque, nesse caso, a pessoa tem que viver forçosamente uma transição profissional. Verificamos, através da análise de biografias, que não existe um momento confortável para efetuar essa transição. Muitas pessoas conseguem postergar esse processo porque são empresárias ou porque são profissionais liberais, mas vivem um momento difícil sempre que têm que enfrentá-lo.

Lembro-me de uma situação que um empresário estava querendo se afastar gradativamente de sua organização para dar lugar a seus filhos, mas não tinha um outro projeto para si próprio e iria sofrer muito. Ao discutirmos possibilidades, verificamos que seria muito difícil encontrar satisfação em outro tipo de atividade. O resultado final foi uma negociação com os filhos de construção de um novo papel para ele dentro do negócio, onde se sentia contribuindo e, ao mesmo tempo, oferecia mais espaço para os filhos e os preparava para a sua sucessão.

Em outra situação, o empresário tinha ideias antagônicas às de seu filho. Ao final, deixou a organização nas mãos do filho, o qual impulsionou o negócio, e abriu outro tipo de organização para não competir com ele.

Vemos a necessidade de a pessoa, no processo de aposentadoria, construir uma nova identidade profissional, sem o que correrá um grande risco de entrar em depressão. Uma situação que exemplifica bem isso é a de um colega que atuava na universidade e, além disso, possuía uma organização bem-sucedida. Uma organização internacional propôs a compra de seu negócio, mas ele não levou a ideia muito a sério. Para sua surpresa, o negócio foi concluído com muita rapidez. Ao final, ele estava desempregado mas com um bom dinheiro. Resolveu, então, curtir a vida e ir viajar com a esposa. Fez isso durante dois meses e, ao retornar, decidiu reformar o banheiro da casa. Colocou toda sua ansiedade nessa reforma, o que quase custou a separação do casal. Foi nesse momento que se deu conta do que estava fazendo com sua vida e decidiu construir um novo projeto profissional.

Conclusão

O protagonismo de uma pessoa em relação a sua carreira se torna cada vez mais importante como um diferencial no mercado de trabalho e também para que ela fique mais em paz consigo mesma. Entretanto, é importante destacar que a realidade organizacional e a do mercado de trabalho conspiram contra esse cenário, deixando de estimular a pessoa e/ou criando barreiras.

Por essa razão, a iniciativa tem que ser da pessoa – caso ela espere a iniciativa da organização ou do contexto em que se insere, ficará sempre a reboque dos acontecimentos.

Assumir a responsabilidade sobre o nosso desenvolvimento e carreira não é fácil, porque não teremos ninguém para culpar por nossos fracassos, senão a nós mesmos. É sempre mais fácil pendurar nossos fracassos em outras pessoas e nas situações que vivemos, mas esse é um aprendizado importante e que refletirá em outras dimensões de nossa vida.

Para ajudar nosso leitor a pensar nesse protagonismo ou ajudar outras pessoas nesse processo, no Capítulo 4 vamos aprofundar a análise das armadilhas profissionais que encontramos nas biografias analisadas, ensinando como identificá-las e evitá-las e/ou mitigar seu efeito nocivo. Vamos trabalhar também algumas estratégias de carreira que, em nossas pesquisas, propiciaram às pessoas mais segurança e alternativas em momentos de crise.

4 | Armadilhas e estratégias de carreira

Introdução

A falta da gestão de nossas carreiras aumenta o risco de cairmos em situações de perigo ou estresse profissional, o que chamamos genericamente de *armadilhas profissionais*. Observamos que as pessoas mais jovens estão mais sujeitas a esse risco do que as mais maduras, talvez por terem maior consciência de si próprias.

Ao longo desses 25 anos, fomos estudando essas situações e o que as motivou. Chegamos à conclusão de que na maioria das situações as pessoas que caíram em armadilhas profissionais o fizeram porque não olharam para si mesmas, e sim para as iscas que estavam nessas armadilhas.

Em muitas situações, observamos que as armadilhas são criadas pelas próprias pessoas, pelas organizações ou por outras pessoas sem consciência do que estão fazendo. Por essa razão, neste capítulo vamos destacar essas armadilhas, descrevendo-as e discutindo formas de evitá-las ou, quando for impossível, de mitigar seus efeitos danosos.

Além das armadilhas, vamos discutir situações de desconforto profissional que as pessoas vivem ao longo do processo de desenvolvimento de suas carreiras. Verificamos que algumas delas demoram a perceber os desconfortos e a empreender ações para saná-los. Por isso, é importante destacarmos essas situações neste capítulo.

Neste capítulo, vamos trabalhar também o desenvolvimento de estratégia de carreira, descrevendo alternativas de condução de nossas carreiras para criar possibilidades de desenvolvimento e de redução de riscos de frustração ou de armadilhas profissionais.

Armadilhas profissionais

As pessoas percebem as oportunidades profissionais e de carreira de fora para dentro. Em outras palavras, as pessoas normalmente olham para o mercado ou para a organização em busca de oportunidades sem considerar a si próprias, seus pontos fortes, suas preferências, seus desejos e seus sonhos. Ao fazê-lo, correm o risco de criar situações que podem causar um grande desconforto profissional ou colocar em risco sua carreira ou até sua reputação profissional.

Essas situações, que chamamos de armadilhas profissionais, podem ocorrer nas posições que ocupamos ou quando efetuamos movimentos profissionais dentro e fora da organização onde trabalhamos. Por causa da natureza dessas armadilhas profissionais, criamos quatro categorias: *caminhos sem saída*, *infelicidade profissional*, *caminho errado* e *desgaste de imagem*. A seguir, vamos trabalhar cada uma delas.

Caminhos sem saída

Esta armadilha pode ser caracterizada pelas seguintes situações:

- A carreira em que a pessoa se encontra não tem mais perspectivas de desenvolvimento na organização e no mercado. Um bom exemplo dessa situação é a de estatísticos de empresas de pesquisa que chegam a um ponto de suas carreiras em que não há mais degraus de complexidade na organização ou no mercado.
- Os trabalhos que a pessoa desenvolve ou seu conhecimento técnico estão sendo substituídos por outra tecnologia ou por outro tipo de negócio. Nesse caso, temos vários exemplos de setores industriais ou de tecnologias substituídas, como é o caso de reprodução de documentos, do setor fotográfico e, atualmente, da mídia impressa.
- A carreira escolhida pela pessoa deixa de ter importância e perspectiva por causa de problemas de reorientação cultural ou política, como ocorreu com a energia nuclear.
- A pessoa não tem mais perspectivas profissionais em termos geográficos, porque em sua comunidade ou país houve um processo de desindustrialização ou mudança dos negócios para outras localidades, como foi o caso do Rio de Janeiro no início dos anos 1990.
- Limitação das possibilidades de oportunidades profissionais por causa da idade da pessoa, situação agravada na realidade brasileira, que tem uma população jovem que está entrando ou atuando no mercado de trabalho.

Nesses casos, a alternativa implica uma mudança de trajetória profissional, envolvendo o estresse da mudança de identidade profissional.

Normalmente, as pessoas percebem essa situação em conjunto com as demais que estão sendo afetadas e há um movimento maciço em busca de alternativas. Em momentos de crise de mercado, situações como essa ficam mais evidentes e as atividades profissionais que estão em fase de desaparecimento têm seu processo acelerado.

Nos casos que analisamos, as pessoas demoram a se dar conta do que está ocorrendo. Inicialmente, elas procuram se recolocar em atividades de mesma natureza, mas não conseguem. Percebem, depois de algum tempo, que já não mais existe mercado para seus conhecimentos e experiência. Esse é um momento perigoso, porque não é incomum a pessoa viver um processo de depressão e agravar a sua situação financeira, psicológica e física, além do relacionamento com a família e os amigos.

A saída é a busca de outra carreira, e esse processo é demorado. Primeiramente, é necessário verificar o conjunto de possibilidades concretas de trabalho e, em seguida, avaliar aquelas que podem gerar algum grau de satisfação pessoal. Quanto mais alto é o nível do profissional, quer em termos salariais, quer em termos do nível de complexidade, mais difícil é o processo de busca de alternativas de carreira.

Por essa razão, a ideia de termos sempre um plano B ou uma carreira alternativa possível é interessante nesses momentos. Nesse caso, conseguimos uma articulação para a outra carreira com maior velocidade. Para exemplificar, analisamos o caso de um gerente de uma grande planta industrial em São Paulo que, ao fazer 48 anos, se tornou muito preocupado com seu futuro profissional. Percebeu que tinha uma grande atração pela fisioterapia e resolveu realizar o curso no período noturno em uma faculdade próxima da planta onde atuava. Quando terminou o curso, já tinha todo um plano de negócios para montar sua clínica.

Outro caso interessante é o de um empresário em um negócio que estava com seus dias contados. Ele vinha de uma experiência como diretor financeiro em várias empresas de grande porte e, aos 50 anos de idade, resolveu fazer o curso de direito. Entrou na USP e, aos 55 anos, tornou-se advogado especializado em direito tributário com grande sucesso.

Infelicidade profissional

Esta é a armadilha mais cruel, porque destrói a pessoa em todas as dimensões de sua vida. Normalmente, ela é caracterizada por uma atividade profissional, organização ou grupo de pessoas que o profissional odeia e que o tornam infeliz, mas em que ele permanece por causa do salário, dos benefícios, do *status* e/ou da segurança. Essa infelicidade gera na pessoa uma amargura que se irradia para todas as suas relações sem que ela perceba.

Com o tempo, o terreno debaixo dos pés da pessoa vai erodindo e, de repente, uma série de desgraças ocorre ao mesmo tempo: ela perde o emprego, se separa do cônjuge, bate o carro que não tem seguro etc.

A maioria das pessoas que entrevistamos havia conseguido sair dessa situação e, em consequência disso, tinha uma visão crítica do que viveu. A imagem mais comum construída por essas pessoas era a de que elas viviam em uma gaiola de ouro e, quanto mais ficavam lá dentro, mais medo de voar tinham.

Essa é uma armadilha perigosa porque muitas pessoas só a percebem quando conseguem sair dela. O relato das pessoas foi de muita surpresa e alegria quando conseguiram deixar a situação em que viviam e perceberam todos os mecanismos desenvolvidos para se autoenganarem.

Alguns dos nossos entrevistados só conseguiram superar esse desafio com terapia, que os ajudou a ter a força e a coragem necessárias para quebrar a inércia e a relação patológica desenvolvida com o trabalho.

Caminho errado

Essa armadilha é caracterizada pelas seguintes situações:

- O trabalho que a pessoa desenvolve mobiliza mais seus pontos fracos e pouco dos seus pontos fortes. Desse modo, a pessoa necessita fazer um esforço hercúleo para ser medíocre. Quando fazemos atividades que mobilizam nossos pontos fortes, somos excelentes com muita facilidade.
- A organização ou o grupo de pessoas com as quais nos relacionamos têm valores que não compartilhamos. Essa situação gera um grande desconforto e, dificilmente, a pessoa suporta permanecer nesse local de trabalho.
- A partir de uma transição de carreira na organização, a pessoa passa a desenvolver uma atividade com a qual não tem identidade. O exemplo mais comum encontrado em nossas entrevistas foi o de bons profissionais técnicos que assumiram posições gerenciais e não conseguiram desenvolver uma identidade com a nova carreira.
- Ausência de repertório sobre si mesma, fazendo com que a pessoa efetue escolhas profissionais às cegas ou influenciada por amigos ou uma imagem da posição. O exemplo mais marcante, nesse caso, foi o de um

de nossos alunos, que ingressou como *trainee* na área de marketing em uma grande multinacional de bens de consumo, depois de um processo seletivo extenuante e muito disputado. Ao terminar o programa e iniciar na área de marketing, ele viveu o primeiro fracasso em sua vida; enquanto seus colegas tinham um desenvolvimento rápido na carreira, ele se sentia infeliz. Ao conversarmos, ficou claro que ele estava no lugar errado, então propus a ele que fosse atuar na área financeira, na qual ele teve uma carreira brilhante.

Nesses casos, a solução é a mudança de carreira dentro ou fora de empresa. Nem sempre esse é um processo simples, mas, na medida em que a pessoa tem clareza do que quer, é mais fácil reverter a situação.

Nos casos em que técnicos foram para posições gerenciais e não se identificaram, a maioria teve que deixar a organização e se recolocar em outra. Nem sempre esse movimento é fácil, particularmente em momentos de crise.

Normalmente, as pessoas que entram em organizações ou passam a conviver com grupos com valores com os quais não compartilham também têm que deixar a organização. Por essa razão, esse é um aspecto importante de ser observado quando estamos participando de processos seletivos.

A correção de rumo em caminhos errados pode ser difícil e representar um retrocesso no processo de desenvolvimento profissional. Um caso que ilustra essa situação é o de um jovem engenheiro em uma empresa que produz equipamentos para telecomunicações. Esse engenheiro já trabalhava há 6 anos na área de desenvolvimento de produtos e recebeu um convite para ser suporte técnico do pessoal de vendas. Nesse momento, viveu uma transição de carreira, isto é, saiu de um ambiente informal e passou para um ambiente formal; sua indumentária foi transformada e a maneira a como ele se referia aos produtos da empresa era bem diferente no novo ambiente. Dois anos depois, ele descobriu que não tinha nenhuma identidade com a atividade comercial e quis retornar para a área de desenvolvimento. Na empresa não havia essa possibilidade e, quando ele se apresentou ao mercado, percebeu, surpreso, que era percebido como alguém da área comercial. O jovem engenheiro ficou sem rumo durante 2 anos, atuando de forma marginal no mercado. Por sorte, com a privatização do setor em meados da década de 1990, ele conseguiu retornar para a área técnica.

Desgaste de imagem

A ocorrência desse tipo de armadilha em nossas pesquisas foi rara, mas resolvemos considerá-la uma categoria distinta em razão do nível do impacto causado na carreira das pessoas que viveram tal situação.

A situação típica, nesse caso, é o da pessoa que vai trabalhar em uma organização com problemas de imagem em termos éticos, morais e de relacionamento. A pessoa normalmente aceita o convite porque há promessas de que a situação será resolvida ou porque é contratada como a "salvadora da pátria", ou seja, será a responsável por resolver todos os problemas. O que verificamos é que a situação não muda e a pessoa é enlameada com a lama da organização, o que compromete a sua credibilidade e respeitabilidade profissional.

Um caso que nos chamou a atenção foi o de um profissional contratado para ser o presidente de uma empresa com grandes problemas financeiros e de imagem. A pessoa queria muito viver a experiência de comandar uma organização, a remuneração oferecida era tentadora e o acionista que o contratou era uma pessoa sedutora. As promessas efetuadas durante a contratação não foram cumpridas, e o profissional se sentiu de mãos atadas para implementar as mudanças necessárias para transformar a situação. O resultado foi mais de 5 anos fora de organizações por conta de sua passagem por aquela experiência. Ele teve de atuar como consultor e na coordenação de pequenos projetos até conseguir se recolocar no mercado novamente.

Esses casos são muito perigosos e exigem atenção redobrada. Muitos profissionais não buscam informações mais detalhadas sobre a empresa onde vão atuar e, com isso, podem estar fazendo escolhas de alto risco para as suas carreiras.

Em todos os depoimentos de pessoas que caíram em armadilhas havia um ponto em comum: elas tinham as informações necessárias para não cair nessas armadilhas, mas não quiseram considerá-las em suas decisões.

Boa parte dessas pessoas não olhou para si mesma, somente para os aspectos positivos oferecidos pela posição ou pela organização. Analisando as iscas dessas armadilhas, procuramos agrupá-las nas categorias a seguir, as quais estão relacionadas das *mais frequentes* para as *menos frequentes*:

- recompensas financeiras;
- *status* social;
- imagem da posição/área/empresa;
- pressão de amigos/familiares;
- facilidade para alavancar projetos pessoais/familiares;
- atendimento de projetos profissionais/pessoais de curto prazo.

Normalmente, as pessoas estão diante de muitas possibilidades profissionais; algumas são oportunidades e outras são armadilhas. As boas armadilhas vêm revestidas de oportunidades. A melhor forma de distinguirmos as armadilhas das oportunidades é olhar para dentro de nós e responder, de forma honesta, se aquela possibilidade nos interessa verdadeiramente, se tem uma ligação conosco.

Desconforto profissional

Ao longo de entrevistas, acompanhando o trabalho de consultores de carreira e profissionais de recolocação, verificamos a existência de um fenômeno que não havíamos encontrado registrado na literatura de carreira até então. A situação era descrita como um súbito desinteresse ou desmotivação com relação ao trabalho realizado.

As pessoas que relatavam situações já detectadas e solucionadas descreviam a dificuldade de identificar o que ocorria. Primeiramente, pensavam que eram problemas pessoais ou familiares que estavam afetando a relação com o trabalho para, depois, perceber que se tratava do trabalho em si.

O desinteresse foi gerado principalmente pelo fato de as pessoas não se sentirem mais desafiadas com os trabalhos que realizavam, embora tivéssemos também relatos de desentendimentos com colegas e chefias ou de ruptura do contrato psicológico com a organização, por conta de decisões que as pessoas julgaram injustas para consigo mesmas ou com os colegas de trabalho.

O desconforto gerado pela ausência de desafios, diferentemente da armadilha profissional, ocorre sem percebermos de imediato. Quando nos damos conta desse desconforto, ele já está instalado há algum tempo e é só nesse momento que começamos a trabalhar para nos livrarmos dele. Nos relatos, o que mais nos chamou a atenção foi o tempo entre as pessoas começarem a sentir o desconforto e conseguirem solucionar o problema, que variou de 2 a 5 anos. Nesse período de tempo, elas ficaram praticamente estagnadas profissionalmente, ou seja, atuando no mesmo nível de complexidade.

As pessoas que nos relataram seus desconfortos afirmaram que estavam trabalhando em atividades e organizações das quais gostavam e, em determinado momento, chegaram a um limite onde não havia mais espaço para o crescimento. Nem elas nem a organização se deram conta do fato. Somente depois de sofrerem com o processo é que foram descobrindo do que se tratava. Em seguida, veio o processo de negociação com a organização, que nem sempre é simples.

As pessoas conscientes de sua carreira conseguem com mais facilidade antever esses momentos e se preparar para eles, evitando-os ou minimizando seus efeitos. Perceber o espectro de complexidade de nossas trajetórias de carreira e onde nos encontramos ajuda a antever esse tipo de crise na carreira.

As soluções para esse tipo de situação foram muito variadas em razão do tipo de carreira e de organização onde as pessoas atuavam. A saída mais comum foi a ampliação do espaço ocupacional da pessoa, com o incremento de atribuições e responsabilidades de maior complexidade. Esse incremento veio de projetos que a organização já possuía e estavam aguardando uma oportunidade de serem colocados em prática ou de propostas de trabalho da própria chefia com vistas a incrementar os resultados da área ou de aprimorar processos já existentes.

Atualmente, temos notado que organizações com processos de avaliação mais estruturados conseguem antever esse tipo de problema ao identificarem pessoas que têm condições de assumir maiores desafios e estimulá-las a fazê-lo.

Estratégias de carreira

As pessoas têm estratégias conscientes ou não. Identificamos quatro tipos de estratégias que as pessoas utilizam em suas carreiras: *crescimento na carreira, mudança de carreira na mesma organização, mudança de organização na mesma carreira* e *mudança de organização e carreira ao mesmo tempo*.

Crescimento na carreira

Esta é a estratégia mais intuitiva. Buscarmos atribuições e responsabilidades de maior complexidade na mesma trajetória de carreira. Suponhamos, por exemplo, alguém que atua como analista júnior em determinada atividade e busca reconhecimento como analista pleno. Se é analista pleno, busca o reconhecimento como analista sênior, e assim por diante.

Nessa estratégia, a pessoa busca conhecer as condições exigidas pela organização para a realização do passo seguinte na trajetória e trabalha para cumprir essas exigências, que podem ser formais ou não. Quando a organização não explicita as exigências, as pessoas observam quem foi promovido para a posição subsequente, em quanto tempo e quais foram as condições que propiciaram a promoção.

Mudança de carreira na mesma organização

Dificilmente o mercado aceita uma pessoa que está mudando de carreira e de empresa ao mesmo tempo. Por essa razão, a melhor estratégia para uma pessoa mudar de carreira é fazer isso na empresa onde atua.

Como vimos, a mudança de carreira implica um grande estresse pela mudança na identidade profissional. Quando efetuamos essa mudança na mesma organização, estamos realizando o processo em uma cultura que conhecemos e em um ambiente em que já transitamos. Além desse fato, as pessoas nos conhecem e respeitam, criando um ambiente favorável para a mudança.

De qualquer modo, é sempre um movimento de risco e pressupõe assumir que, na maioria das vezes, é um caminho sem volta.

Mudança de organização na mesma carreira

Essa opção é feita quando a pessoa percebe que não tem espaço para crescimento na organização, mas que existe esse espaço no mercado de trabalho. Essa estratégia é utilizada, também, quando existe algum tipo de animosidade ou a percepção de que a chefia vai bloquear o caminho da pessoa.

Observamos o uso dessa estratégia por pessoas que percebiam sinais de que a organização estava enfrentando ou viria enfrentar dificuldades para seu desenvolvimento ou sobrevivência ou quando o setor como um todo estava em declínio.

Algumas pessoas optaram por essa estratégia para efetuar mudanças geográficas por razões pessoais ou familiares ou, ainda, para migrar para centros onde existiam mais oportunidades para o desenvolvimento profissional.

Mudança de organização e de carreira ao mesmo tempo

Essa é a estratégia de maior risco, pois cria uma total desestruturação na carreira da pessoa. Entretanto, existem momentos em que é a melhor opção.

Minha primeira transição de carreira ocorreu dentro dessa estratégia. Percebi que dentro das organizações minhas possibilidades de desenvolvimento eram muito limitadas, porque me agradavam mais as atividades de estudos e de suporte. Para mim, a melhor opção era combinar uma carreira de consultor com uma carreira acadêmica. Preparei-me durante 5 anos em termos psicológicos e financeiros e achei que seria um processo fácil, já que faria na consultoria o que realizava na organização.

Meu equívoco foi total: percebi rapidamente que pressão de cliente é diferente da pressão recebida dentro da organização, que não sabia vender meu trabalho, que não sabia empacotar meus produtos para os clientes, entre muitas outras coisas. Senti-me um incompetente e minha autoestima foi tremendamente ameaçada. Tinha caído de um pedestal, pois em minha atuação anterior era respeitado e tinha um espaço bem definido dentro da organização e fora dela. De um momento para o outro não sabia bem qual era o meu espaço.

Esse tipo de estratégia exige muito da pessoa. Se ela não tiver as outras dimensões de sua vida bem ajustadas, pode se perder. No meu caso, tive um grande apoio de minha família e de meus sócios na consultoria, bem como de meus colegas na universidade.

Ao longo da década de 1990, observamos outras estratégias de carreira que combinavam duas ou mais alternativas descritas. A que ocorreu com mais frequência entre as pessoas pesquisadas foi a criação de *carreiras complementares*.

Carreiras complementares

Nossa primeira observação envolvendo carreiras complementares ocorreu em empresas públicas. Observamos pessoas que adoravam seus trabalhos, sentiam-se seguras em seus empregos e não tinham intenção de abandoná-los, embora não percebessem qualquer possibilidade de ascensão profissional ou de encontrar novos desafios. Essas pessoas encontraram nas carreiras complementares a possibilidade de se desenvolver e de encontrar desafios profissionais atraentes.

O que é, então, uma carreira complementar? A carreira complementar é um conjunto de atribuições e responsabilidades que a pessoa assume de natureza diferente que a da sua carreira, ou seja, sem abandonar sua carreira, a pessoa assume outra e, em decorrência disso, outra identidade profissional.

A carreira complementar não ameaça a carreira principal. Ela recebe atenção e tempo marginais da pessoa. As carreiras complementares mais usuais no Brasil são: montar um negócio que não tenha conflito de interesses com a carreira principal; realizar atividades de docência; e realizar atividades em organizações filantrópicas.

Verificamos que as carreiras complementares eram comuns também em empresas multinacionais de grande porte e em empresas que tinham operações em cidades ou regiões onde eram umas das poucas opções de emprego. Algumas pessoas tinham mais de uma carreira complementar. Ao nos aprofundar nesses casos, verificamos que havia uma forte sinergia entre a carreira principal e a complementar, uma ajudando no desenvolvimento da outra, com ganhos interessantes para as pessoas envolvidas e para as organizações.

Nos anos 2000, acompanhamos alguns casos de empresas que estimulavam e apoiavam as pessoas que tinham interesse em carreiras complementares, principalmente aquelas voltadas para ações filantrópicas e educacionais. Dois casos merecem destaque. Um caso é de uma organização instalada no interior do Estado do Pará, onde era a principal opção de emprego para a mão de obra qualificada. Os profissionais dessa empresa chegavam rapidamente ao limite de suas carreiras e não tinham outras opções na região. Ao mesmo tempo, a empresa estava instalada em uma região pobre e com grandes carências. Um dos trabalhos premiados dos engenheiros dessa empresa foi junto das olarias locais, onde era comum ocorrerem acidentes de trabalho em que as pessoas perdiam seus dedos. O trabalho foi a introdução de um processo que permitia total segurança para os trabalhadores e tornou-se mais produtivo que aquele utilizado até então. O resultado foi surpreendente: desse tipo de acidente houve redução para zero caso.

Outro caso é da Usina de Itaipu, a maior empregadora da região de Foz do Iguaçu, onde depois de 10 a 12 anos o pessoal técnico chega ao limite de suas carreiras. As pessoas não têm interesse em deixar a organização. Como forma de criar estímulos adicionais, a Usina abriga em suas instalações duas universidades e várias ações filantrópicas e científicas com as comunidades locais, estimulando seus empregados a se engajar em ações voluntárias nas áreas de desenvolvimento científico, filantrópico e educacional.

Outra constatação é de que a carreira complementar é uma boa estratégia para a mudança de carreira, pois vai gradativamente se tornando a carreira principal enquanto a carreira principal vai se transformando em carreira complementar. Em minha segunda mudança de carreira utilizei essa estratégia. Na época, minha carreira principal era de consultor e a complementar era de docente. Hoje, a principal é de docente e a complementar é de consultor. Essa mudança dói como qualquer outra; a vantagem é que é possível dosar a dor, diminuindo a velocidade da mudança.

Verificamos, também, situações em que as pessoas assumem carreiras complementares de forma temporária. Esse processo ocorre como decorrência das responsabilidades da pessoa, como forma de desenvolver algum trabalho importante para ela ou como forma de desenvolver alguma habilidade ou competência. Podemos dar como exemplo o caso de um médico que assume a gerência de determinada área em um hospital, onde manterá como carreira principal a medicina e terá, por algum tempo, a carreira complementar de gerente.

Conclusão

O propósito deste capítulo foi alertar para o fato de que a gestão de carreira envolve muitos riscos, que podem ser mitigados ao assumirmos uma atitude proativa em relação a ela. A intenção de apontar tanto as armadilhas quanto as estratégias de carreira foi a de sensibilizar o leitor para facetas da carreira das quais pouco se fala.

Os riscos da carreira não comprometem somente as pessoas diretamente envolvidas, mas também seus familiares e pessoas queridas. Quando as pessoas estão em posição de liderança, o descaso com suas carreiras reflete no desenvolvimento dos membros da equipe e também no suporte político que o líder pode lhes proporcionar.

É necessário ter clareza que é preciso estar bem consigo mesmo para poder ajudar as demais pessoas. Uma pessoa destruída pode colaborar muito pouco com o desenvolvimento e a construção de outras.

5 | Construção e sustentação de um projeto de desenvolvimento profissional

Introdução

A construção do nosso projeto profissional deve ser efetuada de dentro para fora e estar assentada em nossos pontos fortes (SCHEIN, 1978, 1990 e 1995). Ao longo do trabalho de acompanhamento de biografias profissionais, notamos que muitos dos nossos entrevistados haviam utilizado seus pontos fortes como propulsores de suas carreiras. O propósito deste capítulo é discutirmos como essas pessoas realizaram esse processo e sua importância na construção e sustentação do projeto de desenvolvimento.

Em nossas vidas e em nossa relação com o trabalho e as organizações, enfrentamos muitas situações inesperadas. Por mais que estejamos preparados, essas situações podem desestruturar nossos projetos e/ou nossas construções visando o futuro. Por essa razão, devemos nos fixar naquilo que é essencial e nos reposicionar. Dizer essas coisas é muito fácil e já é um lugar-comum; difícil é realizá-las. As pessoas que têm clareza de seus propósitos e conhecem bem a si mesmas terão mais velocidade para fazer esse reposicionamento.

Para estruturarmos essa discussão, este capítulo abordará inicialmente a identificação, o desenvolvimento e a utilização de nossos propulsores de carreira. Depois, vamos trabalhar o processo para a construção do projeto profissional e, por fim, as ações para sustentar e/ou viabilizar nosso projeto.

Propulsores de carreira

Os propulsores da carreira são características que possuímos e que nos permitem ampliar a complexidade do nosso trabalho e o valor das nossas contribuições para a empresa e para o meio social em que vivemos. Essas características são trabalhadas por Schein (1978 e 1990) como habilidades naturais e valores que influenciam as pessoas em suas escolhas de carreira e na forma de desenvolvê-las.

Segundo Hall (1976 e 2002), as pessoas devem conduzir suas carreiras em ambientes cada vez mais voláteis. As pessoas que o fazem assumem um posicionamento a partir de seus valores, adaptando-se às necessidades do mercado e/ou da organização sem perder sua coerência e consistência. Hall chama esse posicionamento de *carreira proteana*, que é conduzida pela pessoa, e não pela organização. Baseia-se em objetivos estabelecidos pelo próprio indivíduo, abrangendo toda a extensão de sua vida e sendo norteada pelo sucesso psicológico em vez do sucesso objetivo, como salário, posição na empresa ou poder.

Segundo Hall (1976, 1986, 1996 e 2002), Arthur, Hall e Lawrence (1989), Briscoe e Hall (2013) e Schein (1978, 1990 e 1995), as pessoas vivem situações profissionais nas quais se sentem bem e desenvolvem atividades que realizam com facilidade e de bom grado, ou situações profissionais que as desgastam e que procuram evitar, assim como atividades que elas executam com dificuldade e que as desagradam imensamente. Essas sensações estão ligadas às nossas habilidades e valores. Sempre que usamos nossos pontos fortes, nós nos sentimos felizes e confortáveis; já quando temos que usar nossos pontos fracos, nós nos sentimos desconfortáveis. É por isso que escolhemos carreiras que exploram os nossos pontos fortes. Por exemplo: uma pessoa que não trabalha bem com números dificilmente escolheria como profissão a engenharia.

Os nossos pontos fortes podem se traduzir em uma habilidade (saber fazer), em um comportamento social (saber relacionar-se, saber comunicar-se, saber ser etc.), em um dom (artístico, esportivo, visão analítica etc.) ou em uma mistura de habilidade, comportamento social e dom. Usamos nossos pontos fortes de forma natural, faz parte de nós, e muitas vezes não os percebemos e/ou não os valorizamos. Conhecê-los e usá-los adequadamente é fundamental para o nosso desenvolvimento.

Como vimos no Capítulo 3, podemos mapear nossas habilidades naturais através da análise da maneira como enfrentamos desafios. Mas a questão principal reside em como podemos utilizar nossos propulsores e qual a sua importância na construção e na sustentação de um projeto de carreira.

Nas análises de biografias, percebemos que as pessoas não têm consciência de seus pontos fortes, utilizam-nos de forma natural. Ao cruzarmos as informações sobre pontos fortes com momentos em que uma pessoa se sentiu impulsionada em sua carreira, pudemos observar que existem situações pessoais e profissionais mais favoráveis para que ela se dê conta de sua capacidade de enfrentar desafios e/ou situações-problema. Nessas situações, a pessoa enfrenta desafios que a fazem adquirir maior consciência do contexto e de sua capacidade de resposta a essas demandas.

Nos depoimentos, vimos muitos casos de pessoas que enfrentaram problemas familiares importantes e como esse processo as fez crescer tanto em termos pessoais quanto em termos profissionais. Registramos muitas situações, como o nascimento do primeiro filho, que transformaram a percepção da pessoa sobre si mesma e de sua relação com o mundo.

Um caso interessante me foi relatado pelo presidente de uma grande empresa de embalagens. Um de seus colaboradores, que conduzia uma empilhadeira, sofreu um grave acidente e quase perdeu a vida. Quando esse colaborador já estava em condições de receber visitas, o presidente da organização foi vê-lo e ficou surpreso ao encontrar uma pessoa com um propósito: analisar os elementos causadores do acidente para que ninguém mais passasse pela mesma situação. Ele me relatou que esperava encontrar uma pessoa deprimida e abalada pelo acidente e, em vez disso, encontrou uma pessoa que já tinha investigado na internet problemas parecidos, analisado de diversas perspectivas o que havia ocorrido e tinha algumas recomendações para propor. Três meses depois do acidente, o presidente o convidou para assumir a coordenação de todas as iniciativas de segurança para evitar acidentes de trabalho na organização. O trabalho representou um crescimento na vida profissional da pessoa e trouxe uma grande contribuição para a organização por ela fazer seu trabalho com paixão.

Na maioria das vezes, o desenvolvimento ocorreu nas atividades profissionais e a partir de estímulos externos. Somente para reforçar, porque já abordamos essa questão, verificamos que os estímulos externos têm impacto diferente nas diferentes pessoas, ou seja, um estímulo que funciona para uma pessoa não funciona para outra. Essa repetição é importante porque, por mais óbvio que isso possa parecer, é algo sempre esquecido pelas lideranças e pelas políticas de gestão de pessoas.

Notamos que algumas pessoas, quando estão atuando em uma equipe com a qual têm identidade e têm uma proposta de desafios constantes, crescem com muita intensidade. São pessoas que gostam de trabalhar em conjunto e não gostam da solidão profissional. Nesses casos, quando se veem solitárias profissionalmente, não experimentam desenvolvimento ou apresentam um desenvolvimento mais lento. De outro lado, existem pessoas que não se incomodam com a solidão profissional e, normalmente, são impulsionadas pelos desafios, a partir dos quais constroem as alianças necessárias e/ou buscam os recursos para alcançar os resultados desejados.

Através dessas duas situações, podemos notar que necessitamos descobrir como funcionamos melhor e tirar partido das situações favoráveis para o nosso desenvolvimento. Ao longo dos nossos trabalhos, fomos tentados a criar categorias de situações impulsionadoras das pessoas, mas nos vimos diante de uma variedade tão grande de situações que a criação dessas categorias resvalaria em trabalhos já desenvolvidos por vários teóricos de personalidade e de valores que apontam preferências por situações ou comportamentos, tais como Schein (1978 e 1990) e Casado (1998).

Como descobrimos como funcionamos melhor? Através das técnicas de autoconhecimento descritas no Capítulo 3, da observação sobre nossa biografia profissional, das coisas que nos fazem bem e que gostamos de realizar. Procure observar momentos em que você se sentiu desafiado e confiante em encarar a situação: Onde você estava?, Com quem você estava?, Quais eram as condições e qual era o seu histórico até aquele momento? Normalmente, essa reflexão nos oferece boas respostas.

Outra técnica importante é pedir a outras pessoas opinião a nosso respeito. Trata-se de um ato de coragem, porque é muito difícil escutarmos o que as outras pessoas pensam de nós. Por isso, para pedirmos a opinião das outras pessoas, devemos estar preparados em dois aspectos: 1) saber o que perguntar e 2) estar preparado para ouvir. Saber perguntar pressupõe uma reflexão anterior sobre quais são as lacunas de informação que temos a nosso respeito ou dúvidas em relação ao que coletamos para esse quebra-cabeça. Saber ouvir pressupõe uma grande predisposição para descobrir-se e levar em conta tudo que as pessoas disserem. É muito comum não compreendermos certas afirmações e deixarmos passar porque nos incomodam ou porque desqualificamos a pessoa ou sua afirmação como forma de proteção.

É importante percebermos que, para as pessoas ao nosso redor e para a organização onde atuamos, trabalharmos em situações em que oferecemos o melhor de nós agrega muito valor. Por essa razão, há um estímulo para que o façamos. Desse modo, se estivermos felizes com o que fazemos, criaremos um círculo virtuoso em que todos ganham. Se, por exemplo, a organização investir R$ 100,00 no ponto forte de alguém, terá como retorno R$ 1.000,00; se investir R$ 100,00 no ponto fraco de alguém, terá como retorno R$ 10,00. Há, portanto, interesse em ajudar as pessoas a identificar e desenvolver seus pontos fortes. Nessas condições, podemos estabelecer cumplicidades com a organização no desenvolvimento de nossos pontos fortes e criar uma propulsão para as nossas carreiras.

A mídia tem procurado estabelecer perfis ideais de sucesso ou perfis ideais para a organização do futuro, mas a prática organizacional tem demonstrado que esse é um grande equívoco. As pessoas entregam de diferentes formas o que é necessário para agregar valor para as organizações ou para o meio onde vivem. Não há uma forma ideal para entregar algo que é esperado ou para agregar valor. Temos observado que a diversidade de estilos, valores e culturas contribui muito para soluções inovadoras e velocidade de resposta das organizações para o seu meio. Por isso, a tendência é que as organizações estimulem cada vez mais as pessoas a se desenvolver a partir de si mesmas.

Por fim, outra possibilidade para a nossa descoberta é o uso de conselheiros de carreira. No Brasil, não temos essa atividade tão desenvolvida como nos Estados Unidos e na Europa, mas temos pessoas e organizações especializadas bem preparadas nessa área. Devemos procurar um conselheiro quando estamos diante de decisões muito importantes com relação a nossa vida profissional e temos dúvidas mesmo depois de analisar as informações que temos e do contato com a nossa rede de relações. Um bom conselheiro não vai nos indicar o caminho a seguir, mas vai nos dar grande ajuda para que possamos analisar a situação e a nós mesmos diante das alternativas. Eles podem nos ajudar a manter a coerência de nossa carreira ou a visualizar os momentos de mudança de carreira. Normalmente, os conselheiros atuam em momentos críticos de nossas carreiras, como mudança de carreira, aposentadoria, a primeira maternidade (no caso de mulheres) etc.

O reconhecimento e o aprendizado do uso de nossas habilidades naturais são diferenciadores das entregas das pessoas para o contexto em que elas se inserem. Através do uso do que temos de melhor e de seu aperfeiçoamento podemos, além de compreender de forma cada vez profunda e abrangente a demanda do contexto sobre nós, criar um alto grau de satisfação interior e um sentimento de realização profissional que nos impulsiona, dando início, dessa forma, a um processo circular de contribuição para o contexto e autorrealização. Esse processo foi o que encontramos como elemento comum nas biografias de pessoas felizes com suas vidas profissionais e que se diziam autorrealizadas.

Naturalmente, essa não é uma caminhada linear – trata-se de um processo contínuo de experimentação em que vivemos momentos de insegurança e de frustração, mas, em uma visão mais ampla de nossa caminhada, vemos muito mais coisas positivas do que negativas.

Processo de construção de um projeto profissional

No Capítulo 3, fizemos uma rápida menção à construção do projeto profissional, apenas para contextualizá-lo na discussão do protagonismo da pessoa em relação a sua carreira e seu desenvolvimento. Vamos agora aprofundar a discussão sobre esse tópico.

O objetivo, neste momento, não é oferecer uma receita para fazê-lo. Cada pessoa experimentará esse processo de forma muito particular, mas é importante sinalizar alguns marcos importantes para reflexão e apontar equívocos comuns nesse processo.

Para apresentar o processo, é necessário propor uma estrutura de reflexão, muito mais para apontar os pontos a serem tocados do que para apresentar uma sequência lógica de construção. Ao longo de nossa experiência, percebemos que, embora cada profissional e/ou teórico sobre gestão de carreira apresente sua proposta de construção de sequências de reflexão, as pessoas escolhem diferentes formas para construi-la. Em uma ponta, temos pessoas que necessitam de todos os aspectos muito bem estruturados para conseguir construir o projeto, enquanto na outra temos pessoas absolutamente desestruturadas em seu processo de reflexão, para as quais o processo muito estruturado é um suplício.

De forma geral, poderíamos destacar os seguintes pontos de reflexão:

- consciência do propósito da carreira e do desenvolvimento profissional;
- ações de curto (normalmente 1 ano) e longo (normalmente 5 anos) prazos;
- autoconhecimento e respeito próprio;
- diálogo entre a carreira profissional e as demais dimensões da vida da pessoa, tais como: família, saúde, amigos, sociedade, espiritualidade etc.;
- monitoramento dos propósitos, da carreira e do desenvolvimento profissional.

Esses pontos de reflexão se influenciam mutuamente; por essa razão, há um momento em que não sabemos mais onde o processo começa e onde acaba – na verdade, é um processo contínuo que se autoalimenta. A sequência apresentada a seguir é mais um esforço didático para explicar cada um dos pontos do que propriamente uma sequência lógica.

Consciência do propósito

Qual é o principal fator ou quais são os principais fatores de mobilização para a carreira e para o desenvolvimento profissional? Quando trabalhamos com os autores que discutem os processos de escolha profissional, vemos fatores provenientes do processo de socialização, características de personalidade, valores, habilidades naturais e influências do contexto tecnológico, cultural, político e econômico. São muitos fatores interferindo na construção de nossos propósitos, mas temos que verificar dentro de nós o que nos mobiliza. Ao longo de minha vida, verifiquei que algumas coisas não se modificaram e que outras foram se alterando de acordo com o momento. Verificamos que isso também ocorre nas biografias analisadas, isto é, que existem aspectos mais estruturais em nossa mobilização e aspectos oriundos de pressões que recebemos em determinados momentos de nossas vidas.

Podemos discutir propósitos mais viáveis e factíveis ou propósitos mais ou menos alinhados com o contexto em que vivemos. Posso ter como propósito ser feliz e garantir uma vida digna para a minha família ou ser realizado através da acumulação patrimonial acima da média da comunidade em que vivo. Não há certo ou errado; o importante é que nosso propósito esteja alinhado com o que valorizamos em nós mesmos.

Nesse momento de reflexão, o grande equívoco é querermos ser alguém diferente de nós mesmos. O propósito tem como fundo a aceitação de quem somos, e essa é a base para a construção do projeto de carreira e do desenvolvimento profissional. Qualquer outra base será movediça e nos levará a construir um projeto que não se sustentará no tempo.

Algo que nos chamou a atenção desde que iniciamos a pesquisa em torno de como as pessoas pensam suas carreiras foi perceber que, mesmo de forma não consciente, as pessoas têm um propósito. Trazer esse propósito para o consciente não é uma tarefa fácil, porque em nossa cultura não somos estimulados a fazê-lo.

Por essa razão, a consciência de um propósito leva tempo. Muitas vezes, acreditamos tê-lo encontrado e, ao longo de nossa caminhada, desvendamos os nossos verdadeiros propósitos. Verificamos que as pessoas mais maduras têm mais facilidade de encontrar esse propósito porque têm mais repertório sobre si mesmas do que as mais jovens.

Ações de curto e longo prazo

No Capítulo 3, falamos de objetivos de curto e longo prazos e de como eles se articulam. Agora, vamos aprofundar a discussão sobre a construção de ações concretas de trabalho para o nosso desenvolvimento profissional.

Em nossas entrevistas na década de 1990 e nossas pesquisas com desenvolvimento de lideranças, observamos que as pessoas se comprometem com ações quando definem como elas serão executadas. A maioria das pessoas reflete sobre o que fazer e, quando aprofunda a reflexão sobre o tema, ramifica os seus "o que fazer" em outros "o que fazer" e, dessa forma, vão construindo uma árvore de "o que fazer". Somente quando transformamos nossas intenções sobre "como fazer" – Quanto tempo vou alocar para essa atividade na minha semana?, Que resultados quero obter e em quanto tempo?, Como vou mensurar esses resultados? etc. é que conseguimos obter os resultados que propomos.

O estabelecimento de objetivos e uma lista do que fazer para alcançá-los não são suficientes. Como mencionamos, os objetivos são apenas um norte. À medida que caminhamos, vamos descobrindo possibilidades que não conhecíamos quando estabelecemos nossos objetivos. Naturalmente, ao caminharmos, revemos não somente esses objetivos, mas principalmente nossos propósitos.

Caminhar implica realizar ações que nos levem aos nossos propósitos. Uma lista de objetivos e de coisas a fazer não significa nada se isso não se transformar em ações concretas. Por exemplo, se quero melhorar minha comunicação com minha equipe, necessito construir um compromisso comigo mesmo de realizar uma reunião semanal de 1 hora com todos os seus membros – isso deve ser um ritual sagrado, isto é, não importa o que ocorra, a reunião deve ser realizada. Desse modo, desenvolvo habilidades de comunicação com as pessoas de minha equipe de forma coletiva. Caso queira desenvolver a comunicação de forma individual, devo me programar para conversar com um dos membros da minha equipe por pelo menos 1 hora toda semana. Esses são alguns exemplos de como a pessoa constrói o compromisso com seu desenvolvimento, alocando tempo, energia e recursos na construção de seus propósitos.

Existem ações cujos resultados percebo quase de imediato. Normalmente, elas estão atreladas a objetivos de carreira e de desenvolvimento de curto prazo, mas existem ações cujos resultados não verei de forma tão imediata e que costumam estar atreladas a objetivos de longo prazo.

Um exemplo típico de ações de longo prazo é a construção de uma transição de carreira. Lembro-me de quando decidi investir em minha primeira transição. Iniciei o mestrado e, com a ajuda da organização onde trabalhava, pude cursá-lo mantendo meu emprego. A questão mais dura no mestrado foi desenvolver uma linguagem acadêmica e, naturalmente, um modo de pensar diferente. Em muitos momentos, senti-me uma pessoa incapaz de fazê-lo, com muita dificuldade para escrever artigos acadêmicos e a dissertação na linguagem adequada. Essas dificuldades ficaram claras para mim quando concluí o mestrado e ingressei na vida acadêmica, mas durante o processo era algo muito confuso.

As dificuldades das ações de longo prazo são mais difíceis de serem sustentadas, porque nem sempre verificamos seus resultados com clareza. Se pensarmos que estamos disputando nosso tempo com questões mais imediatas e urgentes, muitas vezes ligadas a nossa subsistência, as ações de longo prazo podem perder a prioridade. Entrevistei muitas pessoas que se arrependiam amargamente de ter abandonado ações que seriam cruciais para o seu futuro e o fizeram por pressões do curto prazo.

O que quero frisar é a importância de estabelecermos um equilíbrio entre as ações que alavancam nossos objetivos de curto prazo e as que alavancam nossos objetivos de longo prazo. Para mantermos esse equilíbrio, nossos propósitos em termos de carreira e desenvolvimento são fundamentais. Se percebo que estou chegando ao limite de minha trajetória de carreira e necessito pensar em alternativas, tais como carreiras complementares, aprendizagem de novos campos de atuação, vivenciar novas situações profissionais etc., necessito investir em ações com vistas aos objetivos de longo prazo sem descuidar, entretanto, do curto prazo.

Verifiquei que as pessoas que tinham mais facilidade em compatibilizar os dois tipos de ação foram aquelas que criaram entre ambas uma sinergia, ou seja, em que as ações de curto prazo contribuem para as de longo prazo. Novamente, falar é fácil, fazer é difícil, por essa razão, o propósito é importante. Se meu propósito é me sentir feliz com o que faço e verifico que no presente ele está ameaçado pela dinâmica da situação em que vivo, devo refletir sobre como construir a transição para uma nova situação que manterá meu propósito.

Autoconhecimento e respeito próprio

No Capítulo 3, discutimos as formas de desenvolvermos o autoconhecimento sobre nossa personalidade, nossos valores e nossas habilidades naturais. Agora, vamos aprofundar a forma como uso esse autoconhecimento para a construção do projeto profissional.

O autoconhecimento é um processo. Ele é ampliado na medida em que aumentamos o nosso repertório sobre nós mesmos ao vivermos novas situações, tais como assumir uma posição de liderança, ter o primeiro filho, enfrentar uma doença grave, viver um desequilíbrio financeiro ou sofrer uma grande frustração profissional ou amorosa. Embora tenhamos vários instrumentos para nos ajudar nesse processo, o caminhar em nossas vidas nos ensina muito sobre nós mesmos, basta estar atento para perceber.

Nos últimos 20 anos, acompanhamos a carreira de algumas pessoas de forma longitudinal e verificamos como elas se tornaram mais profundas na análise de si próprias. À medida que vamos nos conhecendo melhor, passamos a nos respeitar mais, percebemos nossas virtudes e defeitos, o que fazemos bem e o que não gostamos de fazer.

As experiências profissionais nos ensinam muito e nos colocam em encruzilhadas nas quais temos que fazer escolhas. O problema da escolha não é o que escolhemos, mas o que abandonamos. A dificuldade da escolha é definir o que vamos abandonar, aquilo a que vamos renunciar. Esses momentos são de grande aprendizagem, porque no calor dos acontecimentos não temos distância crítica suficiente para efetuar um processo absolutamente racional, necessitamos aliar o racional ao emocional. O autoconhecimento nos ajuda nesses momentos, pois reconhecemos e valorizamos o nosso emocional.

Há, portanto, uma relação íntima entre o autoconhecimento e o respeito a nós mesmos, ao que somos e ao que queremos. Ao nos conhecermos, revisamos nossos propósitos, fortalecendo alguns e redirecionando outros. Ao mesmo tempo, verificamos em que ações nos saímos melhor e como direcionar nossas ações para alcançar nossos objetivos e propósitos.

Nesse aspecto, o grande risco é perdermos a distância crítica do que fazemos e de nós mesmos. Muitas vezes, para suportar frustrações ou situações de difícil manejo, nós nos refugiamos dentro de nós mesmos e nos fechamos. Nesses momentos, podemos ficar isolados e sem conseguir ver, ouvir e sentir o que está ocorrendo ao nosso redor. Construímos desculpas para nós e deixamos de crescer e nos desenvolver.

Um caso interessante foi vivido por uma das pessoas que analisamos. O homem havia se tornado viciado no trabalho: permanecia na organização de 14 a 16 horas por dia, trabalhava nos fins de semana. Suas prioridades eram o trabalho, a família e os amigos, mas ele não tinha tempo para os dois últimos. Só despertou quando recebeu um ultimato de sua esposa para rever essa situação. Buscou ajuda profissional e realizou um grande esforço para mudar. Quando nós o entrevistamos, tinha as seguintes prioridades: família, amigos e trabalho. Não foi um processo fácil, mas gradualmente ele percebeu que, ao se tornar viciado no trabalho, perdeu a distância crítica em relação a ele e se tornou uma pessoa menos criativa e inovadora, mais centralizadora e controladora. Ao assumir a distância crítica, verificou que podia efetuar uma série de melhorias nos processos: passou a delegar mais e a desenvolver os membros de sua equipe e implantou um processo de decisão mais participativa e coletiva.

Diálogo entre a carreira e as demais dimensões de nossa vida

O último exemplo dado nos remete ao diálogo de nossa carreira com as demais dimensões de nossa vida. Nesse item verificamos, também, que a maturidade da pessoa tem grande influência no processo. Na medida em que a pessoa assume compromissos mais profundos com a família, com a sociedade em que vive, com suas amizades etc., passa a ter um universo maior para conciliar e necessita desenvolver um aprendizado para fazê-lo.

Em determinados momentos, as pessoas jovens, embora tenham um variado portfólio de interesses, podem negociar melhor com esses interesses e se dedicar com mais intensidade a um deles. Na medida em que desenvolvemos compromissos mais profundos, essas negociações se tornam mais difíceis.

Por essa razão, os propósitos profissionais não podem estar descolados de outros propósitos em nossas vidas. O ideal é buscarmos uma sinergia entre eles, de forma que uns ajudem os outros. Essa sinergia é possível, mas sua manutenção não é algo linear. Podemos ter um bom equilíbrio entre as várias dimensões de nossas vidas para, no momento seguinte, necessitarmos administrar um desequilíbrio importante entre elas.

Assim, a clareza de propósitos ajuda no diálogo entre a nossa carreira e as pessoas envolvidas nas demais dimensões. O diálogo resulta em maior sensibilidade com relação às conexões e às expectativas das demais pessoas e às nossas próprias expectativas em relação a nossa carreira.

O diálogo é um processo, deve acontecer continuamente. Isso não quer dizer que tenhamos que conversar o tempo todo com as pessoas sobre nossa carreira, mas que devemos ter sensibilidade em relação às expectativas que as pessoas têm em relação a nós e trabalhar essas expectativas para mantê-las alinhadas e conciliadas.

Não é raro que a manutenção da coerência de nossos propósitos implique mudanças em nossas carreiras, porque outras dimensões de nossa vida tornam-se mais importantes. Dois ex-alunos do nosso curso de graduação na FEA casaram-se 2 anos após a sua formatura. A aluna ingressou de imediato em uma multinacional de bens de consumo e construiu uma carreira brilhante; o aluno decidiu continuar seus estudos no mestrado e, ao final, ingressou em uma grande multinacional na área de serviços em gestão de pessoas. Um ano e meio após o casamento, a aluna recebeu um convite para assumir a posição de gerente sênior fora do Brasil e seu marido decidiu desistir de seu projeto de carreira para acompanhá-la, construindo um novo projeto de carreira após seis meses fora do Brasil. Atualmente, os dois têm um filho e estão caminhando muito bem em termos familiares, afetivos e profissionais.

Monitoramento dos propósitos, da carreira e do desenvolvimento

A reflexão sistemática sobre nossos propósitos, nossa carreira e nosso desenvolvimento é importante para o nosso aprendizado sobre nós mesmos, bem como para mantermos a coerência e a consistência de nossas ações e decisões. A reflexão sistemática pode significar coisas diferentes para diferentes pessoas: algumas se sentem bem dedicando, em certo período a cada semestre ou ano, um tempo para efetuar um balanço profundo e estruturado sobre sua vida; outras são incapazes de fazê-lo desse modo, mas sentem-se bem quando conversam com alguém sobre o tema.

A forma como efetuamos essa reflexão não importa; temos que encontrar o modo mais confortável para nós. Ao longo da minha vida, desenvolvi alguns interlocutores de carreira, com os quais converso pelo menos uma vez por ano para fazer um balanço de minhas ações e decisões sobre propósitos, carreira e desenvolvimento. Somente o fato de conversar com alguém já nos ajuda a refletir. Em várias ocasiões essas conversas me permitiram ver que eu estava evitando desafios que seriam importantes para o meu desenvolvimento, embora me causassem certo desconforto, ou que eu estava me apegando a trabalhos que não faziam mais sentido para minha carreira.

De forma geral, temos tendência a viver momentos de inércia em nossas carreiras e nos acomodamos em situações negativas para nossos propósitos, carreira e/ou desenvolvimento. A reflexão sistemática pode nos ajudar a perceber esse processo. Embora não seja uma garantia para prevenir armadilhas ou caminhos equivocados, mitiga sua possibilidade. Por essa razão, devemos criar uma rotina que nos alerte para a necessidade de fazê-lo. É importante reforçar que esse processo deve ser prazeroso e lúdico, e não um castigo, caso contrário, será difícil incorporá-lo em nossa rotina.

Além da reflexão sistemática, devemos estar atentos a situações ou fatos que podem alterar o que havíamos previsto ou pensado para nossas carreiras e desenvolvimento. Quando estamos atentos, conversando com pessoas sobre nossos propósitos e intenções, as oportunidades aparecem ou são criadas por nós ou pelas pessoas que nos querem bem. Da mesma forma, percebemos que algumas das premissas que havíamos tomado como base para nossa reflexão eram incorretas ou incompletas, fazendo-nos compreender melhor a dinâmica da realidade em que nos inserimos.

O monitoramento de nossos propósitos, carreira e desenvolvimento alimenta nosso reposicionamento, autoconhecimento, adequação de nossas ações e o diálogo com outras dimensões de nossa vida.

Ações para sustentar e/ou viabilizar o projeto profissional

Até aqui trabalhamos o processo para construir o projeto profissional. A seguir, vamos analisar ações que nos ajudarão a viabilizá-lo e a sustentá-lo ao longo do tempo. Muitas dessas ações são intuitivas, isto é, nós as realizamos naturalmente e não nos damos conta de sua importância. Por isso, falar sobre elas e sistematizá-las é interessante para que estejamos atentos e mobilizemos de forma mais adequada nossos propulsores de carreira.

Defillippi e Arthur (1994) apresentam a ideia de competência na gestão da carreira, que chamam de *saber o porquê* (know-why), *saber o como* (know-how) e *saber com quem* (know-whom). Para esses autores, o *porquê* está relacionado a ter consciência dos propósitos e do balanço entre as demandas profissionais e de outras dimensões da vida da pessoa; o *como* está relacionado a buscarmos ou aprimorarmos nossos conhecimentos, habilidades e comportamentos para a realização do nosso trabalho e/ou para buscar o nosso desenvolvimento, e à contribuição para ampliar o repertório da organização, do contexto ou das pessoas com as quais atuamos; o *com quem* se refere à nossa rede de relacionamentos e como a pessoa contribui para o processo de comunicação dentro e fora da organização e/ou contexto em que se insere.

Os autores procuram estabelecer uma clara conexão entre essas competências e sua contribuição para o desenvolvimento da organização e/ou do contexto em que a pessoa se insere. No Quadro 5.1 são apresentadas as relações apontadas pelos autores.

Quadro 5.1 Contribuições para a organização e/ou contexto das competências de carreira

Competência de carreira	Desenvolvimento organizacional	Derivações	Contribuições para o meio
Saber o porquê	Cultura	Identidade Valores Interesses	Socialização. Construção de equipes. Desenvolvimento das carreiras organizacionais.
Saber o como	Conhecimento organizacional	Conhecimentos Habilidades	Análise e desenho das atribuições e responsabilidades. Análise de *performance*. Treinamento e desenvolvimento.

(continua)

(continuação)

| Saber com quem | Rede de relacionamento | Relacionamento profissional e social dentro e fora da organização ou contexto onde se insere. | Relações interpessoais. Relações comerciais ou com clientes. Orientação e desenvolvimento profissional das pessoas com quem se relaciona. |

Fonte: Defillippi e Arthur (1994).

Em duas visitas ao Brasil no início dos anos 2000, Michael Arthur realizou *workshops* com alguns executivos brasileiros, nos quais constatamos que as pessoas trabalham bem os aspectos do *porquê* e do *como* em suas carreiras, mas não trabalham bem o *com quem*. Arthur nos informou que vinha constatando um comportamento semelhante em outras experiências de mesma natureza na Europa e nos Estados Unidos. Verificamos que as pessoas pensam nas redes de relacionamento como uma rede de proteção ou de interesses mútuos, e muitas delas se sentem constrangidas em desenvolver e sustentar relações interpessoais visando apenas interesses, e não uma afinidade verdadeira.

Entretanto, quando os autores pensam no *saber com quem*, isso envolve principalmente pessoas com as quais temos afinidade e que podem nos ajudar a nos desenvolver. Em nossas pesquisas no Brasil, verificamos que as pessoas raramente conversam sobre carreira e desenvolvimento profissional em seus relacionamentos pessoais. Esse tipo de assunto não está em nosso cotidiano. Mas é um aprendizado importante dialogar com as pessoas em quem confiamos ou que podem nos ajudar em nosso desenvolvimento sobre nossos propósitos e intenções em termos profissionais.

As redes de relacionamento são um elemento importante para viabilizarmos nosso projeto e ajudá-lo a ser sustentado. Normalmente, as informações importantes e relevantes não estão formalizadas e/ou estruturadas, estão em constante construção na relação entre as pessoas.

Vamos ampliar a discussão sobre as redes que podem ser relevantes para nosso desenvolvimento. Se estamos atuando em uma organização e/ou negócio, compreender seu rumo e o que ocorre no contexto em que se insere é muito relevante. Essas informações estão dispersas e necessitamos de muitas fontes para construirmos um quadro coerente. A compreensão do contexto é um processo, e não uma ação pontual e episódica, por essa razão, a relação com as fontes de informação é algo contínuo. Conseguimos manter uma relação contínua com nossas fontes se houver um processo de troca, ou seja, a relação se mantém se a alimentamos com informações.

Se atuamos em uma atividade técnica ou de especialidade profissional, nossa atualização está muito vinculada a um contato contínuo com matrizes geradoras de conhecimento e/ou informação. O ideal é que em alguns aspectos também sejamos uma dessas matrizes, caso contrário, teremos acesso a conhecimento e/ou informação de segunda ou terceira mão. Para algumas profissões e/ou negócios, o acesso tardio a conhecimentos e informações pode significar perdas importantes.

Para viabilizar e/ou sustentar nosso projeto profissional, podemos enumerar as seguintes ações:

- **Discussão de nossos propósitos e objetivos profissionais** – quando conversamos com pessoas de nossa confiança sobre os nossos propósitos e objetivos profissionais, além de amadurecê-los, construímos alianças importantes para nos ajudar a realizá-los.
- **Construção de alianças para o desenvolvimento profissional** – o desenvolvimento das pessoas está intimamente ligado à incorporação de atribuições e responsabilidades de maior complexidade. De um lado, temos a ação da própria pessoa e, de outro lado, a necessidade de ela obter o espaço necessário na organização e/ou no contexto em que se insere para poder exercitar ações ou decisões de maior complexidade. Esse espaço é conquistado através do relacionamento e realizações da pessoa atuando individualmente ou em grupo. Quanto maior a complexidade, maior é a prevalência da produção coletiva em detrimento da produção individual. A forma como construímos e cumprimos compromissos assumidos com outras pessoas determina nossa credibilidade e nossa reputação profissional.
- **Construção e sustentação de redes de relacionamento** – ao longo de nossa experiência profissional, construímos diferentes redes. O posicionamento das pessoas em relação às redes de relacionamento varia em razão da personalidade, cultura social, socialização, habilidades, necessidades pessoais e profissionais etc. Em qualquer situação, as redes se tornam cada vez mais importantes em um contexto com alto nível de conexão entre pessoas e em rápida transformação. Elas possibilitam uma atualização mais rápida e, também, tornam-se um espaço para discussão e aprofundamento em relação a determinados temas, situações ou problemas.
- **Desenvolvimento de interlocutores de carreira** – encontrar pessoas com as quais podemos conversar sobre o nosso projeto profissional não é simples. O ideal é que seja uma pessoa que vive um momento

parecido com o nosso, de quem gostemos e por quem tenhamos respeito. Recomenda-se que não seja um colega da organização, que em um momento é grande amigo e no momento seguinte pode estar disputando uma posição conosco. Recomenda-se que não seja alguém muito ligado a nós afetivamente, porque essas pessoas normalmente não têm distância crítica para nos enxergar, nem familiaridade com a realidade profissional que vivemos. Em geral, a pessoa que escolhemos como interlocutora de carreira também nos elege como interlocutor. Os encontros para conversa sobre carreira devem ser informais. Uma das vantagens de um interlocutor de carreira é termos alguém com quem, regularmente, trocar ideias sobre nossas intenções e dúvidas, porém, a maior vantagem é quando vivemos uma crise de carreira. Se levarmos essa crise para dentro da organização, podemos ser mal interpretados; se levarmos para pessoas próximas de nós afetivamente, elas poderão fazer pouco. A contratação de profissionais especializados leva algum tempo para gerar os resultados necessários. Podemos ter acesso imediato ao(s) nosso(s) interlocutor(es) de carreira.

Conclusão

Neste capítulo, procuramos trazer aspectos mais práticos da gestão da carreira e do desenvolvimento. Nos Capítulos 3 e 4 foram trabalhadas questões relativas a conceitos e papéis para que a pessoa assuma o protagonismo de seu crescimento profissional.

Nos capítulos da Parte III, vamos apresentar o papel das organizações na gestão da carreira, que, em muitos aspectos, complementa nossas discussões sobre o papel das pessoas. A literatura recente coloca ênfase no papel da pessoa na gestão de sua carreira e poupa a organização. Existe pouca literatura sobre o papel das organizações nesse processo.

A conciliação de expectativas de carreira entre pessoas e empresa deve ser uma responsabilidade compartilhada, onde cada um tem seu papel nesse processo, compreender esses papéis é fundamental para buscar seu contínuo aperfeiçoamento.

III

parte

PERSPECTIVA DA CARREIRA NA ORGANIZAÇÃO

Como vimos ao abordar o papel das pessoas na gestão de suas carreiras, ao olharmos para frente, vamos sempre ver o caos a ser ordenado; ao olharmos para trás, enxergaremos a estrada que já construímos. Uma organização que administrar de forma compartilhada as carreiras terá diante de si várias estradas sendo construídas. Para uma organização que trabalha com centenas, milhares ou dezena de milhares de profissionais, seria impossível conciliar as diferentes expectativas de carreira das pessoas com as necessidades organizacionais, caso não fossem disponibilizadas diretrizes, estruturas de carreira, instrumentos de gestão etc., o que chamamos de sistema de gestão de carreiras. Esse sistema não deve ser entendido como uma moldura na qual as pessoas devem obrigatoriamente se encaixar, mas sim como a estruturação de opções, como forma de organizar possibilidades, como suporte para que as pessoas possam planejar suas carreiras dentro da organização.

Os autores que têm estudado o tema apresentam diferentes posições quanto à caracterização do sistema de gestão de carreiras, quais sejam:

- Gutteridge (1986) caracteriza o sistema como um conjunto de instrumentos e técnicas que visam permitir a contínua negociação entre a pessoa e a organização;
- Walker (1980) pensa o sistema como um conjunto de procedimentos que permitem à organização identificar as pessoas mais adequadas a suas necessidades e que permitem às pessoas planejar suas carreiras e implantá-las;

- London e Stumpf (1982) procuram caracterizar o sistema na mesma linha adotada por Gutteridge, enfatizando, porém, as questões de planejamento e acompanhamento das necessidades da organização;
- Leibowitz, Farren e Kaye (1986) caracterizam o sistema como sendo constituído de diretrizes e instrumentos de gestão de carreira – integrados aos demais instrumentos de gestão de pessoas, estrutura de carreira e um conjunto de políticas e procedimentos que visam conciliar as expectativas das pessoas e da organização.

Com base na contribuição desses autores, podemos dividir o sistema de gestão de carreiras em *princípios*, *estrutura* e *instrumentos de gestão*. O objetivo de criar essa divisão é estudar e compreender a dinâmica do sistema.

Princípios

O sistema deve estar assentado sobre princípios que representam os compromissos ajustados entre a organização e as pessoas. Embora esses princípios possam ser revistos ao longo do tempo, para se ajustarem a novas necessidades, é pressuposto que sua alteração seja lenta, uma vez que dificilmente ocorrerá uma situação em que todos os princípios sejam integralmente revistos a um só tempo. Os princípios têm a propriedade de garantir a consistência do sistema no tempo. São eles que servirão de base para toda e qualquer revisão das partes do sistema.

Estrutura de carreira

A estrutura de carreira é composta pelas trajetórias de carreira. Em sua definição, é importante definir as políticas e práticas previstas para a movimentação das pessoas dentro de cada uma das trajetórias e, principalmente, entre elas.

A mudança de trajetória, por implicar uma mudança de identidade profissional, deve ser efetuada com cuidado. É importante reforçar que mudanças de trajetória de carreira exigem consciência dos riscos para a pessoa e para a organização.

Quando as trajetórias não gerenciais têm um espectro de complexidade mais amplo, existe um paralelismo com as carreiras gerenciais, popularmente chamada de *carreira em Y*. Nesta parte deste livro, vamos dedicar um capítulo a esse tipo de carreira, cuja frequência nas empresas brasileiras cresceu significativamente a partir dos anos 2000.

Instrumentos de gestão

Os instrumentos de gestão suportam a relação contínua entre as pessoas e a organização. São esses instrumentos que garantem o nível de informação das pessoas em relação à organização e vice-versa; que estimulam e oferecem suporte necessário a que a pessoa assuma o protagonismo de sua carreira e de seu desenvolvimento; que permitem à organização decidir sobre oportunidades de carreira e sobre a escolha de pessoas; que garantem os espaços necessários para que as pessoas e a organização negociem suas expectativas; e que suportam a revisão contínua do sistema como um todo.

Os instrumentos destinados à gestão de carreiras podem ser caracterizados e categorizados como um conjunto de políticas e práticas que oferecem suporte a:

- **Decisões individuais sobre carreira, de forma vinculada ou não à organização** – nesta categoria estão incluídos instrumentos de autoavaliação, processos de aconselhamento profissional, informações estruturadas sobre oportunidades profissionais internas e externas, processos estruturados de *feedback* etc.
- **Gerenciamento de carreira pela organização** – estão incluídos nesta categoria previsão de demanda por recursos humanos, programas de desenvolvimento, processo sucessório, programas de captação interna e processos de acompanhamento do desempenho e crescimento profissional etc.
- **Comunicação entre as pessoas e a empresa** – nesta categoria temos programas de preparação e aperfeiçoamento dos gestores como conselheiros e orientadores, processos de negociação de objetivos de carreira e desenvolvimento etc.

Os instrumentos de gestão descritos necessitam portar características que auxiliem o sistema de gestão de carreiras a tornar-se estratégico e integrador. Essas características são:

- **Transparência** – as pessoas devem ter acesso a todas as informações que lhes digam respeito, assim como a organização deve ser constantemente informada acerca das expectativas das pessoas.
- **Honestidade de intenções** – o relacionamento transparente só se torna viável se cada parte desenvolver absoluta confiança nas intenções da outra. Essa confiança é construída a partir da honestidade com que as partes se conduzem no processo.

- **Sentimento de segurança** – somente se as partes se sentirem seguras na relação é que poderão ser transparentes e absolutamente honestas. Sempre que se sentirem inseguras ou ameaçadas, tentarão se proteger e assumirão uma postura defensiva.
- **Clareza das regras** – para que as partes se sintam seguras, é fundamental que as regras básicas das relações estejam acordadas entre ambas.

Nesta parte do livro, vamos trabalhar a construção de um sistema de gestão de carreiras pelas organizações. No Capítulo 6 será trabalhada a relação entre a gestão de carreira e a gestão estratégica de pessoas. Temos observado que há uma relação íntima entre a forma como as organizações tratam a carreira de seus colaboradores e a orientação estratégica da gestão de pessoas, mesmo quando a organização não tem consciência disso ou não existem sistemas formais para carreira e estratégia.

No Capítulo 7, vamos apresentar aspectos metodológicos para a concepção, implantação e avaliação de um sistema de gestão de carreiras, dando exemplos de empresas brasileiras em diferentes setores econômicos.

No Capítulo 8, discutiremos as carreiras paralelas, ou seja, trajetórias de carreiras técnicas ou funcionais que estão no mesmo nível de complexidade das trajetórias de carreira gerenciais. Muitas empresas norte-americanas e europeias equacionaram os problemas desse tipo de carreira, enquanto as empresas brasileiras vivem grandes conflitos nas relações entre gestores e profissionais quando há um paralelismo de complexidade.

O Capítulo 9 será dedicado ao processo sucessório, tanto de trajetórias gerenciais quanto de trajetórias técnicas e funcionais.

6 | Papel da carreira na gestão estratégica de pessoas

Introdução

Passei boa parte da minha vida profissional atuando em organizações, especialmente em empresas de tecnologia. Sempre me chamou a atenção a relação entre a forma como a carreira das pessoas era tratada e seus impactos na atração e retenção de profissionais e no clima organizacional. Por essa razão, dediquei meu doutorado à pesquisa da relação entre o sistema de gestão de carreiras e o posicionamento estratégico da organização em gestão de pessoas.

Neste capítulo, vamos trabalhar as relações entre as opções de gestão de carreiras adotadas pelas organizações e suas consequências na gestão estratégica de pessoas. Decisões quanto ao suprimento interno através do desenvolvimento de pessoas ou ao suprimento externo através de contratações, ao alongamento ou não das trajetórias técnicas ou funcionais, às opções de trânsito entre diferentes trajetórias de carreira, velocidade no desenvolvimento dentro de cada trajetória de carreira etc., têm grande influência no orçamento para a gestão de pessoas, a massa salarial, a postura da liderança, a produtividade, a lucratividade etc.

A maioria das organizações pesquisadas não tem sistema de gestão de carreiras. Em pesquisa realizada em 2014, abrangendo um universo de 423 organizações, constatamos que mais de 97% não contam com um sistema estruturado de gestão de carreiras. Em nossas pesquisas sobre as Melhores Empresas para Trabalhar, realizada em conjunto com a revista *Você S.A.* desde 2006, um dos pontos mais sensíveis na avaliação dos participantes em relação a suas organizações é a falta de um sistema de gestão de carreiras.

Ao mesmo tempo, podemos constatar em nossas pesquisas que há um impacto positivo na atração e retenção de profissionais e no clima organizacional quando as organizações oferecem sistemas de carreira estruturados.

Relações entre carreira e estratégia de gestão de pessoas

Um sistema de gestão de carreira visa orientar as pessoas em relação a seu desenvolvimento na organização e perceber as condições reais para o seu crescimento profissional. A maioria das organizações pesquisadas afirma que tem como diretriz o aproveitamento interno e somente recorrem ao mercado de trabalho quando não têm uma opção interna, embora não apresentem um plano de carreira para seus colaboradores.

Em nossas pesquisas, observamos que a maioria das organizações não dispõe de informações sobre os seguintes aspectos: quanto tempo em média uma pessoa fica em determinada posição; o índice de aproveitamento interno; a rotatividade em termos qualitativos; o nível de satisfação das pessoas com suas atribuições e responsabilidades. Ao mesmo tempo, a maioria delas tem políticas de incentivo ao desenvolvimento e à capacitação de seus colaboradores.

Essas incoerências são explicadas pelo receio das organizações de assumir compromisso com as pessoas em termos de carreira e, por consequência, de nível remuneratório. Esse receio é compreensível, mas torna-se uma muleta para não haver um investimento da organização na estruturação da carreira. Desse modo, o discurso predominante é de que a carreira é responsabilidade da pessoa e que cabe a ela buscar as oportunidades profissionais e se preparar para elas.

A maior dificuldade em estruturar a carreira está no fato de as organizações enxergarem as pessoas através dos cargos ou da estrutura organizacional. Tive a oportunidade de acompanhar o fracasso de algumas organizações que desenharam seus sistemas de gestão de carreiras tendo como base seus cargos e definindo uma rede de possibilidades de movimentos internos – horizontais e verticais – para cada posição. Os cargos e a estrutura organizacional são voláteis, e a atualização dessas redes de possibilidades exige um alto nível de atualização, tornando-as inviáveis.

A volatilidade dos parâmetros utilizados para pensar a carreira é que inviabiliza sua construção e o estabelecimento de indicadores para controlar a movimentação das pessoas nas diferentes carreiras existentes na organização.

Como vimos no Capítulo 2, as trajetórias de carreira e os degraus de complexidade são elementos estáveis e podem servir de base para a construção de um sistema de gestão de carreiras. Com parâmetros estáveis, ao longo do tempo podemos estabelecer um posicionamento estratégico em relação aos seguintes aspectos:

- **Espectro de complexidade** – a trajetória de carreira nos dá uma dimensão do espectro de complexidade e uma ideia da velocidade média com que uma pessoa pode percorrê-lo. Desse modo, podemos definir o fluxo das pessoas nessa trajetória de carreira. Por exemplo: em uma trajetória de profissionais na base operacional de uma indústria, onde existem cinco degraus de complexidade, as pessoas vão percorrê-los em média em 12 anos. Após esse tempo, o que fazemos com as pessoas? Existem outras trajetórias que essas pessoas possam percorrer ao terminar seu ciclo? Ficaremos com as pessoas presas no topo da trajetória pressionando a massa salarial e inibindo a ascensão das demais ou as demitiremos? No tocante a essa questão, nenhuma solução é fácil.
- **Velocidade de crescimento** – quando temos trajetórias nas quais investimos na formação das pessoas e na aceleração de seu desenvolvimento, necessitamos verificar qual é a condição concreta de aproveitamento dessas pessoas; caso contrário, levantaremos expectativas que a organização não terá condições de satisfazer. A velocidade mais acelerada vale a pena quando temos uma previsão de crescimento rápido das necessidades da organização e é importante criar um suprimento interno. Desse modo, conseguiremos atrair pessoas com um salário médio abaixo do mercado, criar motivação nas pessoas pela ascensão mais rápida que a média do mercado e abastecer as necessidades organizacionais com pessoas capazes e identificadas com a cultura.
- **Dimensionamento do quadro** – podemos definir o número ideal de pessoas em cada nível de complexidade da carreira. Esse dimensionamento pode ser realizado a partir de um levantamento histórico, das necessidades futuras da organização e da velocidade média de ascensão. Normalmente, a dimensão ideal de uma trajetória é parecida com um pote, para o qual necessito de poucas pessoas muito juniores e de poucas pessoas muito seniores – minha maior necessidade está geralmente na média complexidade. Assim, posso ter uma dimensão ótima do quadro e confrontá-lo com a realidade.

Com esses parâmetros, podemos definir estratégias. As estratégias não são as mesmas para cada trajetória de carreira – podemos ter diferentes estratégias para cada trajetória e, também, diferentes estratégias de acordo com o momento vivido pela organização e/ou pelo mercado de trabalho.

Para exemplificar, podemos contrapor organizações cujo negócio exija alta rotatividade de pessoas, tais como: *fast-food*, *call center* ou *play center*. Nesses casos, a base operacional tem rotatividade alta – normalmente, um tempo médio de 18 meses – e os níveis técnico e gerencial têm rotatividade baixa – normalmente, 10 anos. De outro lado, temos organizações que necessitam de baixa rotatividade, como os setores elétrico e petroquímico, nos quais a formação dos quadros técnicos exige um longo tempo.

Com base nessa análise, podemos verificar o fluxo na carreira e os critérios para desenvolvimento, velocidade e alternativas de movimentação para outras carreiras. A partir dela, podemos verificar também problemas que estão sendo construídos e não percebemos. Um exemplo interessante surgiu no início dos anos 2000: ao pesquisarmos empresas dos setores petroquímico e elétrico, notamos que as posições de alto nível das carreiras técnicas estavam totalmente preenchidas, obstruindo as possibilidades de progressão na carreira dos níveis inferiores. Os jovens engenheiros, ao entrarem nessas empresas, percebiam um horizonte muito curto para seu desenvolvimento e saíam das empresas ou do setor. Com o tempo, o nível intermediário da carreira, em que havia a maior demanda por profissionais, foi se esvaziando e gerando alguns efeitos perversos. Partindo de um dimensionamento ideal na forma de um pote, conforme mostra a Figura 6.1, as posições superiores foram ocupadas pelo pessoal mais sênior, obstruindo a ascensão dos mais jovens que preferiram deixar a organização. Desse modo, a rotatividade ficou mais intensa na base da carreira.

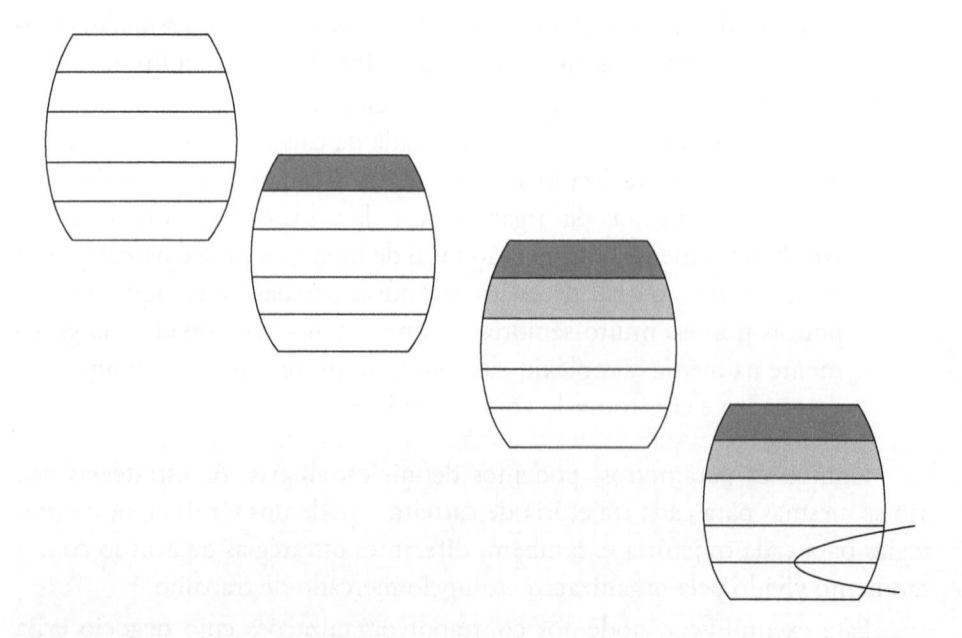

Figura 6.1 – Dimensionamento e fluxo na trajetória de carreira

Ao longo do tempo, essa situação foi modificando a configuração do quadro em que havia uma grande quantidade de profissionais altamente especializados e de juniores e pouca quantidade de profissionais para atuar na média complexidade. A estrutura, que deveria ser parecida com um pote, tornou-se parecida com uma ampulheta, gerando alguns efeitos perversos:

- Jovens engenheiros foram demandados para assumir precocemente responsabilidades de maior nível de complexidade, porém sem perspectivas de crescimento a longo prazo, o que levou à rotatividade desses profissionais nos níveis júnior e pleno. Essa rotatividade era ocasionada por não haver perspectivas concretas de crescimento na carreira em um espaço de tempo compatível com outras carreiras existentes no mercado.
- Como a demanda da empresa se concentra em níveis de complexidade equivalentes ao nível intermediário da carreira e como havia poucas pessoas para fazer frente a essa demanda, os engenheiros mais experientes tiveram que acumular responsabilidades de menor complexidade, o que os frustrou por terem sua capacidade subutilizada.
- Mesmo assim, havia necessidade de suprir a demanda e as alternativas foram: buscar pessoal sênior no mercado, pagando salário de mercado, mas com baixa capacidade de retenção, já que eles não viam possibilidade de crescimento a longo prazo, e buscar pessoal já aposentado, agravando o quadro de progressão dentro da carreira para o pessoal mais jovem.
- Houve pressão sobre a massa salarial pela retenção das pessoas muito seniores por muito tempo e pela necessidade de trazer do mercado pessoas com mais experiência.
- Tornou-se difícil repor o pessoal no topo da carreira, por não haver pessoas preparadas no nível intermediário.
- Houve dificuldade para gerir o conhecimento, pois, quando o pessoal se aposenta, leva consigo a capacidade técnica e gerencial da empresa, por não haver para quem passar o conhecimento, já que faltam pessoas para fazer a ligação entre os profissionais muito seniores e o pessoal que está no início da carreira.

A solução encontrada por essas organizações foi definir um grupo de especialistas para atuar na Universidade Corporativa como responsáveis pelo conteúdo e pela instrução em cursos de preparação de jovens profissionais. Com essa medida, a organização conseguiu transferir conhecimento, acelerou a carreira dos jovens e pôde gradativamente aposentar o pessoal mais especializado. Ao longo de 2 anos, a massa salarial foi sendo reduzida e a estrutura da carreira foi voltando ao normal. O problema, entretanto, não foi resolvido: já no final da primeira década dos anos 2000 foi possível verificar que o processo estava ocorrendo novamente. Os jovens trabalhados no início da década já estavam chegando ao final da carreira e, provavelmente, ao longo da segunda década o mesmo problema retornaria a essas empresas, e com um agravante: agora o pessoal mais sênior teria uma idade ao redor de 40 anos e não existiria a alternativa da aposentadoria.

Pontos de atenção na carreira e estratégia de gestão de pessoas

A movimentação das pessoas na carreira pode ser um indicativo de acertos ou de desvios na estratégia de gestão de pessoas. As decisões que tomamos hoje em relação às pessoas terão reflexos importantes no futuro. É possível predizer que, ao contratarmos determinado número de pessoas, desenvolvê-las e administrarmos adequadamente sua relação com a organização, teremos determinado contingente no futuro. É desse número de pessoas que necessitaremos no futuro? Como será a tecnologia que utilizaremos? O perfil das pessoas que estou contratando agora é adequado àquele de que vou necessitar amanhã?

Em nossas pesquisas, constatamos que as contratações de pessoas têm o objetivo de atender a uma demanda presente sem a preocupação com seu futuro na organização. Uma análise do fluxo nas trajetórias de carreira pode revelar futuros excessos, congestionamento nas carreiras, desbalanceamento do quadro etc. Com base nessa análise, podemos prever problemas antes que eles se instalem.

Em nossos trabalhos de consultoria e em nossas pesquisas, constatamos alguns pontos que são recorrentes e merecem atenção constante. A seguir vamos apresentar os que julgamos mais relevantes:

- **Movimentação real das pessoas** – em algumas organizações, medimos, através de dados históricos, o movimento real das pessoas nas trajetórias de carreira e os resultados surpreenderam os gestores e a equipe de gestão de pessoas. Havia, nessas empresas, uma série de crenças sobre a movimentação das pessoas e as decisões eram tomadas a partir dessas crenças. Com o levantamento e a análise dos dados, foram constatadas situações geradoras de problemas vividos pela organização e de problemas futuros, tais como: tempo médio de permanência de pessoas no início da carreira muito acima da expectativa da organização, gerando desmotivação e problemas no clima; sucessores para pessoal crítico na operação industrial inexistente com potencial risco para a organização; perfil de supervisores inadequados para lidar com a complexidade do processo produtivo a ser implantado etc.

- **Buracos na carreira** – em muitas situações, verificamos buracos de complexidade na carreira, ou seja, é como se fosse uma escada na qual faltam dois ou três degraus em determinado trecho, tornando impossível subi-la. Quando isso ocorre, a pessoa que está no degrau acima ocupa o espaço vazio, por isso, é difícil de perceber. O sintoma de que há um buraco na carreira é quando necessitamos da pessoa na posição acima e nunca existe alguém preparado. Muitas pessoas relatam que tiveram que sair da organização para depois retornar em uma posição acima – essa é outra forma de perceber um buraco na carreira. Um dos casos mais emblemáticos nesse sentido foi a análise de um escritório de advogados onde os sócios e associados ocupavam o espaço existente entre eles e os advogados seniores. Os advogados seniores julgavam-se preparados para a posição de sócios, porque os sócios estavam fazendo coisas muito semelhantes ao que faziam; ao mesmo tempo, os sócios viam os advogados seniores como imaturos para assumir a sociedade. O problema do escritório é que os sócios não sabiam ser sócios e gostavam muito de manter a mão na massa. Quando aprenderam a ser sócios e deram espaço para os advogados crescerem, em cinco anos o escritório aumentou seu faturamento em dólares em uma média de 100% ao ano.

- **Bloqueadores de desenvolvimento** – na análise de movimentação de pessoas, observando a média por áreas e gestores, foi possível detectar gestores que eram bem avaliados por seus resultados, mas que não desenvolviam os membros de sua equipe. Quando comparamos os resultados de desenvolvimento, clima organizacional, saúde e rotatividade, encontramos alto nível de relação entre esses dados. Em um dos casos analisados, encontramos uma situação desse tipo concentrada em uma diretoria importante para a organização. O diretor e os seus gerentes eram bloqueadores do desenvolvimento de suas equipes. Quando levamos os dados para a presidência e o conselho, houve uma grande surpresa. A empresa estava em processo de expansão e necessitava de pessoas em desenvolvimento, entretanto, os gestores eram avaliados e valorizados por atingir suas metas. Nesse caso, o diretor e os gerentes em questão eram bem avaliados e valorizados pela organização. A partir dessa constatação, a organização mudou seus critérios de avaliação e valorização dos gestores.

- **Papel dos gestores na conciliação de expectativas** – a maioria dos gestores está despreparada para discutir com sua equipe as questões de carreira e a principal razão disso é a ausência de parâmetros. A principal moeda de troca entre os gestores e sua equipe é o desenvolvimento. Não estão na esfera de decisão do gestor questões relativas a salário e promoção, já que esse é um recurso escasso na organização e as decisões ou são colegiadas ou são realizadas pela alta administração. A discussão sobre desenvolvimento deve estar atrelada à ideia de lidar com maior complexidade, e não simplesmente de suprir lacunas necessárias para que a pessoa faça mais do mesmo. Observamos, em nossas pesquisas sobre liderança no Brasil, que a maioria dos líderes se apoia em uma ou duas pessoas de sua equipe, marginalizando as demais do processo de desenvolvimento.

Papel da organização na gestão de carreiras

Os principais agentes do sistema de gestão de carreiras, como já vimos, são as pessoas, a quem cabe gerir sua carreira, e a empresa, a quem cabe estimular e apoiar as pessoas em seu protagonismo. Para gerir sua carreira, a pessoa necessita conhecer a si mesma, ter consciência de seu projeto profissional e das oportunidades oferecidas pela empresa e pelo mercado de trabalho. O papel da empresa é bem mais amplo e, para estudá-lo, vamos dividi-lo em três categorias, a partir da natureza de decisões tomadas sobre carreiras.

Definição estratégica

Nesta categoria são agrupadas as decisões ligadas à compatibilização do sistema de gestão de carreiras, aos princípios que balizam a gestão de recursos humanos e às estratégias organizacionais e negociais. Podem ser incluídas nesta categoria decisões, tais como:

- conciliação entre desenvolvimento da organização e das pessoas;

- definição de trajetórias de carreira e especializações importantes para a manutenção ou incorporação de vantagens competitivas;
- grau de liberdade dado às pessoas para efetuarem opções de carreira e grau de compartilhamento das decisões sobre trajetórias profissionais;
- nível do suporte dado ao planejamento individual de carreira.

Definição do sistema de gestão de carreiras

Incluem-se nessa categoria decisões ligadas à configuração técnica do sistema. Essas decisões formam a base de funcionamento do sistema, devendo, portanto, estar alinhadas à definição estratégica. As decisões que podem ser incluídas nesta categoria são:

- formatação e características das estruturas de carreira;
- níveis (degraus) dentro de cada estrutura de carreira e requisitos de acesso a cada nível;
- escolha dos instrumentos de gestão a serem incorporados no sistema.

Definição da metodologia de modelagem, implementação e atualização de sistema

A efetividade de um sistema de gestão de carreiras só será obtida se forem levados em conta os padrões culturais da empresa, seu momento histórico e suas necessidades concretas. Assim, o processo utilizado para a concepção do sistema é decisivo para seu sucesso e adequação, como veremos no Capítulo 7. As decisões incluídas nesta categoria são:

- pessoas abrangidas pelo sistema e grau de envolvimento na sua modelagem, implementação e atualização;
- nível de consenso quanto ao atendimento das necessidades e expectativas da empresa e das pessoas pelo sistema;
- grau de compatibilização do sistema com os demais instrumentos de gestão de recursos humanos;
- *timing* para implementação do sistema.

Gestão de carreiras × gestão de pessoas

Toda e qualquer organização tem, de forma explicitada ou não, linhas de conduta para a gestão de pessoas. Essas linhas de conduta transparecem nos processos de comunicação, na forma como a organização trata a remuneração, o tipo de investimento que faz no desenvolvimento das pessoas, como encara o processo de captação etc.

Albuquerque, Leme e Zaccarelli (1986) procuram analisar dois modelos extremos da gestão de pessoas: um concentrado no recrutamento externo, em que inexiste um plano de carreira. Nesse caso, a política é contratar objetivando um cargo predeterminado; o outro focando unicamente no recrutamento interno – são organizações com carreiras chamadas de *fechadas*, como é o caso do Banco Bradesco e das organizações públicas. Os autores concluem que o modelo adotado vai influenciar de forma decisiva nas políticas e práticas de gestão de pessoas. A ideia de analisar extremos é interessante porque clarifica a relação existente entre quem está sendo captado, os investimentos em desenvolvimento, o posicionamento da remuneração frente ao mercado, movimentação interna, sucessão e a gestão de carreiras.

Outros autores recorrem a formas de raciocínio semelhantes. Vale a pena destacar o trabalho de Sonnenfeld (1989), que desenvolveu uma tipologia de gestão de carreiras com base em duas dimensões:

- suprimento de pessoas interno ou externo, desenvolvendo o mesmo raciocínio de Albuquerque, Leme e Zaccarelli (1986);
- foco da contribuição para os resultados da empresa, podendo centrar-se na contribuição individual ou na contribuição do grupo.

Com base nessas duas dimensões e na tipologia de estratégias desenvolvida por Miles e Snow (1978) – que propõem quatro tipos de empresas – *analíticas*, *defensoras*, *reativas* e *prospectivas* –, o autor desenvolveu uma matriz para a classificação e a comparação entre modelos estratégicos e a orientação dada tanto à gestão de pessoas quanto à gestão de carreiras, conforme a Figura 6.2. Dentro dos quadrantes definidos pela matriz são identificados quatro tipos de organizações, apresentados no Quadro 6.1.

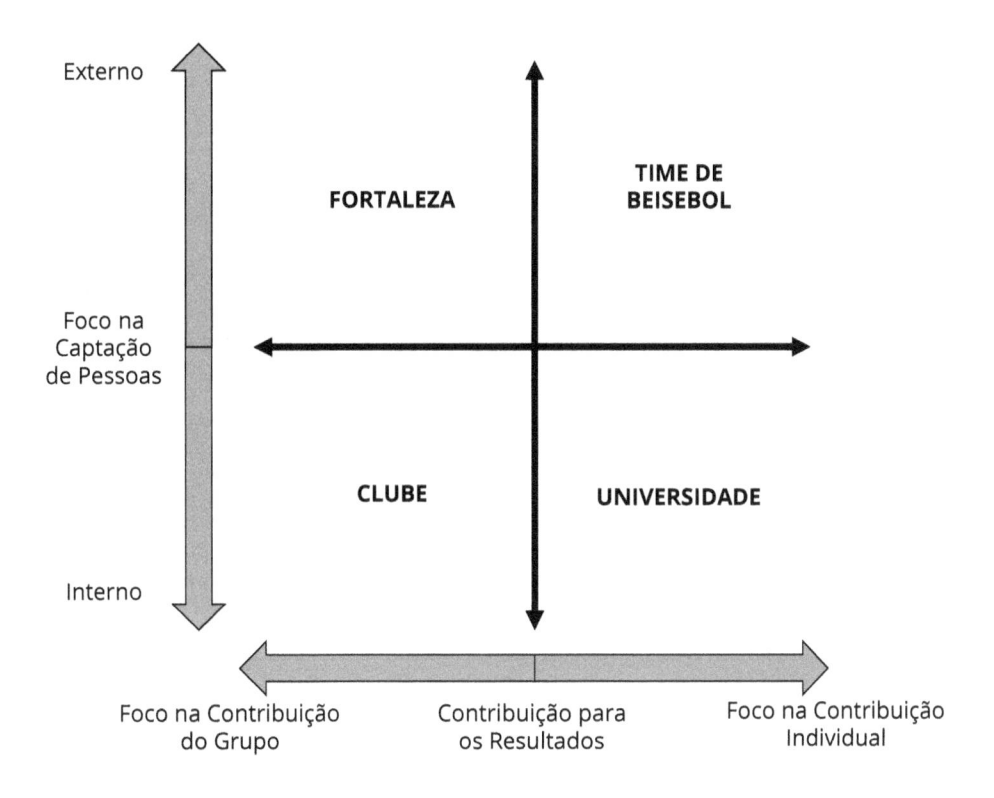

```
Externo ↑
                    FORTALEZA        TIME DE
                                     BEISEBOL

Foco na
Captação    ←——————————————————————————→
de Pessoas

                     CLUBE          UNIVERSIDADE

Interno ↓

         ←———————————————————————————————————→
    Foco na Contribuição   Contribuição para   Foco na Contribuição
         do Grupo            os Resultados          Individual
```

Fonte: Sonnenfeld (1989).

Figura 6.2 – Tipologia de estratégias de gestão de pessoas

Quadro 6.1 – Tipos de organização e suas características

Características	Fortaleza	Time de beisebol	Clube	Universidade
Tipologia Miles e Snow	Reativas	Prospectiva	Defensora	Analíticas
Estratégia de competitividade	Custo	Habilidade das pessoas	Quantidade restrita de produtos e serviços	Diferenciação
Estratégia na gestão de pessoas	Preocupação com a sobrevivência e não garante segurança de emprego	Ênfase no recrutamento externo, importando do mercado a competência de que necessitam	Fixação das pessoas e foco na contribuição de grupo	Baixa rotatividade e foco na contribuição individual

(continua)

(continuação)

Foco na gestão de pessoas	Redução de despesas	Recrutamento	Retenção	Desenvolvimento
Critérios de valorização das pessoas	Generalistas e polivalentes	Alta *performance* e contribuição para os resultados	Lealdade e comprometimento com os valores da organização	Habilidades específicas, lealdade e antiguidade
Gestão da carreira	Redução de custos e manutenção de pessoas críticas	Renovação contínua de pessoas buscando criatividade e inovação	Reter pessoas através do desenvolvimento interno e definição de critérios de ascensão	Reter pessoas através do desenvolvimento e vivência nas várias áreas e atividades da organização
Empresas típicas	Hotéis Varejo Recursos naturais	Entretenimento Publicidade Escritórios de profissionais Bancos de investimentos	Museus Bancos Empresas aéreas Empresas públicas	Indústrias de bens de capital Indústrias farmacêuticas

Fonte: Sonnenfeld (1989).

A contribuição de Sonnenfeld (1989) reforça a interdependência entre a estratégia da organização e a orientação dada à gestão de pessoas e de carreiras. Segundo o autor, em qualquer das categorias de organização existe uma conduta em relação à gestão de carreiras, ainda que não explicitada, ou seja, há uma relação entre a gestão de carreiras e a linha de conduta da organização.

Além do aspecto estratégico da gestão de carreiras, exerce um importante papel de integrador das políticas e práticas de gestão de pessoas. É necessário, entretanto, ao pensarmos a gestão de carreiras com um revestimento de modernidade e uma prática obsoleta. Para tanto, vamos buscar apoio nos trabalhos desenvolvidos por Fischer (1992 e 2002), nos quais ele ressalta a importância de as organizações desenvolverem a sua competitividade interna para manter ou obter vantagens competitivas quanto a sua produtividade e eficiência. Necessitam, desse modo, assumir uma postura inovadora em termos de formato organizacional, de modelos de gestão e de procedimentos e práticas. Essa postura implica proceder a mudanças organizacionais, as quais passam, necessariamente, pela reflexão sobre o desenvolvimento das pessoas, pois é delas a capacidade de internalizar os valores da mudança, transformando-os em ações concretas.

Segundo Fischer (1992 e 2002, p. 148), as organizações responderão de forma diferente às necessidades de desenvolvimento, em razão dos padrões culturais e das relações de poder vigentes. Desse modo, as "mudanças organizacionais efetivadas são aquelas emergentes do interior das organizações, equivalendo a dizer que estavam latentes na própria cultura". Com base nessa constatação, a autora infere que existem políticas e práticas de gestão de pessoas com maior potencialidade para estimular e dar suporte a processos de mudança organizacional. Ela aponta aqueles ligados ao desenvolvimento de pessoas, por agregarem funções críticas para o desenvolvimento e a perenidade da organização, tais como: treinamento, capacitação e desenvolvimento, mobilidade e sucessão, e os ligados à comunicação e às relações entre pessoas, grupos e áreas da organização, por abrirem canais e fluxos que garantem transparência, representatividade, participação etc. Os primeiros funcionam como espinha dorsal e os segundos permitem a circulação vitalizadora.

Fischer (1992 e 2002) aponta, ainda, como fator crítico de sucesso, que as práticas de gestão de pessoas não poderão mais constituir monopólio de um grupo de especialistas, mas deverão instrumentalizar a ação de cada agente organizacional em sua esfera de atuação. Os gestores estarão multiplicados no interior da organização, não apenas pela capacidade de lidarem com alguns instrumentos e técnicas adotados, mas principalmente porque internalizaram princípios e objetivos, partilharam a definição de metas e meios para atingi-los, incorporaram à sua atividade as premissas da gestão e das relações do trabalho que a organização pretende manter como próprias de sua identidade.

Verificamos que a gestão de carreiras, por sua natureza, apresenta as seguintes características:

- atua de forma vinculada às demais políticas e práticas de gestão de pessoas;
- estrutura as políticas e práticas de gestão de pessoas, garantindo a coerência e consistência entre elas;
- estimula um processo contínuo de diálogo entre as pessoas e a organização em relação às expectativas de desenvolvimento de ambas e ao compartilhamento de valores e objetivos;
- cria condições objetivas para que as pessoas assumam o protagonismo na gestão de suas carreiras e de seu desenvolvimento;
- auxilia no amadurecimento dos processos de mobilidade interna e de sucessão.

Leibowitz, Farren e Kaye (1986) procuram demonstrar, de forma esquemática, a relação entre a gestão de carreiras e a gestão de pessoas, conforme mostra a Figura 6.3. O autor procura demonstrar o impacto da gestão de carreiras tanto no papel das pessoas quanto no papel das organizações.

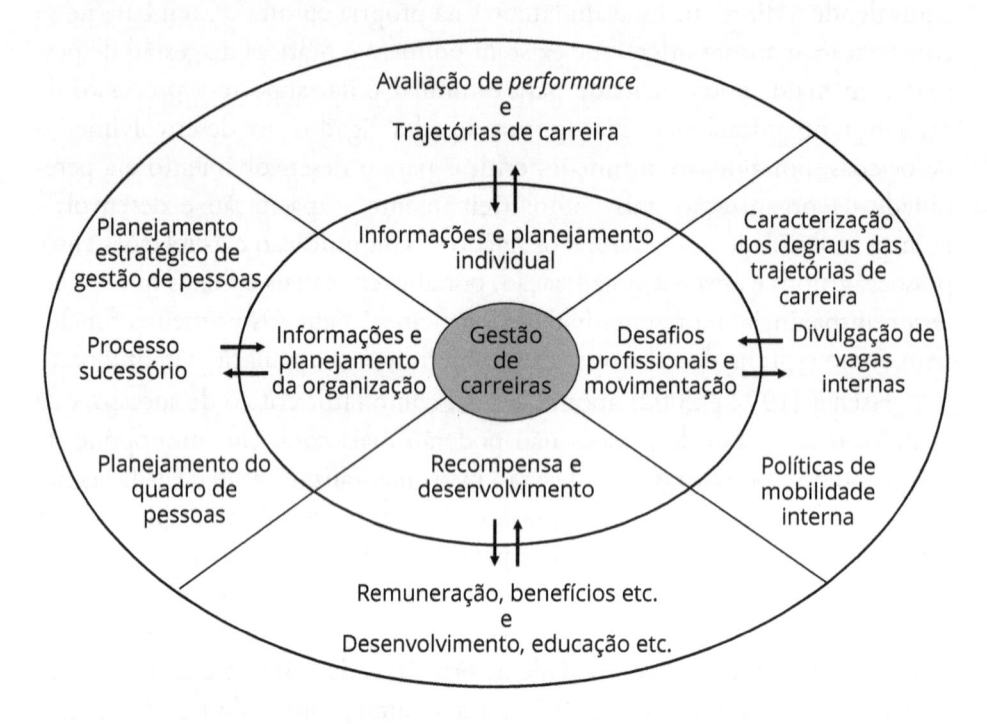

Fonte: Material adaptado pelo autor a partir de figura criada por Leibowitz, Farren e Kaye (1986, p. 41).

Figura 6.3 – Relação entre gestão de carreiras e gestão de pessoas

Na Figura 6.3, procura-se demonstrar como a pessoa, através de consciência sobre seu projeto profissional, pode se apropriar das políticas e práticas de gestão de carreiras e da gestão de pessoas para seu desenvolvimento e alcance de objetivos. Ao mesmo tempo, demonstra como a gestão de carreiras pode auxiliar a organização no dimensionamento e planejamento de quadro, processo sucessório e em suas políticas de remuneração, desenvolvimento e mobilidade.

Avaliação da gestão de carreiras

O indicador de sucesso da gestão de carreiras está no nível de absorção e utilização de suas políticas e práticas pelas pessoas e pelos gestores e seu impacto na *performance* da organização. Para avaliar essas variáveis, temos estudos de Portwood e Granrose (1986), Higgins e Dillon (2007) e Vardi e Kim (2007).

Portwood e Granrose (1986) analisaram dez tipos de instrumentos de gestão de carreiras, separados em instrumentos que permitem um processo de autoconhecimento e instrumentos que disponibilizam informações acerca da organização. Esses instrumentos foram pesquisados quanto a sua disponibilidade na organização, grau de utilização e principais objetivos. Para pesquisar o sucesso dos instrumentos, foram utilizados os seguintes critérios: especificidade dos objetivos e planos de carreira; consciência das pessoas quanto às opções de carreira oferecidas pela empresa; conciliação de expectativas entre a empresa e as pessoas; e satisfação com a organização. Os pesquisados apontaram como instrumentos que oferecem o melhor apoio nesses aspectos: informações sobre desenvolvimento de carreira; programas de mentores e orientadores; e suporte ao desenvolvimento.

Há uma grande variedade na disponibilidade de instrumentos e seu uso nas organizações, segundo os autores. Os instrumentos de menor custo, tais como informações sobre estrutura de carreira e sobre vagas internas, são mais facilmente encontrados nas organizações. Aqueles que implicam maior tempo de maturação, envolvimento e alocação de recursos, tais como centros de avaliação, *workshops* para planejamento de carreira, aconselhamento etc., são pouco usuais nas organizações. Nossas pesquisas sobre as práticas de gestão de pessoas nas organizações brasileiras através da pesquisa Melhores para Trabalhar, realizada desde 2006 junto à revista *Você S.A.*, e Cranet, envolvendo 36 países sobre políticas e práticas de gestão de pessoas, realizada em 2014, constataram que poucas organizações têm planos de carreira estruturados e as que dispõem desses planos trabalham com aspectos que envolvem um baixo nível de investimento.

Nossas pesquisas mostram que são geradores de satisfação e motivação nas pessoas os instrumentos ligados ao aconselhamento e à orientação de carreira, o maior conhecimento dos planos da organização e os estímulos à conciliação de expectativas entre a organização e as pessoas.

Conclusão

As organizações que refletem sobre as trajetórias de carreira existentes e como as pessoas se movimentam têm melhores condições de alinhar a gestão de pessoas aos seus intentos estratégicos. A maioria das organizações enxerga as pessoas através de seus cargos ou posições no organograma, tendo, portanto, uma visão fugaz e parcial de sua contribuição real e potencial.

A gestão de carreira tem o potencial de criar uma integração horizontal entre as políticas e práticas de gestão de pessoas, tornando-as mais consistentes e coerentes, obtendo maior sinergia nas ações da organização. Ao mesmo tempo, tem condições de criar uma integração vertical entre a gestão de pessoas e a estratégia organizacional.

Um aspecto crítico na gestão de carreiras é a forma como ela é concebida e implantada. Se o sistema de gestão de carreiras não for uma produção coletiva, envolvendo principalmente os gestores da organização, terá poucas chances de ser efetivo e de se sustentar ao longo do tempo. Por essa razão, dedicamos o Capítulo 7 à discussão do processo de concepção e implantação de um sistema de gestão de carreiras.

7 Construção de planos de carreira pela organização

Introdução

Ao longo de nossa experiência, a forma como o sistema de gestão de carreiras foi concebido e implantado foi decisiva para sua legitimidade perante as pessoas e gestores. Portanto, um aspecto foi fundamental: a abordagem metodológica adotada para a concepção e a implantação de sistemas de gestão de carreiras. Verificamos que o processo empregado era de igual ou maior importância que o produto obtido.

A abordagem de pesquisa-ação mostrou-se a mais adequada para desenvolvermos uma abordagem metodológica mais adequada para obter maior efetividade dos sistemas de gestão de carreiras. A efetividade dessa abordagem se deu por estarmos interferindo em padrões culturais e políticos das organizações nas quais atuávamos. Outras formas de investigação e trabalho com as organizações revelaram-se inadequadas, na medida em que as organizações se mostravam relutantes em abrir sua realidade para o pesquisador. O consultor, entretanto, desenvolve uma cumplicidade com a organização, no processo de transformação de sua realidade e encontra maior facilidade para interagir com ele.

Atualmente, podemos relacionar mais de 500 empresas onde foram implantados sistemas de gestão de carreiras. Em algumas empresas, a implantação envolveu todos os sistemas de gestão de pessoas e abrangeu toda a população; em outras, apenas parte da população da organização; e em outras, ainda, a implantação dos sistemas abrangeu apenas a estruturação de carreiras e sistemas de desenvolvimento. Atuamos em organizações com grande diversidade quanto a origem do capital, setor de atividade e tamanho. Verificamos que os conceitos podem ser aplicados a qualquer tipo de organização. Em todas as organizações trabalhadas, a abordagem metodológica para a concepção e a implantação do sistema de gestão foi a mesma.

A concepção do sistema deve ser coletiva, ou seja, envolver todas as pessoas interessadas no processo. Esse envolvimento é importante porque as alterações no sistema de gestão de carreiras implicam revisões na forma de valorizar as pessoas, repensar suas trajetórias e critérios para movimentação; portanto, alterações nos padrões culturais e políticos da organização. De outro lado, o sistema de gestão de carreiras será efetivo na medida em que atender às necessidades e expectativas tanto da organização quanto das pessoas; sua concepção deve, portanto, envolver e comprometer todas as partes interessadas. Como essas necessidades são dinâmicas o sistema deve ajustar-se continuamente, assumindo configuração também dinâmica. Assim, a metodologia escolhida para a concepção de um sistema de gestão de carreiras deve levar em conta esses resultados.

A abordagem metodológica utilizada para a concepção e a implantação de sistemas de gestão de carreiras representa, pois, um aspecto essencial para sua adequação contínua às necessidades da organização e das pessoas por eles abrangidas. É por esse motivo que a questão foi deixada para ser discutida neste capítulo.

Em conjunto com a evolução na articulação dos conceitos de trajetórias de carreira, o processo de concepção e implantação dos sistemas de gestão que utilizam esses conceitos também evoluiu, de forma a assegurar sua efetividade. A justificativa para destacar a abordagem metodológica foi o aprendizado que ela gerou na articulação dos conceitos e vice-versa. Hoje, nossa equipe não consegue mais dissociar o sucesso na absorção dos conceitos, no sistema de gestão de pessoas e de gestão de carreiras de uma determinada empresa, da adoção de alguns cuidados no processo de concepção e implantação.

Neste capítulo, serão discutidas as bases conceituais para a abordagem que implica a transformação da realidade organizacional. Serão também apresentadas as adaptações efetuadas por nossa equipe para obter melhores resultados, além das justificativas encontradas a partir de nossa experimentação empírica. Ao mesmo tempo, detectamos limitações, tanto dos conceitos quanto da metodologia, para dar conta da realidade organizacional. Elas serão discutidas neste capítulo.

Características dos processos de concepção e implantação de sistemas de gestão de carreiras

Um sistema de gestão de carreiras é sempre pensado para atender às necessidades percebidas pela organização e pelas pessoas que com ela mantêm uma relação de trabalho. A concepção de sistemas dessa natureza e sua posterior implantação representam uma proposta de transformação por abranger, como vimos, critérios de valorização das pessoas, posicionamento na estrutura de poder, padrões de mobilidade entre trajetórias de carreiras e dentro das carreiras e acesso a condições concretas de desenvolvimento e reconhecimento profissional. Pela natureza desses sistemas, as mudanças que se interpõem implicam, na maior parte das vezes, alterações dos padrões de relacionamento da organização com o grupo ocupacional abrangido pelo sistema. Esse tem sido o motivo, em nossas observações, para a resistência das organizações em alterar seus sistemas de gestão de pessoas, particularmente quando envolve a gestão de carreiras. Em muitas situações, é mais cômodo deixar determinadas regras de relacionamento entre a organização e as pessoas para o arbítrio do gestor responsável, que as ajusta ao sabor de suas conveniências. Pudemos constatar, também, que as organizações têm implantado alterações em seus sistemas de gestão de pessoas, com maior frequência, nos processos de movimentação e nas práticas de levantamento de necessidades de capacitação, por não representarem ameaças à ordem estabelecida e, ao mesmo tempo, como formas de torná-las mais eficientes. Experiências que adotam o conceito de trajetórias de carreira associadas aos conceitos de competência e complexidade para o sistema de gestão como um todo, são raras no Brasil. No momento em que o sistema modifica a lógica de carreira ou de remuneração dentro da empresa, ele encontra grandes barreiras; daí a importância da abordagem metodológica.

Propostas de alterações, em políticas e práticas de gestão, que visem simplesmente maior eficiência, podem ser efetuadas no âmbito das áreas ou pelos profissionais responsáveis por gestão de pessoas e, posteriormente, apresentadas para a organização. Qualquer alteração na ordem instituída, porém, necessita ser previamente negociada e exige a adesão da estrutura de poder real da organização (FISCHER, 2002). A abordagem desenvolvida por Fischer (2002) (Figura 7.1) leva em conta as preocupações metodológicas em intervenções que venham a gerar mudança e transformação na cultura organizacional.

PROCESSO

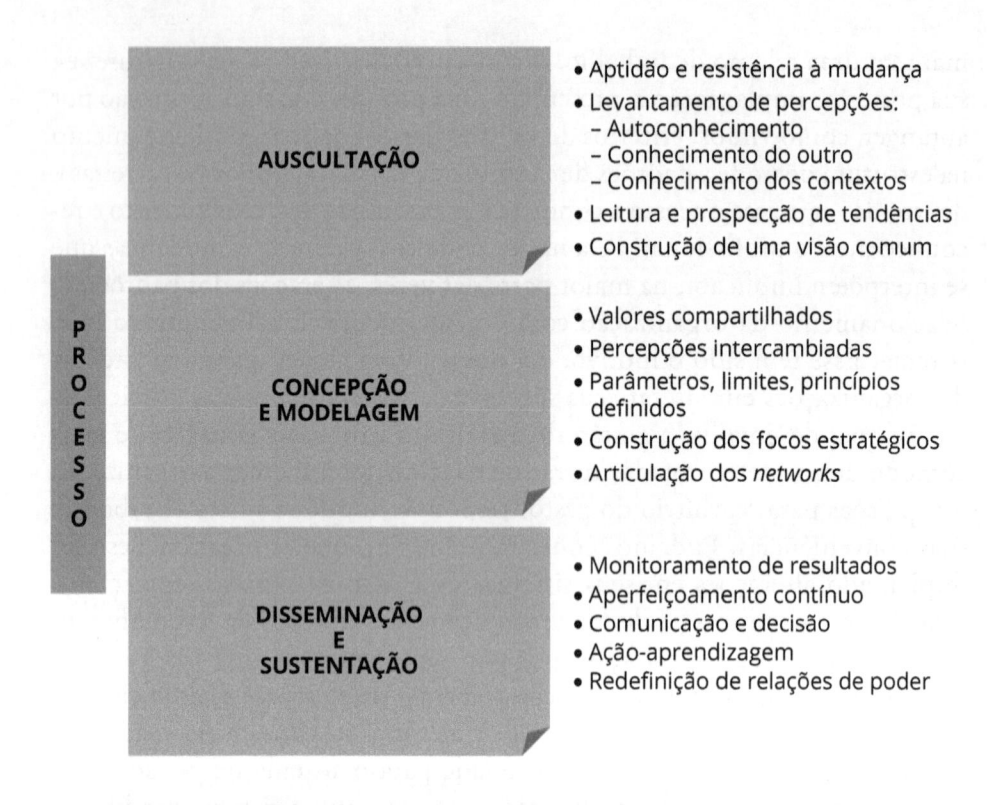

AUSCULTAÇÃO
- Aptidão e resistência à mudança
- Levantamento de percepções:
  – Autoconhecimento
  – Conhecimento do outro
  – Conhecimento dos contextos
- Leitura e prospecção de tendências
- Construção de uma visão comum

CONCEPÇÃO E MODELAGEM
- Valores compartilhados
- Percepções intercambiadas
- Parâmetros, limites, princípios definidos
- Construção dos focos estratégicos
- Articulação dos *networks*

DISSEMINAÇÃO E SUSTENTAÇÃO
- Monitoramento de resultados
- Aperfeiçoamento contínuo
- Comunicação e decisão
- Ação-aprendizagem
- Redefinição de relações de poder

Fonte: Figura desenvolvida por Fischer (2002) para apresentação em cursos e palestras sobre o tema.

Figura 7.1 – Processo de transformação organizacional

A metodologia apresentada na Figura 7.1 tem a preocupação inicial de analisar as condições concretas para um processo de transformação. Na fase de auscultação, devem ser avaliados os porquês do processo de transformação, as tendências e a construção, junto ao núcleo de poder da organização, de uma visão comum em relação aos resultados esperados. A concepção e a modelagem do sistema devem ser compartilhadas, ou seja, a construção de parâmetros e políticas que caracterizarão o sistema deve ser coletiva. A disseminação e a sustentação do sistema serão efetuadas a partir de ampla discussão com a empresa e dentro de uma proposta educacional que favoreça a absorção de novos parâmetros para a relação entre a organização e as pessoas; e vice-versa.

A partir dos trabalhos realizados com Rosa Maria Fischer no final dos anos 1980 e primeira metade dos anos 1990, foi possível desenvolver uma proposta conjunta de abordagem para intervenção nas organizações, visando à concepção de sistemas de gestão de pessoas como um todo.

Essa proposta foi utilizada inicialmente nas experiências que vínhamos desenvolvendo para concepção e implementação de sistemas de gestão de carreiras. Nossos referenciais metodológicos foram desenvolvidos por Fischer (1992 e 2002), associados aos recomendados por Leibowitz, Farren e Kaye (1986) com base nos trabalhos de Beckhard e Harris (1977). Esse modelo foi traduzido na seguinte fórmula:

> Transformação = Necessidade x Visão x Plano de Ação x Resultados esperados

O primeiro elemento da fórmula implica conhecer com clareza necessidades, problemas ou oportunidades que estão gerando o processo de transformação da realidade organizacional e suas implicações no sistema de gestão de pessoas; ou seja, identificar o porquê desse processo. O segundo elemento diz da necessidade de se ter clareza do rumo que deve ter o processo de transformação da organização e do papel da gestão de pessoas, resultando na definição do que alterar no sistema de gestão existente na empresa. O terceiro elemento indica o caminho a ser percorrido para que tanto a transformação organizacional se realize quanto o sistema de gestão resultante seja efetivo. Finalmente, o quarto elemento implica garantir a consecução dos resultados planejados de forma sustentada.

Ao modelo desenvolvido por Leibowitz, Farren e Kaye (1986) estabelece uma abordagem específica para a intervenção em sistemas de gestão de carreiras e, ao mesmo tempo, alinha-se com o modelo desenvolvido por Fischer (2002). Este emprega a análise contextualista proposta por Pettigrew (1989), Figura 7.2, que aponta a definição do porquê da transformação organizacional como resultante da análise do contexto externo e interno, o *quê* da mudança contido no estabelecimento do conteúdo da transformação e o *como* da transformação compreendido no processo.

MUDANÇA E TRANSFORMAÇÃO

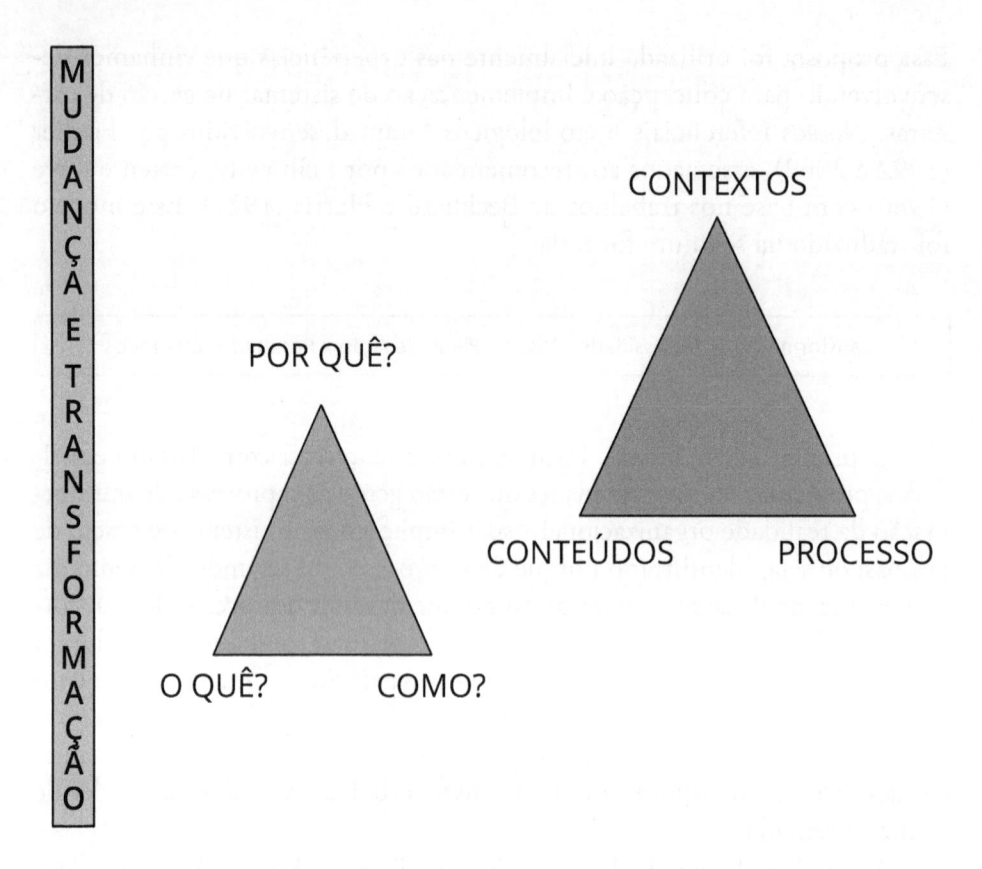

POR QUÊ?

O QUÊ?   COMO?

CONTEXTOS

CONTEÚDOS   PROCESSO

Fonte: Figura desenvolvida por Fischer (2002) para apresentação de seu trabalho "Desafio à Competência Gerencial", no VIII Congresso Internacional de Marketing Financeiro, Buenos Aires, junho de 1992.

Figura 7.2 – Transformação organizacional

O modelo apresentado por Fischer (1992 e 2002) destaca a "carência metodológica para proceder à análise contextual do processo de transformação da realidade organizacional". Segundo a autora, para enfrentar o desafio da transformação, é preciso "desenvolver uma refinada e precisa percepção do porquê se muda, o que se muda e como se muda". Fischer coloca como fator crítico de sucesso para qualquer processo de desenvolvimento organizacional o *como* mudar e isso implica "compatibilizar o incremento da complexidade, inerente ao desenvolvimento, com o grau de afinidade das pessoas, com os valores da mudança e sua capacidade para transformá-los em ações concretas".

As reflexões de Fischer evidenciam os aspectos metodológicos a serem considerados ao se analisar e processar a mudança. Com base nessa inspiração, são apresentadas para discussão algumas questões referentes à concepção e implantação de um sistema de gestão de carreiras e, mais tarde, ampliamos para intervenção em outros sistemas de gestão de pessoas, tais como: remuneração, avaliação, movimentação e educação corporativa:

- Quem define o porquê da mudança e, portanto, seu rumo, diretrizes ou princípios?
- Quem deve ser envolvido, e em que momento, para definir o que deve ser mudado, ou seja, a construção dos novos modelos de gestão de carreiras?
- A definição do como mudar deve envolver a quem, em que momento e em que profundidade?
- Como estabelecer um processo que permita não só a concepção de um sistema adequado às necessidades analisadas, mas também que permita sua renovação contínua?
- Como estabelecer, enfim, um sistema que obtenha e mantenha a legitimidade junto à empresa e junto às pessoas por ele abrangidas?

A resposta a essas questões variará em razão das especificidades de cada situação e de cada organização. É possível, no entanto, verificar que alguns autores partem de premissas comuns para propor métodos e técnicas que garantam a efetividade do sistema de gestão de carreiras:

- O sistema gerado deve ter legitimidade. Esta é obtida e conservada na medida em que ele atenda às necessidades das pessoas e da empresa. Para tanto, é necessário envolvê-las e comprometê-las com a identificação de necessidades, compatibilização do sistema de gestão de carreiras como o modelo de gestão de pessoas da organização, a definição de papéis e responsabilidades e o processo de capacitação para operação do novo sistema.
- Deve-se adequar continuamente o sistema às necessidades e expectativas das pessoas e da organização ao longo do tempo. Sob esse aspecto, o sistema de gestão de carreiras nunca é uma obra acabada; o processo deve ser contínuo e gerar ao longo do tempo aprimoramentos no sistema. É fundamental preservar, nesse processo, os compromissos assumidos de parte a parte, devidamente traduzidos em diretrizes e princípios.

- O sistema deve, ainda, dar suporte ao desenvolvimento da organização e das pessoas. Com essa premissa em mente, o sistema, na medida em que é revisto, deve valorizar aspectos positivos encontrados na cultura da organização. Assim, a construção e a reconstrução do sistema devem partir das políticas e práticas já existentes na organização.

A não observância dessas premissas, não importa a metodologia utilizada, pode gerar os seguintes problemas:

- Inexistência de uma base de sustentação técnica e política para o sistema, dificultando sua implantação e impossibilitando sua manutenção ao longo do tempo.
- Falta de atualização do sistema, tornando-o cada vez mais inadequado tanto aos interesses e necessidades da organização, quanto para atender às expectativas das pessoas, caso em que se torna um estorvo para ambos.
- À medida que o sistema se desatualiza, sua revisão exigirá grande esforço e dispêndio de recursos, aos quais nem sempre as pessoas e a organização estão dispostas. O esforço para a revisão do sistema corresponderá a ter de derrubar a casa existente e construir uma nova.

O Quadro 7.1 apresenta modelos de vários autores para concepção, implantação e revisão do sistema de gestão de carreiras. Foi estruturado a partir da fórmula de transformação apresentada por Leibowitz, Farren e Kaye (1986), que sugere as quatro fases de trabalho descritas a seguir. Às atividades e resultados de cada fase sugeridos por Leibowitz (1986, p. 11), foram acrescidas as sugestões de Gutteridge (1986, p. 78) e Super (1986, p. 114-115).

Quadro 7.1 Processo para concepção e implementação de sistemas de gestão de carreiras

Fases	Leibowitz (1986, p. 11)	Gutteridge (1986, p. 78)	Super (1986, p. 114-115)
Levantamento das necessidades	Definição de necessidades específicas. Definição de grupos de trabalho. Análise das políticas e práticas de gestão de pessoas existentes. Análise da cultura organizacional da organização.	Identificação de problemas, pressões, necessidades e oportunidades. Definição de indicadores de sucesso. Avaliação dos processos, instrumentos e técnicas existentes.	Identificação de interesses, valores e habilidades da força de trabalho e necessidades da organização. Avaliação das possibilidades concretas de desenvolvimento das pessoas e da organização.
Determinação de novas direções e possibilidades	Construção de um modelo conceitual. Envolvimento de todos os gestores e pessoas abrangidos pelo sistema. Desenho de múltiplas intervenções abrangendo pessoas e organização.	Desenho de um novo modelo.	Desenvolvimento de programa de processos e processos de administração de carreiras. Planejamento de programas corporativos e individuais para aproveitamento de talentos e desenvolvimento de pessoas.
Definição de um plano de ação	Obtenção de suporte político da cúpula da organização. Desenho do plano de ação com o grupo responsável por sua implantação. Criação de uma implantação-piloto, estabelecimento de orçamento e alocação de recursos.	Desenvolvimento de uma estratégia de implantação: Recursos necessários; Aspectos estimuladores e barreiras; Prioridades; Programa de comunicação; Estratégia de avaliação; Criação de implantação-piloto.	Criação e implantação-piloto.
Manutenção da mudança	Definição de resultados e necessidades de sucesso de longo prazo. Publicação de programa. Estabelecimento de programa de reavaliação contínua.	Avaliação contínua do processo.	Colocação em ação dos programas e processos oferecendo o suporte necessário às pessoas e aos gestores.

Fonte: Quadro desenvolvido pelo autor a partir dos trabalhos desenvolvidos por Leibowitz (1986, p. 11), Gutteridge (1986, p. 78) e Super (1986, p. 114-115).

Com base nesses trabalhos, estabelecemos uma prática para intervenção nas organizações que foi sendo aperfeiçoada ao longo do tempo. Ela está esquematizada na Figura 7.3.

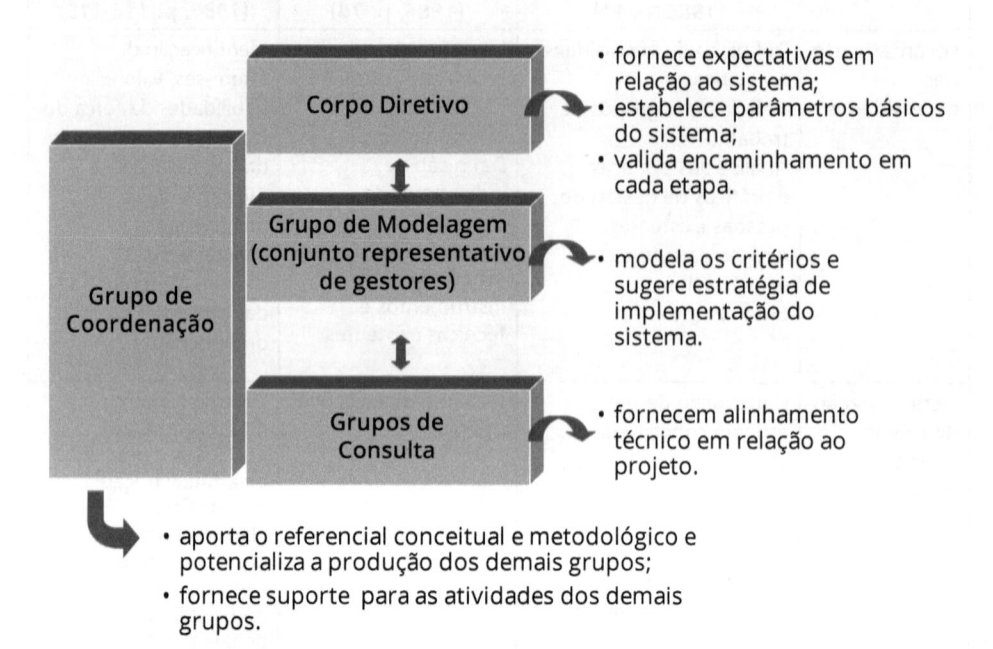

Corpo Diretivo
- fornece expectativas em relação ao sistema;
- estabelece parâmetros básicos do sistema;
- valida encaminhamento em cada etapa.

Grupo de Modelagem (conjunto representativo de gestores)
- modela os critérios e sugere estratégia de implementação do sistema.

Grupos de Consulta
- fornecem alinhamento técnico em relação ao projeto.

Grupo de Coordenação
- aporta o referencial conceitual e metodológico e potencializa a produção dos demais grupos;
- fornece suporte para as atividades dos demais grupos.

Figura 7.3 – Processo para concepção e implementação de sistemas de gestão de carreiras

Na estruturação do processo para concepção e implementação, registramos dados importantes sobre a realidade organizacional. Isso nos auxiliou na articulação dos conceitos para a construção de um sistema de gestão de carreiras mais adequado às necessidades da organização contemporânea. As principais constatações estão resumidas nos aspectos descritos a seguir. Procuramos articular esses aspectos com os elementos componentes da Figura 7.3.

Grupo de coordenação

- A continuidade das transformações implementadas na empresa depende do comprometimento de todos e da existência de um grupo interno que esteja continuamente monitorando, revitalizando e ajustando as políticas e as práticas implementadas. Esse grupo, tratado

no processo como contraparte e responsável pela coordenação geral do processo, atua como agente interno para facilitar o processo de concepção, implantação e sustentação e absorver conceitos e metodologia de trabalho.
- Os grupos de coordenação foram compostos por membros de nossa equipe e as contrapartes da organização. A composição, muito eficiente, combinou as visões externa e interna de pessoas politicamente legítimas e, portanto, com o trânsito necessário para mapear os caminhos a serem seguidos e as pessoas a serem envolvidas nos diferentes momentos do processo. Pessoas internas se tornam responsáveis naturais pela continuidade dos trabalhos perante os demais gestores e dirigentes, de modo a garantir a continuidade do sistema implantado.
- Quanto maior a legitimidade política do grupo contraparte, maiores são as chances de sucesso dos processos de intervenção e seus desdobramentos após a implantação.

Grupo diretivo

- O processo de concepção e implantação do sistema de gestão de carreiras deve ser uma necessidade consciente da organização. O envolvimento da estrutura de poder com o processo é fundamental para seu sucesso. Esse envolvimento deve ser efetuado de forma ordenada: inicialmente, abordando o nível estratégico da organização e, posteriormente, envolvendo os demais níveis de gestão. Caso o nível estratégico perceba a inadequação do processo para a organização, ele será interrompido. Esse aspecto é importante porque a transformação do sistema de gestão gera muitas expectativas nas pessoas. Assim, em caso de objeções do nível estratégico, o processo é interrompido sem gerar qualquer expectativa no interior da organização.
- O comprometimento do nível estratégico ocorre de diferentes formas, dependendo do momento vivido pela organização ou de seus padrões culturais. Normalmente, são realizadas reuniões individuais com os membros do grupo diretivo da organização; posteriormente, o comprometimento é consolidado em reuniões que envolvem o grupo todo. Nas reuniões individuais e coletivas, são definidos os principais parâmetros do sistema, os resultados esperados, os aspectos metodológicos e a abrangência do sistema.

- Nesta fase, é construído o suporte político para o processo. Caso não exista esse suporte, é recomendável interromper o processo. Caso ele exista, há grande chance de que o processo seja bem-sucedido.
- O grupo diretivo deve participar do processo nos incidentes críticos, como a avaliação da transformação dos parâmetros do sistema, definidos em políticas e práticas de gestão, a aprovação da implantação do sistema e a avaliação do seu processo e da obtenção dos resultados esperados.

Grupo de modelagem

- Existem na organização políticas e práticas de gestão de pessoas e de gestão de carreira, estruturadas ou não, que traduzem aspectos da cultura da organização. A concepção de um sistema de gestão deve ter como pontos de partida as políticas e práticas da organização. Por esse motivo, a concepção e a implementação do sistema devem contar com o envolvimento e engajamento do nível tático da empresa. Ele age como correia de transmissão entre as expectativas das pessoas e as da empresa e, na concepção do sistema, consegue visualizar a conciliação dessas expectativas. Ao mesmo tempo, na organização contemporânea, essas pessoas são pressionadas a atuar na gestão de pessoas e têm uma percepção mais clara da realidade organizacional e da adequação ou não das políticas e práticas de gestão da organização. Por fim, esse grupo vai utilizar o sistema concebido e responderá por sua implantação.
- O nível de comprometimento do grupo, na concepção e implantação do sistema, é fator decisivo de sucesso. Na medida em que o grupo se compromete, passa a vender conceitos, políticas e práticas para seus pares, dirigentes e pessoas de sua equipe.
- O trabalho do grupo de modelagem é geralmente estruturado em *workshops* para garantir a qualidade da produção e otimizar o uso do tempo dos participantes. As técnicas de *workshop* permitem que, a cada evento, o grupo produza algo concreto, garantindo o comprometimento de seus membros. Outro aspecto facilitador nesse sentido é o fato de envolver essas pessoas em um processo lúdico, que é a discussão sobre carreira, trajetórias profissionais, parâmetros para remuneração e critérios de mobilidade dentro da organização.
- O comprometimento desse grupo permite que a disseminação seja mais efetiva dentro da organização, na medida em que essa

incumbência não fique restrita ao grupo de coordenação, mas conte com o suporte tanto do grupo de direção quanto do de modelagem.
- O grupo é também definido como responsável pela adequação do sistema para acompanhar o desenvolvimento e as transformações organizacionais ao longo do tempo, reunindo-se sempre que julgar necessário para atualizá-lo ou adequá-lo à realidade.

Grupo de consulta

- A transformação da realidade organizacional será sustentável se dirigentes, gestores e pessoas que mantêm relação de trabalho com a organização perceberem melhorias e agregação de valor. É, pois, muito importante, ao longo do processo, atentar para as vantagens que o sistema agrega para todas as partes abrangidas e disseminá-las adequadamente. É fundamental, para tanto, estabelecer um fluxo de informações contínuo e processos de comunicação com todas as partes envolvidas. É importante ressaltar que, assim como os parâmetros, as políticas e as práticas de gestão de pessoas são desenhadas ao longo do processo; a dosagem do conteúdo da comunicação e sua oportunidade devem ser cuidadas para trabalhar de forma adequada a ansiedade e as expectativas das pessoas caso a caso.
- Os grupos de consulta são importantes, ao longo do processo de concepção e implantação, para oferecer referências ao grupo de modelagem sobre a adequação do sistema para o atendimento de suas expectativas.
- Normalmente, os grupos de consulta são constituídos pelos gestores não participantes do grupo de modelagem e pessoas que representam os diferentes grupos que mantêm relação de trabalho com a organização.

Etapas para a concepção e implantação

A maioria dos processos desenhados por nossa equipe para concepção e implementação do sistema de gestão de carreiras foi dividida em quatro etapas, cada uma com propósitos e resultados bem definidos:

- **Etapa I** – Definição dos parâmetros do sistema de gestão de carreiras.
- **Etapa II** – Modelagem do sistema.
- **Etapa III** – Implantação inicial do sistema e capacitação do corpo gerencial.
- **Etapa IV** – Monitoramento do sistema.

Etapa I – Definição dos parâmetros do sistema de gestão de pessoas

Engloba atividades para o estabelecimento dos objetivos e premissas que norteiam a modelagem do sistema e dos resultados a serem obtidos com sua implantação. Nesta etapa, é estabelecido o grupo de coordenação e é envolvido o grupo de direção. Procura-se obter os seguintes produtos:

- objetivos, premissas e resultados do sistema;
- abrangência do sistema – população envolvida e instrumentos de gestão a serem revistos;
- delineamento técnico do sistema – estruturas de remuneração e carreira mais indicadas, critérios de diferenciação, delimitação inicial dos "limites" superior e inferior de carreira etc.;
- instrumental metodológico a ser utilizado e cronograma de atividades para modelagem e implementação do sistema;
- indicadores de sucesso do processo.

As atividades operacionais geralmente desenvolvidas nesta etapa são as seguintes:

- levantamento de dados através da análise de documentos e entrevistas;
- reuniões com a direção para estabelecimento de objetivos, premissas e resultados do sistema, e características do processo de modelagem e implantação;
- reuniões com a equipe contraparte;
- consolidação, análise e geração do relatório de conclusão da etapa.

As atividades desenvolvidas nesta etapa são decisivas para o sucesso do processo. Podemos caracterizá-las de forma genérica nos seguintes aspectos:

- **Identificação de necessidades da organização e das pessoas abrangidas pelo sistema** – caracteriza-se pelo levantamento dos porquês da

mudança: os problemas, as necessidades e as oportunidades percebidos pela organização e pelas pessoas. Emprega várias técnicas, questionários, entrevistas individuais ou em grupos e/ou análise de documentos.
- **Avaliação das políticas e práticas de gestão de pessoas existentes na organização** – em razão do alto nível de integração entre os processos que compõem o sistema de gestão de pessoas, as informações geradas por esta avaliação serão importantes para mapear elementos facilitadores e inibidores da concepção e implementação do sistema de gestão de carreiras.
- **Análise da cultura organizacional** – avalia, a partir dos padrões culturais e políticos da organização, a intensidade com que uma proposta de gestão de carreiras vai afetá-los, o nível de apoio da direção para as mudanças geradas pelo projeto e o quanto as pessoas estão dispostas a assumir mudanças na sua relação com a organização. Para o desenvolvimento desta análise, são necessárias informações sobre: nível de acesso das pessoas às informações sobre seu trabalho; a organização e seus objetivos; suas possibilidades de desenvolvimento etc.; estímulos e apoio para trabalhos em grupo; suporte mútuo entre gestores e subordinados; nível de aproveitamento interno, investimento no desenvolvimento das pessoas; grau de identidade das pessoas com os valores organizacionais etc.
- **Definição de grupos de trabalho** – para o levantamento das necessidades e, principalmente, para pensar em um novo sistema de gestão de carreiras, é fundamental a intensa participação das pessoas que serão responsáveis pela gestão das pessoas por ele abrangidas. O primeiro passo é determinar com clareza e precisão o universo das pessoas que serão contempladas pelo sistema. Posteriormente, analisar os grupos representativos desse universo e envolvê-los no processo de concepção.
- **Construção de um modelo conceitual** – é o resultado natural da análise das informações colhidas nas atividades anteriores, em que são estabelecidas alternativas técnicas para a construção do sistema: estrutura das trajetórias de carreira, parâmetros de diferenciação, papéis na gestão etc.

Os resultados comumente esperados desta etapa são:

- **Consciência da necessidade da mudança** – este é o resultado fundamental desta etapa. A consciência do *por que* mudar mobiliza as pessoas para discutir o *quê* e o *como*. Leibowitz, Farren e Kaye (1986)

recomendam que essa consciência esteja materializada em objetivos a serem alcançados com a construção ou revisão do sistema.
- **Definição das estratégias de concepção do sistema** – outro resultado que deve ser buscado nesta etapa é a formação de uma imagem clara do caminho a ser trilhado para a definição do que mudar.
- **Construção de suporte político e técnico para o processo de concepção do sistema** – é nesta etapa que devem ser construídas tanto a sustentação política para concepção do sistema quanto a sustentação técnica. A primeira pode ser traduzida pelo envolvimento da direção da organização com os objetivos do projeto e das pessoas abrangidas pelo sistema; e a segunda, pelo engajamento dos gestores e das áreas de apoio técnico, tais como: RH, sistemas e planejamento, com a metodologia a ser desenvolvida para concepção do sistema.

Etapa II – Modelagem do sistema

O sistema de gestão de carreiras será modelado com ampla participação do corpo gerencial. A metodologia proposta procura incentivar a interação entre os gestores envolvidos no processo de modelagem, instituindo-os como grupo habilitado a discutir questões organizacionais abrangentes. A ampla participação permite a construção de um sistema que respeite necessidades e anseios específicos, garantindo sua legitimidade. Como insumo para a construção do sistema, apontamos referenciais de gestão em consonância com as mais modernas técnicas de gestão de carreiras. Nesta etapa, são gerados os seguintes produtos:

- princípios e diretrizes do sistema;
- sistema de carreiras: atribuições requeridas para cada uma das trajetórias de carreira; níveis e critérios de acesso e de enquadramento; critérios de permeabilidade entre as trajetórias de carreira; padrões de equivalência entre as trajetórias;
- conexões do sistema de gestão de carreiras com as políticas e práticas de gestão de pessoas, principalmente: remuneração, com seus critérios para a composição da remuneração; revisão da estrutura de remuneração; níveis de benefícios e serviços atrelados aos níveis de carreira; desenvolvimento, com suas políticas de suporte à capacitação e programas de educação corporativa atrelados às trajetórias de carreira; processos de avaliação e de sucessão, com os rituais estabelecidos, e impactos na mobilidade das pessoas nas trajetórias de carreira;

- parâmetros orientadores para dimensionamento do quadro de funcionários e otimização da massa salarial.

As atividades operacionais geralmente desenvolvidas nesta etapa são:

- *workshops* para modelagem do sistema;
- reuniões com o grupo contraparte para estruturação e acompanhamento do processo de modelagem;
- reportes sistemáticos à direção para acompanhamento do processo e seus resultados;
- estruturação e consolidação dos *workshops*, análise de dados da organização e geração do relatório da etapa.

De forma genérica, essas atividades podem ser caracterizadas nos seguintes aspectos:

- **Modelagem de um sistema de gestão de carreiras** – compreende a discussão estruturada entre gestores, pessoas e direção da organização para a configuração do sistema de gestão de carreiras. A essa discussão estruturada vamos chamar de *modelagem*, na qual serão discutidas e rediscutidas alternativas para a configuração do sistema. Leibowitz, Farren e Kaye (1986) e Leibowitz (1987) apresentam uma série de modelos com base em pesquisa realizada em 50 grandes empresas nos Estados Unidos. Para desenvolver essa modelagem, diferentes técnicas podem ser usadas, isoladamente ou de forma combinada: reuniões de trabalho, *workshops*, clínicas temáticas, painéis de debate etc., sendo importante que a técnica utilizada estimule e estruture a interação das pessoas.
- **Análise de viabilidade dos modelos** – em paralelo à modelagem do sistema, para orientar os grupos de trabalho, são necessários estudos de viabilidade técnica e financeira. Seu objetivo é garantir as condições de operacionalidade dos modelos desenvolvidos nesta etapa.
- **Instalação de um sistema de comunicação entre os grupos de trabalho** – outra atividade, que deve ocorrer em paralelo à modelagem do sistema, é a instalação de um processo de comunicação para garantir a irrigação contínua de informações entre os vários grupos de trabalho. Naturalmente, a atividade será tão mais complexa quanto maior for a quantidade de grupos envolvidos no projeto.

Os resultados comumente esperados desta etapa são:

- **Definição do sistema de gestão de carreiras** – o resultado não deve ser resumido apenas à definição de instrumentos de gestão e de papéis. É fundamental que os compromissos construídos entre as várias partes envolvidas estejam consolidados nos conceitos que vão reger o sistema. Na medida em que os compromissos básicos assumidos de parte a parte permaneçam inalterados, o sistema preservará sua identidade.
- **Estabelecimento de compromissos entre a organização, gestores e pessoas abrangidas pelo sistema** – embora esses compromissos estejam configurados nos conceitos que sustentam o sistema, são também traduzidos nas definições de responsabilidades e papéis em relação a sua gestão e em responsabilidades por sua implantação, manutenção e revisão.

Etapa III – Implantação do sistema e capacitação do corpo gerencial

Enquadra as pessoas nos parâmetros estabelecidos pelo sistema delineado nas etapas anteriores. O enquadramento demonstrará a existência de *gaps* no valor agregado pelos profissionais, nos critérios de acesso requeridos pelas posições e na remuneração. Os dados fornecerão subsídios para a construção de um plano de ação, minimizando gradativamente os *gaps* identificados.

Faz parte desta etapa a preparação dos gestores para a implantação do sistema, capacitando-os a gerir a partir dos conceitos utilizados no processo de modelagem e a dar a consistência necessária ao processo de implantação e disseminação junto de suas equipes. Nesta etapa, são gerados os seguintes produtos:

- instrumentos de divulgação do sistema;
- relatórios sistemáticos de avaliação do processo de implantação e resultados do sistema;
- capacitação dos gerentes para exercer seu papel na gestão do sistema;
- capacitação do grupo contraparte e de modelagem para dar o suporte necessário aos gerentes e pessoas abrangidos pelo sistema;
- estabelecimento de estratégia e cronograma de disseminação do sistema para a organização.

As atividades operacionais geralmente desenvolvidas nesta etapa são:

- suporte na identificação dos *gaps* existentes na organização;
- reuniões para estabelecimento de metas, internalizando os conceitos e a prática do sistema de gestão de carreiras;
- *workshop* de treinamento para operação do sistema e seus respectivos instrumentos de gestão;
- reunião com a direção para validação do sistema e do plano de implantação;
- reuniões com o grupo contraparte e transferência do instrumental metodológico;
- reuniões de divulgação e discussão do sistema para todas as pessoas abrangidas;
- auxílio na elaboração de material de divulgação do sistema;
- preparação das reuniões e geração de relatório da etapa.

As atividades desenvolvidas nesta etapa podem ser genericamente caracterizadas nos seguintes aspectos:

- **Desenho de um plano de implantação** – caracteriza-se pela construção de uma ponte entre a situação presente e o modelo idealizado de gestão de carreiras. A atividade será tão mais facilitada quanto mais as pessoas estiverem envolvidas e comprometidas com o sistema gerado na etapa anterior. Envolve a resposta às seguintes questões: Quais são as necessidades prioritárias a serem atendidas? Onde existem mais facilidades para a implantação do sistema e onde estão as maiores dificuldades? Quais serão as responsabilidades da direção da organização, dos gestores, dos grupos de trabalho e das áreas técnicas de apoio (RH, sistemas, planejamento etc.)? Quais são os recursos disponíveis para a implantação do sistema? Quais são os prazos acordados para a obtenção dos primeiros resultados com o sistema? Quais devem ser as atividades de monitoramento do sistema?
- **Implantação do sistema** – a implantação propriamente dita será a operacionalização do plano de ação desenhado. Cabe ressaltar, entretanto, que entre o desenho do plano e a sua implantação geralmente são necessárias atividades preparatórias que envolvem: capacitação de pessoas; revisão de sistemas de informações; adequação de instrumentos de gestão de pessoas; criação de infraestrutura de suporte para gestores e pessoas abrangidos pelo sistema; disponibilização de

recursos financeiros, materiais, humanos e de informação etc. Nesta atividade, Leibowitz (1986) recomenda a criação de implantações-piloto, mas a necessidade desse tipo de implantação nem sempre é pertinente. Nossa experiência tem mostrado que, em algumas situações, a implantação-piloto pode acirrar diferenças entre áreas já existentes na empresa, deixar transparecer privilégios de determinados grupos de pessoas etc.
- **Definição de indicadores de sucesso** – a atividade é mencionada apenas por Gutteridge (1986), mas vale ressaltá-la, pois é de grande valia no monitoramento da implantação do sistema. Os indicadores de sucesso estabelecem um critério de mensuração consensualmente aceito para avaliação dos resultados do sistema. A falta desse critério gera grandes disparidades entre os vários aspectos envolvidos no sistema quanto aos resultados apresentados, quanto ao seu sucesso ou insucesso, quanto à necessidade de revisão do plano de implantação etc.

Os resultados comumente esperados desta etapa são:

- **Sistema implantado** – o principal resultado desta fase é o sistema em operação, significando que a organização e as pessoas assumem seus papéis na gestão de carreiras; começa a ser alterado o sistema de comunicação e informação entre a empresa e as pessoas; as pessoas passam a ter oportunidade para se reposicionar em relação a suas carreiras etc.
- **Pessoas capacitadas para assumir novos papéis** – outro resultado importante desta fase é que os gestores e as demais pessoas abrangidos pelo sistema se encontrem capacitados para desenvolver seus papéis.
- **Instrumentos de gestão de pessoas adaptados** – as várias políticas e práticas de gestão de pessoas devem estar coerentes com o sistema implantado, ou em fase de revisão ou adaptação.

Etapa IV – Monitoramento do sistema

A característica básica desta etapa é o processo de acompanhamento da implantação e concepção de propostas de reformulação, através do acompanhamento dos fatores decisivos de sucesso preestabelecidos. Parte-se do pressuposto de que uma série de fatores concorrem para desvirtuar os princípios e objetivos do sistema após sua implantação, quais sejam:

- impactos provocados no contexto cultural da organização;

- diferenças de ritmos de compreensão e incorporação dos objetivos propostos;
- resistências quanto à reconfiguração das relações internas.

Esses fatores devem ser controlados mediante atividades e instrumentos de monitoramento que propiciem maior agilidade nos ajustes que se mostrarem necessários após a implantação. Nesta etapa, as atividades operacionais compreendem: avaliação da aceitação do sistema pela organização e mapeamento de focos de resistência; identificação de aspectos a serem revistos; e condução de reuniões de sensibilização e orientação, a fim de ampliar a receptividade e a compreensão do sistema por gestores e pessoas abrangidas.

Os aspectos característicos das atividades desenvolvidas nesta etapa, genericamente considerados, são:

- **Monitoramento do sistema** – o monitoramento oferecerá maior garantia à consolidação da implantação do sistema de gestão de carreiras, uma vez que o processo implica mudanças nas relações entre as pessoas e destas com a organização, gerando: resistências naturais por desinformação, insegurança, bloqueios pessoais etc.; pessoas e áreas que absorvem as novas formas de gestão em ritmos diferentes, causando descompassos, desarmonia e eventuais atritos entre pessoas; resistências da direção e dos gestores sempre que as mudanças afetam as relações de poder existentes; mesmo quando as partes pactuam novas formas de relação, sua prática desperta receios, inseguranças etc.
- **Definição de objetivo de longo prazo** – necessária para trabalhar o sistema em movimento ao longo do tempo. Pensar o sistema em movimento justifica-se pelo seguinte: muitas das necessidades percebidas na primeira etapa do trabalho não são atendidas pela primeira versão do sistema, em razão das limitações de recursos, tempo, da cultura organizacional, dos instrumentos de gestão etc.; durante o processo de implantação, são percebidas novas necessidades, novos problemas ou oportunidades que devem ser atendidos por novas versões do sistema. Como os recursos são escassos, nem todas as demandas que surgem no decorrer da implantação podem ter resposta imediata, mas é importante dar-lhes prioridade e planejar seu atendimento; os sistemas de gestão de carreiras apresentam uma evolução que pode ser planejada em razão de outros exemplos, do conhecimento da cultura organizacional, da aspiração de desenvolvimento da organização e das pessoas, do aumento da complexidade das relações entre as pessoas e a organização etc.

- **Revitalização do sistema** – a realização de ações estruturadas para rever o sistema atua na revitalização dos compromissos assumidos entre as partes em relação à gestão de carreiras. São encontros, *workshops*, publicações específicas, entrevistas individuais ou em grupos etc., cujos objetivos são: avaliar os resultados obtidos com o sistema; levantar novas necessidades, problemas e oportunidades; anotar sugestões para revisão ou aprimoramento do sistema; observar as relações entre as pessoas e destas com a organização; avaliar o nível de satisfação das pessoas com as políticas e práticas da organização em relação à gestão de carreiras; prestar informações e esclarecimentos em relação ao sistema de gestão de carreiras; prospectar o nível de credibilidade do sistema etc.

Os resultados comumente esperados nesta etapa são:

- **Sustentação do sistema a longo prazo** – as atividades de revitalização e a fixação de objetivo de longo prazo para o sistema garantem o envolvimento e o comprometimento das pessoas. Os elementos que asseguram a sustentação do sistema são a fidelidade aos compromissos assumidos de parte a parte, a preocupação com a comunicação e o respeito à individualidade das pessoas.
- **Renovação contínua do sistema** – as mesmas atividades que garantem a sustentação do sistema garantem também sua renovação contínua. Esta encerra as premissas, já discutidas, de legitimidade, contínua adequação e suporte ao desenvolvimento das pessoas e da organização.

Limitações conceituais e metodológicas

Nos processos de acompanhamento, temos percebido que os sistemas implementados tiveram diferentes ritmos de aperfeiçoamento e adaptação às demandas da organização e das pessoas. Essas diferenças podem ser atribuídas aos seguintes motivos:

- **Nível de comprometimento dos gestores da empresa com os conceitos trabalhados no sistema** – na maioria dos casos, o comprometimento dos gestores está vinculado às facilidades e dificuldades encontradas na concepção e implantação do sistema; ao processo de revitalização estabelecido após a implantação; à permanência das pessoas que fizeram parte do grupo contraparte na organização ou de sua influência política no processo decisório e/ou mudança; no grupo de direção da organização e da importância dada para a gestão de carreiras.

- **Pessoas abrangidas pelo sistema de gestão** – constatamos que a absorção do sistema de gestão pela organização não é uniforme. Nos sistemas que abrangem a organização como um todo, determinadas áreas ou atividades têm maior ou menor dificuldade para a absorção. Esse nível de dificuldade geralmente está ligado ao grau de pressão recebida pelos gestores para aprimorar a gestão de suas equipes. Desse modo, se a empresa enfrenta grande dificuldade com sua equipe de pesquisa e desenvolvimento, é provável que os gestores dessas pessoas estejam mais atentos e predispostos ao aprimoramento contínuo do sistema.
- **Cultura na gestão de pessoas existente na organização** – quando a organização já tem uma prática mais amadurecida na gestão de pessoas ou já efetuou revisões em aspectos da gestão tradicional de pessoas, tende a ter maior facilidade para absorção dos conceitos. Essas empresas têm sido mais pródigas em avanços na gestão de carreiras após a implantação de sistemas de gestão que utilizam seus conceitos.
- **Abrangência do sistema de gestão** – pode ser analisada em duas dimensões: 1) percentual das pessoas que têm relação de trabalho com a empresa; nesse caso, por exemplo, o sistema pode abranger somente pessoas em posição gerencial ou que desenvolvem atividades operacionais, e assim por diante; 2) a quantidade de processos abrangidos: por exemplo, o sistema pode contemplar somente a carreira atrelada aos processos de captação e desenvolvimento, e não os de remuneração, ou pode abranger todos os processos. Observamos mais avanços nas organizações que implementaram os sistemas mais abrangentes nos dois sentidos. Nosso pressuposto é de que, desde o início, essas organizações estão naturalmente mais comprometidas com os conceitos propostos pelo sistema.
- **Tipo ou setor de atividade da organização** – as organizações nas quais obtivemos mais avanços foram as mais comprometidas com as pessoas a longo prazo. Normalmente, elas têm baixo índice de rotatividade de pessoas e gestores, sistemas de gestão mais consolidados e maior valorização das pessoas em todos os aspectos. Alguns autores vinculam os avanços da gestão de carreiras à turbulência e ao nível de competitividade do tipo ou setor de atividade econômica no qual

a organização se insere (MILES; SNOW, 1978; SONNENFELD, 1989). Organizações situadas em setores mais dinâmicos são mais preocupadas com a gestão de carreiras, ao contrário das que estão em setores menos dinâmicos. A competitividade imposta pelo ambiente é um fator importante, mas insuficiente. Temos, como exemplo dessa percepção, os trabalhos realizados em organizações do setor de telecomunicações, nos quais obtivemos resultados muito variados em termos de absorção dos conceitos e continuidade. Trabalhos realizados em organizações de diferentes tipos e setores tiveram bons resultados quando a organização já dispunha de uma cultura de valorização das pessoas. Em alguns casos, a cultura de valorização era própria da atividade da organização, como nas empresas de tecnologia, ou estava ligada à sua gênese e desenvolvimento.

As organizações que têm avançado nos sistemas implantados mantêm maior aproximação para troca contínua de experiências e para a busca de interlocução. Elas nos têm mostrado algumas fragilidades do modelo e da metodologia utilizada. Inicialmente, vamos discutir as limitações do modelo e a necessidade de aprimoramento. A seguir, apresentaremos os principais aspectos observados.

Carreiras gerenciais

Estamos aperfeiçoando a caracterização dos níveis de complexidade das carreiras gerenciais, procurando adequá-las à realidade de nossas organizações e das tendências para o futuro. Temos usado como base os trabalhos de Jaques (1994), Dalton e Thompson (1993) e Charan, Drotter e Noel (2001) em nossas pesquisas e trabalhos de intervenção.

Outro aprimoramento está na caracterização das competências gerenciais. Ruas (2002), Ruas e Antonello (2003) e Antonello (2004) propõem como classificação das competências as *de gestão*, as *técnicas*, as *sociais* e as *de aprendizagem*. Para nós, as competências técnicas representam mais condições necessárias para a entrega do que a entrega em si. Por essa razão, temos trabalhado nos últimos projetos com a classificação apresentada na Figura 7.4.

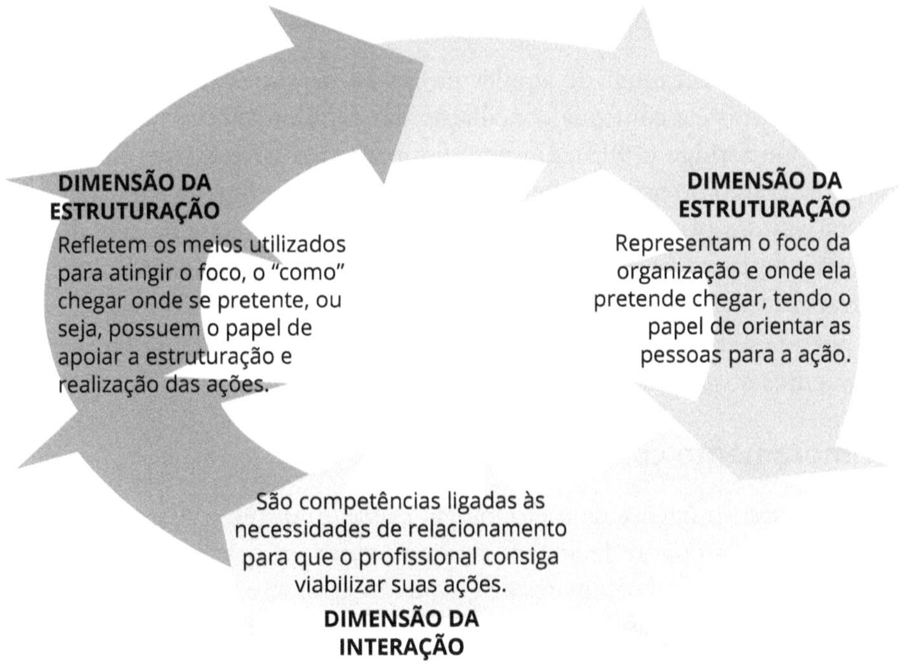

DIMENSÃO DA ESTRUTURAÇÃO
Refletem os meios utilizados para atingir o foco, o "como" chegar onde se pretente, ou seja, possuem o papel de apoiar a estruturação e realização das ações.

DIMENSÃO DA ESTRUTURAÇÃO
Representam o foco da organização e onde ela pretende chegar, tendo o papel de orientar as pessoas para a ação.

São competências ligadas às necessidades de relacionamento para que o profissional consiga viabilizar suas ações.
DIMENSÃO DA INTERAÇÃO

Figura 7.4 – Categoria de competências gerenciais

As categorias descritas na Figura 7.4 referem-se às dimensões de atuação do gestor e têm sido adequadas para melhorar o equilíbrio entre as entregas esperadas pela organização.

Mensuração do desenvolvimento na carreira

Outra limitação é a dificuldade das organizações para legitimar em seus processos de avaliação os parâmetros de complexidade. Por essa razão, nossa recomendação é estabelecer degraus de carreira em que a distinção entre cada um deles seja bem nítida. Desse modo, é mais simples definir em que degrau da carreira se encontra uma pessoa. Como normalmente essas definições estão atreladas às faixas salariais, é necessário criar critérios e indicadores da complexidade das atribuições e responsabilidades de forma objetiva e observável para mitigar a subjetividade e conferir ao sistema maior legitimidade.

Conciliação de expectativas entre pessoas e organização

Por fim, o calcanhar de aquiles na gestão de carreiras em organizações contemporâneas é a contínua conciliação das expectativas das pessoas e as da empresa. Gutteridge (1993), em pesquisa para analisar o estado da arte e da prática na gestão de carreiras, verificou que o principal desafio era conciliar as expectativas das pessoas com as da organização e a inadequação dos sistemas de gestão de carreiras nesse sentido. Essa situação persiste, ainda hoje, nas empresas brasileiras.

No que se refere às limitações metodológicas e aspectos a serem aprimorados, temos observado os apresentados a seguir.

Aprimoramento contínuo

Uma das limitações da metodologia é assegurar que o sistema, uma vez implantado, seja objeto de aprimoramento contínuo pela organização, conduzindo-a a diferentes patamares de gestão de carreiras e resultados tanto para a empresa quanto para as pessoas. A superação dessa limitação tem sido obtida com a maior proximidade dos grupos contrapartes e a transferência, para pessoas que assumem posições de gestão dentro das organizações, do aprendizado obtido com a concepção, implementação e revisão do sistema. Sentimos, porém, que nossas ações são tímidas diante da magnitude do problema e da demanda das empresas.

Absorção dos conceitos do sistema

Outra limitação importante é assegurar, dentro da metodologia proposta, a absorção dos conceitos de *trajetória de carreira*, *competência* e *complexidade* pelas organizações. Em nossos processos de intervenção, temos procurado desenvolver as etapas I, II e III de forma encadeada e com grande velocidade – o ritmo do processo é importante para manter os gestores envolvidos e aquecidos na concepção e implantação. Os processos são lúdicos e conseguem captar a atenção dos gestores, mesmo em situações de grande pressão. A prioridade dada aos processos de concepção de sistemas de gestão de carreiras se deve ao fato de equacionar questões que afligem intensamente os gestores na organização contemporânea. Esse tempo é estimado, em geral, entre 2 e 5 meses, variando de acordo com a abrangência do sistema a ser concebido e implantado. Nossa experiência mostra que o tempo de concepção tem relação inversa à efetividade do sistema, ou seja, quanto maior for o tempo para sua concepção e implantação, maiores serão as chances de insucesso. Essa relação invertida se explica pelo fato de os gestores estarem sempre envolvidos em muitos projetos e de seu senso de prioridade ser dado pelas pressões recebidas. De outro lado, nesse tempo exíguo, é necessário transferir os conceitos do sistema para os gestores.

Apropriação do sistema por todas as pessoas

Por fim, um aspecto que incomoda nossa equipe é o nível de apropriação do sistema pelas pessoas por ele abrangidas. Normalmente, no primeiro ano de funcionamento do novo sistema, ele é absorvido pelos gestores e, somente no segundo ano, pelas pessoas da organização, mesmo com as ações de treinamento e de informações bem estruturadas. O fenômeno se explica por aspectos culturais, como constatamos em diversos casos (DUTRA, 1997). Não conseguimos alterar o processo de concepção e implantação dos sistemas de gestão para dar resposta satisfatória a essa limitação. Por essa razão, continuamos a estudar o impacto de sistemas estruturados de gestão de carreiras no protagonismo das pessoas em relação ao seu desenvolvimento e na mobilidade das mesmas no interior das organizações e no mercado de trabalho.

Conclusão

Os processos de intervenção nas organizações para a adequação do sistema de gestão de carreiras têm papel importante em sua efetividade. Paralelamente ao desenvolvimento do modelo de gestão de pessoas, portanto, é necessário o aprimoramento metodológico para sua concepção e implantação.

Nos capítulos seguintes, procuraremos aprofundar essa análise. No Capítulo 8, apresentaremos a discussão das trajetórias paralelas, chamadas de Y, fazendo um contraponto entre a carreira gerencial e a carreira técnica. No Capítulo 9, apresentaremos detalhes do processo sucessório para compreendermos melhor os processos de decisão sobre a carreira e o desenvolvimento das pessoas.

8 | Carreiras paralelas: relação entre carreiras gerenciais e técnicas

Introdução

A progressão profissional tornou-se imperiosa para as pessoas, entretanto, há limitações nas organizações e no mercado de trabalho para essa progressão, que estão relacionadas à complexidade dos trabalhos exigidos pelas empresas. A partir dos anos 1990, as organizações brasileiras foram demandadas a competir em um ambiente globalizado, gerando a necessidade de modernização de suas plantas e uma produção com maior valor agregado. A complexidade das operações cresceu e aumentou a demanda por profissionais capazes de contribuir em uma realidade mais exigente.

O espaço para profissionais com maior especialização técnica ou funcional foi ampliado e surgiu a necessidade de se criar uma carreira para eles, um planejamento que pudesse contemplar uma carreira técnica ou funcional com a mesma valorização da carreira gerencial, chamada de *carreira paralela*. Como consequência, resgatou-se a discussão sobre esse tipo de carreira, que havia sido popular no Brasil no final da década de 1970, em meio ao "milagre econômico" e à postura ufanista de transformar o país em uma potência tecnológica.

A carreira paralela pode ser definida como a sequência de posições que uma pessoa pode assumir no interior de uma organização, orientada em duas direções, uma de natureza técnica e/ou funcional e outra de natureza gerencial, sendo garantido em ambas seu acesso aos maiores níveis de remuneração e de reconhecimento oferecidos pela empresa.

Notamos uma grande confusão, tanto das pessoas quanto das organizações, com relação à diferença entre *carreira paralela* (ou *carreira em Y*, como é mais popularmente conhecida) e *carreira complementar*. Cabe ressaltar que a carreira paralela é construída na perspectiva da empresa, que oferece as opções de trajetória gerencial ou trajetória técnica/funcional. De outro lado, a carreira complementar é constituída na perspectiva da pessoa, que pode assumir duas carreiras a um só tempo. Vejamos alguns exemplos: o profissional que durante o dia desenvolve o seu trabalho em determinada organização e atua como docente no período noturno, ou o profissional que, além de atuar na organização, resolve montar o próprio negócio, ao qual dedica um tempo marginal e que acompanha a distância. Nesses casos, a atuação do profissional na empresa constitui sua carreira principal e a sua atuação como docente ou como empresário é sua carreira complementar.

No caso de a pessoa ter uma carreira principal e uma ou mais carreiras complementares, é importante lembrar que é a carreira principal que lhe confere sua identidade profissional. No caso da carreira paralela na organização, a pessoa tem que efetuar uma opção pelo braço técnico/funcional ou pelo braço gerencial.

A carreira paralela é comumente chamada de *carreira em Y*. Isso ocorre em todo o mundo, porque dificilmente um profissional técnico ou funcional aceita a gestão de alguém que não venha da mesma base de formação. Desse modo, dificilmente veremos um médico, na função de médico em um hospital, subordinado a uma pessoa que não tenha a mesma formação, e assim por diante em todas as realidades organizacionais.

A carreira paralela tem sido pensada como a grande solução para conciliar as necessidades das organizações e das pessoas com alto grau de especialização. Em uma realidade que exige das pessoas a atuação em níveis de complexidade crescentes, a carreira paralela pode ser uma solução, mas observamos que muitas organizações têm optado por esse encaminhamento da gestão das carreiras de sua equipe técnica e funcional sem avaliar a adequação a sua realidade e os riscos envolvidos. Ao acompanharmos várias experiências com carreiras paralelas, verificamos que as decisões foram tomadas de modo impulsivo e, ao final, geraram problemas mais graves do que aqueles que se procurava solucionar. O objetivo deste capítulo é apresentar as vantagens das carreiras paralelas, além de quando e como empregá-las de forma a evitar problemas. Cabe alertar que, nesses casos, os problemas são percebidos muito tempo depois de as carreiras paralelas terem sido implantadas e, normalmente, estão ligados a perdas de competitividade da organização e à insatisfação dos profissionais por ela abrangidos.

Características das carreiras paralelas

As carreiras paralelas são uma forma mais abrangente e flexível de instrumentalizar a administração de carreiras. Nas décadas de 1970 e 1980, houve uma grande produção de estudos dedicados a esse tipo de carreira, gerando um farto material para discussão, mas a partir da década de 1990 a produção sobre o tema diminuiu.

No Brasil, as primeiras experiências de carreiras paralelas surgiram na década de 1970, nos institutos de pesquisa como o Instituto de Pesquisas Tecnológicas (IPT) e o Centro de Pesquisa e Desenvolvimento em Telecomunicações (CPqD), o qual foi criado em 1976 e está ligado ao sistema estatal de telecomunicações. Empresas brasileiras de base tecnológica dos setores de eletrônica profissional e química fina, ao longo da década de 1980, praticamente desapareceram com a queda no investimento em desenvolvimento tecnológico no país, ressurgindo na década de 1990, a partir da abertura da economia e de um ambiente econômico e político mais estável.

Para caracterizar esse quadro, a Associação Nacional de Pesquisa e Desenvolvimento das Empresas Industriais (ANPEI) realizou, em 1989, um estudo em que verificou que 38% das 58 empresas pesquisadas adotavam carreira paralela e 50% adotavam abordagens tradicionais; 12% não responderam. Esses números são baixos se considerarmos que a pesquisa se restringiu a profissionais técnicos e que as empresas participantes se caracterizavam como sendo de base tecnológica.

A partir da década de 1990, surgiu uma demanda importante das instituições financeiras brasileiras: estruturar carreiras paralelas para suas áreas de controladoria e tecnologia de informação; as empresas de química fina começaram a investir em tecnologia, os setores de pesquisa agropecuária passaram a demandar trabalhos nessa área. Na década de 2000, cresceu a demanda por trabalhos com profissionais técnicos e funcionais em quase todos os setores da economia. A discussão sobre a carreira paralela, que até então estava restrita a setores que atuavam em tecnologia de produto ou processo, se estendeu para outros setores industriais e de prestação de serviços.

A carreira paralela tem sido utilizada de diferentes maneiras, dependendo do estágio de amadurecimento das empresas e do grau de adaptabilidade de suas políticas e práticas na gestão de pessoas. Em todas as situações, há uma grande aceitação dos profissionais técnicos ou funcionais, por se oferecer a eles uma ampliação de seus horizontes profissionais, associada à agregação de maiores recompensas e símbolos de *status*. A carreira paralela oferece ao profissional técnico ou funcional uma alternativa à carreira gerencial. Desse modo, ele não necessita ocupar posições com as quais não tem nenhuma identidade. Isso representa um ganho importante para as organizações, que podem evitar a multiplicação desnecessária de posições gerenciais, além de possibilitar a adoção de estruturas enxutas e mais adequadas a suas necessidades.

No início dos anos 1990, pesquisamos (DUTRA, 1996) 25 empresas de base tecnológica na Grande São Paulo e pudemos verificar que 40% das pessoas com responsabilidade gerencial ou de supervisão eram profissionais técnicos que estavam travestidos de gerentes para ter acesso a maiores salários e benefícios. A carreira paralela, ao fixar parâmetros para o desenvolvimento do profissional técnico ou funcional, propicia maior objetividade nos investimentos que visam seu aperfeiçoamento e estabelece canais para a negociação de expectativas entre a pessoa e a empresa. Em nossa pesquisa, verificamos que as pessoas que estavam realizando trabalhos técnicos com o *status* de gerente viviam uma grande angústia: não sabiam se investiam em seu desenvolvimento como gerentes ou como profissionais técnicos e, o mais grave, a organização também não sabia como tratá-las.

A carreira paralela na organização contribui para a manutenção do profissional na carreira técnica, possibilitando à empresa sustentar um aumento de complexidade tecnológica em seus produtos e processos através da incorporação de novos conhecimentos. Nos anos 1990, observamos empresas de base tecnológica vivendo uma situação de empobrecimento de sua capacidade técnica e gerencial nas áreas de pesquisa e desenvolvimento. Esse fenômeno é comum quando o sistema induz os profissionais técnicos a almejarem posições gerenciais como única forma de ascensão e a não investirem adequadamente em seu desenvolvimento técnico. Como resultado, além de fragilizarem a capacidade técnica da empresa, quando esses profissionais assumem posições gerenciais não estão preparados para tal e nem sempre querem assumir essa identidade profissional. A carreira paralela permite, portanto, o direcionamento pela empresa do estímulo ao desenvolvimento e à ascensão profissional no sentido do aperfeiçoamento técnico ou gerencial, utilizando como referência as vocações e expectativas individuais, eliminando os riscos do rebaixamento dos níveis de atuação, tanto dos técnicos quanto dos gerentes.

As carreiras paralelas podem se apresentar de várias formas nas organizações: as totalmente paralelas, as carreiras em Y e as múltiplas. Nos Estados Unidos e no Brasil, a forma mais comumente encontrada é a carreira paralela em forma de Y, pelos seguintes motivos:

- tem uma base comum tanto para o braço técnico quanto para o gerencial, garantindo maior flexibilidade na alocação das pessoas nos dois braços da carreira;
- a base do Y tem característica técnica ou funcional, permitindo que o profissional técnico ou funcional, num estágio mais maduro de sua carreira, possa efetuar a opção pela carreira técnica ou gerencial;

- o formato Y para a carreira paralela dá legitimidade técnica ou funcional àqueles que ocupam posições gerenciais, facilitando o diálogo e sua aceitação como gerente junto daqueles que optaram pelo braço técnico ou funcional da carreira.

Vamos nos deter na análise das carreiras paralelas em forma de Y nas organizações, por ser a forma mais comumente utilizada. Para facilitar seu entendimento, vamos dividir o Y em três partes: *base*, *braço técnico* ou *funcional* e *braço gerencial*.

Características da base

- Sua natureza é técnica ou funcional, compreendendo o período de início da carreira do profissional na empresa até a sua opção pelo braço técnico ou funcional ou pelo braço gerencial.
- A extensão da carreira neste período varia de acordo com a estratégia da empresa para a gestão de pessoas ou do desenho organizacional adotado para as áreas onde estão alocados os profissionais técnicos ou funcionais.
- O número de posições existentes na base está vinculado às pressões de mercado sobre os profissionais ou à necessidade de sua compatibilização com os instrumentos de carreira adotados para as demais categorias profissionais existentes na empresa. Normalmente, encontramos as seguintes categorias: júnior, pleno e sênior. *Júnior* desenvolve projetos de baixa complexidade e com pouca autonomia; *sênior* desenvolve projetos de alta complexidade com grande autonomia.

Características do braço técnico ou funcional

- As posições existentes no braço técnico ou funcional devem guardar a mesma relação com a política de remuneração e benefícios que as do braço gerencial.
- As posições no braço técnico ou funcional não precisam ser necessariamente simétricas com as do braço gerencial.
- O braço técnico ou funcional deve oferecer o horizonte profissional necessário para estimular a permanência da pessoa na carreira técnica. Nas empresas de química fina, por exemplo, é comum observar que o limite do braço técnico tem equivalência ao nível de vice-presidente, ficando abaixo apenas da posição de CEO (*chief of executive officer*).

Características do braço gerencial

- As posições no braço gerencial devem ser compatíveis com a forma como os espaços organizacionais estão arrumados nas unidades onde estão alocados os profissionais técnicos. Temos observado que, nas empresas que adotam estruturas paralelas, há um enxugamento dos níveis decisórios, uma vez que a coordenação técnica fica no braço técnico ou funcional, cabendo aos gestores atuações no nível tático e/ou estratégico.
- As posições gerenciais da carreira paralela devem ser compatíveis com as demais posições gerenciais da empresa em termos de remuneração e benefícios.
- Os níveis de exigência, o horizonte profissional e os níveis de remuneração e benefícios devem estar tão bem definidos quanto para o braço técnico ou funcional, sob pena de os profissionais relutarem em optar pelo braço gerencial.

Embora as carreiras em Y sejam as mais comuns, nos últimos anos vem crescendo a incidência de carreiras com múltiplo paralelismo, ou seja, alinhadas à trajetória gerencial existem várias trajetórias técnicas ou funcionais. Esse crescimento é decorrente das vantagens apresentadas em relação às trajetórias tradicionais, descritas a seguir.

Vantagens para a empresa

- Permitir mais flexibilidade para compor e organizar várias trajetórias profissionais em uma única estrutura de carreira, tais como: técnica, de apoio logístico, administrativa.
- Abrir espaço para ascensão dos diferentes grupos profissionais da empresa. A importância desse aspecto para as organizações se deve ao aumento de sua complexidade técnica e organizacional, obrigando-as a abrir mais espaço para o crescimento profissional de especialistas de alto nível tanto em áreas técnicas como em áreas funcionais.
- Estimular a formação e manutenção de equipes multidisciplinares, na medida em que se permite às pessoas obter um alto nível de reconhecimento e remuneração, independentemente da trajetória profissional escolhida.

- Manter equidade entre as diferentes trajetórias de carreira, de forma que as pessoas em determinada trajetória não se sintam diminuídas em relação às demais – outro aspecto de grande importância, principalmente para as empresas que necessitam de trabalhos multidisciplinares de alto nível. Por meio dessa equidade é possível ter o concurso de pessoas com diferentes habilidades e especialidades, pois todas se sentem igualmente valorizadas pela empresa.

Vantagens para a pessoa

- Ampliar o leque de opções profissionais.
- Investir com segurança em sua trajetória de carreira.
- Ter opção de mudar sua trajetória de carreira a qualquer tempo.

As carreiras com múltiplo paralelismo têm como característica básica a existência de várias trajetórias ou eixos profissionais e, geralmente, de uma trajetória ou eixo gerencial, conforme exemplo apresentado na Tabela 8.1. Nas trajetórias profissionais podem ser estabelecidos os níveis de exigência de cada um dos degraus da carreira e os critérios de acesso a eles. Além disso, podem ser estabelecidos os critérios para a mudança de eixo de carreira, os quais podem ser: técnicos, administrativos ou funcionais, de suporte logístico, de apoio técnico etc. A trajetória gerencial estabelece os degraus de carreira e os critérios de acesso para as posições de chefia dentro de determinada carreira. O acesso à trajetória gerencial é facultado a todas as trajetórias profissionais, ou seja, não importa qual a trajetória da pessoa, ela tem como possibilidade profissional o acesso às posições mais elevadas da trajetória gerencial.

Tabela 8.1 – Exemplo de carreira com paralelismo múltiplo

Níveis	Eixos profissionais				Eixo gerencial
	Técnico em *software*	Técnico em *hardware*	Administrativo	Apoio	
F	Cientista sf Sr.	Cientista hd Sr.	*Partner* adm. Sr.	*Partner* de suporte Sr.	Diretor de Laboratório
E	Cientista sf Pl.	Cientista hd Pl.	*Partner* adm. Pl.	*Partner* de suporte Pl.	Gerente de Área ou de Projetos

(continua)

(continuação)

D	Cientista sf Jr.	Cientista hd Jr.	*Partner* adm. Jr.	*Partner* de suporte Jr.	Coordenador de Projetos
C	Pesquisador sf Sr.	Pesquisador hd Sr.	Analista adm. Sr.	Analista de suporte Sr.	-
B	Pesquisador sf Pl.	Pesquisador hd Pl.	Analista adm. Pl.	Analista de suporte Pl.	-
A	Pesquisador sf Jr.	Pesquisador hd Jr.	Analista adm. Jr.	Analista de suporte Jr.	-

Jr. = júnior; **Pl.** = pleno; **Sr.** = sênior; **adm.** = administrativo; **sf** = *software*; **hd** = *hardware*.

Recomenda-se, como veremos mais adiante, que o topo dos eixos profissionais esteja no mesmo nível de *status* do topo do eixo gerencial, para que esse tipo de carreira tenha legitimidade e valorize igualmente todas as trajetórias da carreira.

Um exemplo interessante é o apresentado por Lentz (1990) sobre a carreira paralela da Dow Corning. A carreira de múltiplo paralelismo surge, nessa empresa, como uma evolução da carreira em Y. A empresa fez essa opção pela carreira visando os seguintes resultados:

- ganhar mais flexibilidade;
- estimular a contínua adequação da estrutura de carreira às necessidades da empresa e dos profissionais técnicos e gerentes;
- oferecer condições concretas para o contínuo aperfeiçoamento profissional das pessoas abrangidas pela carreira.

A estrutura de carreira da Dow Corning pode ser visualizada na Tabela 8.2 e é composta de quatro trajetórias: *gerencial*, de pesquisa, de serviços técnicos e desenvolvimento e de engenharia de processos, divididas em oito níveis de complexidade. Há, para as quatro trajetórias, uma equivalência de valorização, o que permite maior permeabilidade entre elas.

As promoções dentro da carreira são recomendadas pelo diretor-geral de Pesquisa e Desenvolvimento e decididas por um comitê formado por três seniores dos eixos profissionais e dois gerentes seniores do eixo gerencial. Esse comitê, além de ter esse papel, responde pelo estabelecimento dos critérios de acesso aos níveis V, VI e VII da carreira. As promoções para o nível VIII são decididas pelo vice-presidente de Pesquisa e Desenvolvimento.

A estrutura de carreira da Dow Corning está assentada em três fundamentos:

- compromisso da alta administração com a transparência dos critérios de funcionamento do Sistema de Administração de Carreiras e do processo de decisões acerca de promoções;
- reconhecimento das habilidades individuais necessárias para a efetividade da área de Pesquisa e Desenvolvimento;
- representatividade dos profissionais técnicos e gerentes nos processos decisórios acerca do sistema.

Segundo Lentz (1990), esse sistema trouxe os seguintes benefícios para a organização:

- criação de critérios mais claros e transparentes para acesso a cada nível da estrutura;
- legitimidade do sistema junto aos profissionais técnicos, por participarem da fixação de critérios e dos processos decisórios;
- condições, na mecânica de funcionamento do sistema, para sua contínua adequação às necessidades da organização e das pessoas abrangidas por ele.

Tabela 8.2 – Estrutura da área de pesquisa e desenvolvimento da Dow Corning

Nível	Eixo gerencial	Eixos profissionais		
		Pesquisa	Serviço Técnico e Desenvolvimento	Engenharia de Processos
VIII	Vice-presidente de Pesquisa e Desenvolvimento	Cientista pesquisador sênior	Cientista de Desenvolvimento sênior	Cientista de Engenharia de Processos sênior
	Diretor-geral de Pesquisa e Desenvolvimento			
VII	Gerente	Cientista pesquisador	Cientista de Desenvolvimento	Cientista de Engenharia de Processos
VI	Gerente de seção	Cientista pesquisador associado	Cientista de Desenvolvimento associado	Analista de Engenharia de Processos associado

(continua)

(continuação)

V	Líder de equipe	Especialista em pesquisa sênior	Especialista em serviços técnicos e Desenvolvimento sênior	Especialista em Engenharia
IV		Especialista em pesquisa	Especialista em serviços técnicos e Desenvolvimento	Engenheiro de Projetos sênior
III		Projetista químico	Representante de Serviços Técnicos e Desenvolvimento	Engenheiro de Projetos
II		Projetista químico associado	Engenheiro de Serviços Técnicos e Desenvolvimento	Engenheiro de Desenvolvimento
I		Químico	Engenheiro	Engenheiro

Fonte: Adaptado pelo autor de Lentz (1990).

Limitações da carreira paralela e principais problemas apresentados

A carreira paralela não pode ser pensada como uma panaceia para todos os males da gestão de profissionais. Na verdade, é um instrumental que, para alcançar seus objetivos, necessita adequar-se ao contexto em que se insere. Desse modo, mais importante do que o instrumento é o conjunto de políticas e diretrizes que lhe dão suporte. Embora isso seja senso comum e possa ser aplicado a qualquer instrumento de gestão de pessoas, acreditamos que seja importante enfatizar erros comuns e problemas enfrentados pelas empresas. Em nossas experiências e nos casos analisados por outros grupos de pesquisa, são relatados erros cometidos tanto no processo de concepção e implantação da carreira paralela quanto em seu processo de consolidação. Com base nessas experiências, podemos listar como básicos para o sucesso de uma carreira paralela os seguintes elementos:

- deve haver uma equidade rigorosa entre os braços técnico ou funcional e o braço gerencial tanto nas carreiras em Y quanto entre as diversas trajetórias, nas carreiras com paralelismo múltiplo, de forma a que não se instale sentimento de perda em nenhum dos lados;

- a equivalência do braço técnico ou das diversas trajetórias profissionais deve ir até o mais alto nível da carreira gerencial da unidade a que pertencem os profissionais. Essa característica é fundamental para que o profissional vislumbre um horizonte bem largo de desenvolvimento técnico ou funcional;
- os critérios de ascensão devem ser bem definidos em todas as trajetórias da carreira paralela, ser transparentes e apresentar equidade entre si. Somente desse modo não haverá sentimento de injustiça e não se criarão ressentimentos;
- nos momentos de opção pela carreira gerencial ou pela carreira técnica ou funcional, os profissionais devem receber de suas lideranças e da empresa todas as informações e a ajuda necessária no processo;
- as várias trajetórias da carreira paralela devem apresentar critérios de permeabilidade bem claros, de tal forma que não sejam criados ressentimentos quando houver troca de profissionais de uma trajetória para outra;
- por fim, um dos principais cuidados para o bom funcionamento da carreira paralela é a garantia de liberdade para que os profissionais que estão nas trajetórias profissionais escolham seus próprios projetos, embora resida aqui um grande dilema: liberdade para escolha *versus* relevância do projeto para os objetivos e estratégias organizacionais. O descuido com esse aspecto leva a uma grande ascendência dos gestores sobre as pessoas que estão nas trajetórias profissionais, desqualificando-as e retirando toda a legitimidade dessas trajetórias.

Um dos problemas mais sérios na concepção da carreira paralela, desde a década de 1970 até os dias atuais, é o de não se oferecer espaço político aos profissionais dos braços técnicos ou funcionais. O espaço político torna esses profissionais cidadãos organizacionais, mas, infelizmente, na quase totalidade das empresas brasileiras onde foi implantada a carreira paralela as pessoas que optam pelas trajetórias técnicas ou funcionais são tratadas como cidadãos de segunda classe, sem acesso às discussões técnicas de seu interesse, não participam de sua alocação a projetos ou trabalhos técnicos e são marginalizadas das discussões sobre o negócio e as estratégias organizacionais. Esse fato faz com que os profissionais, em determinado momento de seu desenvolvimento, percebam que a única forma de ter voz na organização é assumir posições gerenciais.

Smith e Szabo (1977) relatam que, no caso da Union Carbide, embora houvesse o mesmo nível de remuneração e facilidades/serviços (espaço, serviços de secretaria, estacionamento diferenciado etc.) entre os dois braços da carreira, os profissionais técnicos sentiam grande atração pelas posições gerenciais, o que não estava fundamentado em fatos objetivos, uma vez que:

- havia mais tempo para que os profissionais do braço técnico pudessem interagir com colegas pesquisadores e participar de encontros;
- as promoções no interior da carreira técnica eram anunciadas nos jornais locais e nas publicações da corporação;
- na crise de 1968 a 1971, muitos gerentes foram transferidos para o braço técnico, com redução de um ou dois degraus em relação a sua equivalência no braço gerencial;
- nessa mesma crise, os profissionais no braço técnico não foram afetados pelas demissões e demoções ocorridas na corporação;
- havia liberdade para que os profissionais escolhessem seus projetos.

Isso demonstra quão difícil é libertar-se das pressões que a sociedade e as estruturas tradicionais impõem ao indivíduo e suas perspectivas de carreira. Esse é, sem dúvida, o maior problema para a consolidação das carreiras paralelas e para o qual deve haver uma grande vigilância dos gestores. A forma mais eficiente para se evitar esse problema é garantir as seguintes práticas:

- o desenvolvimento de critérios e parâmetros para o funcionamento da carreira, com amplo envolvimento de todos os profissionais e gestores abrangidos pelo instrumento;
- uma constante preocupação com a transparência desses critérios e parâmetros.

Segundo Meisel (1977), o que cria maior ressentimento nos profissionais é o braço técnico ser enxergado pela organização como um depósito de gerentes que não deram certo. Geralmente, acham justo que um profissional migre do braço técnico para o gerencial e retorne, caso não obtenha sucesso, mas não acham justo que alguém que tenha se desenvolvido no braço gerencial seja transferido para o braço técnico sem ter realizado trabalhos na área científica ou sem ter como equiparar-se, em termos de contribuições técnicas, a seus colegas do braço técnico. Esse aspecto levantado por Meisel é da maior relevância, por ser muito comum um grande desrespeito aos profissionais que optam pelo braço técnico, os quais são apontados pela empresa como "os gerentes que não deram certo". Podemos afirmar que muitas empresas pensaram em carreiras paralelas para abrigar aqueles técnicos brilhantes sem condições para assumir posições gerenciais. Empresas com essa postura não tiveram sucesso com o instrumental de carreiras paralelas, pois este portava o defeito congênito de subvalorizar, *a priori*, os profissionais técnicos ou funcionais. Essas empresas jamais perceberam seu próprio erro, atribuindo-o a uma série de fatores ou a pessoas, até retornarem aos instrumentos tradicionais de gestão.

As melhores práticas observadas conseguiram definir com muita nitidez o papel do gestor e dos profissionais técnicos ou funcionais mais especializados. Nesses casos, cabe aos profissionais mais especializados o papel de orientar o desenvolvimento técnico ou funcional de todos os profissionais da estrutura, bem como participar da elaboração dos critérios para contratação, valorização e promoção dos profissionais técnicos ou funcionais; cabe, ainda, a esses profissionais indicar pessoas para treinamento, aumentos salariais ou demissão. Esses profissionais são os responsáveis pela excelência técnica e tecnológica da empresa, e nesse papel participam das discussões sobre o direcionamento estratégico da empresa em termos tecnológicos e de relacionamento com a comunidade científica. Aos gestores cabe o papel de aprovar as recomendações dos profissionais mais especializados ou de negociar essas recomendações com a organização. Cabe aos gestores, também, a condução da área dentro das políticas e diretrizes estratégicas estabelecidas pela organização e atuar na arena política, negociando recursos e condições objetivas para a consecução dos objetivos de sua área de atuação.

As práticas dessas empresas resultam em um grande comprometimento dos profissionais técnicos e funcionais com os objetivos estratégicos. Esse comprometimento é importante porque, muitas vezes, esses profissionais circulam junto a grupos formadores de opinião e geradores de conhecimentos essenciais em razão de seu prestígio pessoal, e não por pertencerem a tal organização. Essa rede de relacionamento oferece uma percepção muito particular de tendências e do que é valorizado, e será levada para a empresa somente se esse profissional for um cidadão organizacional.

O risco de não usar a carreira paralela quando necessário

Outro ângulo de análise é a organização não perceber a necessidade da carreira paralela em suas operações. Verificamos essa ocorrência em organizações industriais que, nos últimos anos, incorporaram tecnologia de processos mais sofisticada ou passaram a investir em tecnologia para desenvolvimento de produtos e/ou serviços, assim como em organizações públicas que se sentiam limitadas para criar carreiras paralelas.

Nesses casos, quando surge uma posição gerencial, a pessoa escolhida para ocupá-la é o profissional técnico reconhecido por seus superiores e por seus pares como mais qualificado. É claro que não poderia ser diferente, porque as pessoas enxergam a posição gerencial como o próximo passo na carreira. As organizações e as pessoas não têm clareza de que se trata de um trabalho de natureza completamente diferente.

Embora a pessoa escolhida seja um bom técnico, pode não ter as condições para encarar a arena política e as pressões advindas da posição, como já discutimos em capítulos anteriores. Nesse caso, o superior imediato dessa pessoa assume o espaço de gestão que ela não consegue ocupar e continua demandando respostas na área técnica. As consequências desse quadro, muito comum em nossas organizações, são as seguintes:

- A pessoa que assume a posição de gerente de fato não o é integralmente e seu tempo fica dividido entre as demandas técnicas mais complexas e as atividades burocráticas da posição gerencial. Os embates políticos mais exigentes são assumidos pelo seu superior hierárquico, que, se for um gestor estratégico, passará a atuar no nível tático.
- A pessoa nessa situação, embora confortável porque tem salário e *status* de gerente e continua fazendo o que gosta, não se desenvolve nem como gerente, porque seu superior ocupa esse espaço, nem como técnico, porque não tem tempo para isso e porque faz mais sentido investir em um curso de gestão do que em um curso de aperfeiçoamento técnico.
- Ao longo do tempo, a organização tem um gerente que não ocupa esse espaço e, portanto, oferece resultados limitados em termos de liderança e gestão e, ao mesmo tempo, é uma pessoa que não se atualizou tecnicamente e tem dificuldades de trazer para sua equipe um técnico que venha a competir consigo.
- A organização terá, ao final, gerentes estratégicos realizando trabalhos de nível tático, assim como gerentes táticos nas áreas técnicas com grandes deficiências em termos de gestão e conservadora em termos técnicos e tecnológicos.

Esse é um quadro assustador, mas raramente percebido. As pessoas e a organização se acomodam em uma situação que parece não ter solução e que, portanto, é encarada como algo natural. Nessa situação, a carreira paralela poderia ajudar a criar papéis mais bem definidos para as trajetórias técnicas e gerenciais e haveria condições de trazer para a trajetória gerencial pessoas vocacionadas para tal.

Conclusão

Neste capítulo, procuramos dar ênfase ao estudo da estrutura de carreira. Centramo-nos no estudo das carreiras paralelas por representarem a configuração instrumental, de um lado, mais próxima das necessidades da administração de carreiras compartilhadas entre a pessoa e a empresa e, de outro, que apresentam condições para sustentar um processo de migração de sistemas de administração de carreiras tradicionais para sistemas avançados.

As carreiras paralelas oferecem muitos recursos para a estruturação da relação entre pessoas e organização, mas, ao mesmo tempo, são uma forma de gestão mais sofisticada e que exige uma contínua atenção das lideranças e da organização para o seu funcionamento e um contínuo diálogo com os profissionais abrangidos.

9 | Processo sucessório em carreiras gerenciais e técnicas

Introdução

No final dos anos 1990, a discussão do processo sucessório estruturado e do desenvolvimento da liderança era classificada por meus colegas e por mim como estudos avançados de gestão de pessoas. Falávamos de preocupações e práticas raramente encontradas entre nossas organizações. Essas questões ganharam, entretanto, uma grande impulsão ao longo da primeira década dos anos 2000.

Em 2010, quando realizamos a primeira pesquisa sobre o processo sucessório nas principais organizações brasileiras, ficamos surpresos: 115 empresas entre as 150 melhores para se trabalhar tinham processos sucessórios estruturados e 82% desses processos em um nível avançado de maturidade (OHTSUKI, 2012). Os trabalhos realizados por Marisa Eboli (1999, 2004 e 2010) apontaram o desenvolvimento da liderança como uma questão crítica na estruturação dos processos de educação corporativa.

Ao analisarmos as experiências sobre as bases em que foram assentados os processos sucessórios e os programas de desenvolvimento de lideranças, vemos a importância do conceito de *competência* como o alicerce que os sustenta. Quando discutimos a contribuição da competência para a reflexão sobre como pensar uma gestão de pessoas voltada para o futuro da organização, um ponto de observação privilegiado é analisarmos como as organizações estão escolhendo e preparando suas futuras lideranças, que critérios são utilizados para escolher e preparar as pessoas que vão construir a empresa do amanhã.

Desde o final da primeira década dos anos 2000, temos acompanhado processos sucessórios em carreiras técnicas e funcionais. A lógica do processo de identificação e preparação de sucessores nessas trajetórias é muito diversa da lógica nas trajetórias gerenciais.

Este capítulo será dedicado à apresentação das práticas na estruturação dos processos sucessórios e dos critérios utilizados no processo decisório, bem como dos elementos norteadores do desenvolvimento da liderança no Brasil. Desde o final dos anos 1990, acompanhamos essas práticas e constatamos seu amadurecimento em nossas organizações.

Dedicaremos este capítulo, também, à discussão do processo sucessório nas trajetórias técnicas e funcionais, algo ainda incipiente em nossas organizações, mas que tem possibilitado para todos nós um grande aprendizado sobre a movimentação desses profissionais em suas trajetórias.

Bases do processo sucessório

A sucessão é um processo que está sempre presente nas organizações, mas somente nos últimos anos vem sendo estruturado. No trabalho desenvolvido por Ohtsuki (2012), são apontadas três abordagens para compreender como se deu a evolução da reflexão sobre a sucessão:

- **Planejamento de reposição** – um dos primeiros estágios da estruturação do processo sucessório nas organizações é o planejamento de reposição, em que os executivos seniores identificam, entre seus reportes diretos e indiretos, seus sucessores, sem que sejam consideradas as necessidades do negócio ou dos indivíduos. A abordagem centrada na reposição tem como premissas a baixa competitividade do ambiente de negócios; a estabilidade da estrutura organizacional e dos processos internos; a fidelidade do empregado ao empregador em troca de segurança no emprego e a obediência dos empregados às determinações de carreira da organização (LEIBMAN; BRUER; MAKI, 1996; WALKER, 1998).
- **Planejamento sucessório com ênfase no desenvolvimento** – considera a avaliação de pessoas, o coração e o desenvolvimento a espinha dorsal desse movimento, porque, além de tornarem a escolha dos candidatos mais objetiva e transparente, permitem conhecer as necessidades de desenvolvimento dos indivíduos, propor ações que possam atender a essas necessidades e integrar os processos de planejamento sucessório e de desenvolvimento de liderança. As necessidades de desenvolvimento e as ações para atendê-las são igualmente orientadas pelo mesmo conceito. As pessoas são desenvolvidas para atuar numa posição específica, com ênfase nos aspectos técnicos do trabalho (METZ, 1998).

- **Planejamento sucessório com ênfase nas necessidades estratégicas do negócio** – para a maioria dos autores estudados, o planejamento sucessório deve ser abordado como um conjunto de normas e procedimentos claros e objetivos que leve em conta as necessidades estratégicas do negócio e, ao mesmo tempo, integre práticas de gestão de pessoas, formando um sistema de gestão sucessória em vez de apenas gerar um plano, como é o caso das abordagens anteriores (DUTRA, 2010; LEIBMAN; BRUER; MAKI, 1996; MABEY; ILES, 1992; METZ, 1998; RHODES; WALKER, 1987; ROTHWELL, 2010; TAYLOR; MCGRAW, 2004; WALKER, 1998). Nesse enfoque, a abrangência do processo sucessório é determinada pelo nível de importância crítica das posições. São consideradas posições críticas todas as posições de gestão ou técnicas que, se mantidas vagas, poderiam inviabilizar a realização da estratégia do negócio (ROTHWELL, 2010).

Ohtsuki (2012) construiu uma comparação entre essas três abordagens apresentada no Quadro 9.1.

Quadro 9.1 – Comparativo das abordagens sobre sucessão

Estruturação do processo sucessório	Abordagem		
	Reposição	Desenvolvimento	Alinhamento com negócio
Premissa	Estabilidade	Estabilidade	Mudança
Objetivo	Identificar *back-ups*	Desenvolver indivíduos para posições específicas	Desenvolver *pool* de talentos
Posições consideradas	Posições executivas seniores	Todas as posições de liderança	Posições críticas
Critérios de escolha dos candidatos	Informais e subjetivos	Descrição do cargo	Competências estratégicas
Desenvolvimento	Não há preocupação	Para o cargo	Para agregar valor para o negócio
Processo	Rígido e pontual	Rígido e pontual	Flexível e dinâmico
Comunicação	Confidencial	Controlada	Ampla

Fonte: Ohtsuki (2012), com base em Dutra (2010), Friedman (1986), Groves (2007), Hall (1986), Leibman, Bruer e Maki (1996), Metz (1998) e Rothwell (2010).

Observamos, pelo relato das experiências ocorridas nos Estados Unidos e das experiências acompanhadas no Brasil, que a preocupação com a estruturação do processo sucessório ocorre com a profissionalização de grandes grupos organizacionais. O CEO nos Estados Unidos e o presidente no Brasil tornam-se o elo entre o Conselho de Administração, normalmente composto por representantes dos acionistas e profissionais especializados, e o corpo de executivos. A extrema importância desse elo no diálogo do Conselho com a organização despertou a preocupação com a sua sucessão. No Brasil, mais de 80% dos processos sucessórios estruturados surgiram por demanda do Conselho de Administração.

A preocupação com a sucessão para posições críticas sempre esteve presente nas organizações, mas na maioria delas é administrada de forma intuitiva e a portas fechadas. A estruturação do processo sucessório ganha importância em um ambiente mais competitivo, e as organizações tomam consciência de que não podem colocar o negócio ou a estratégia em risco por falta de pessoas preparadas para assumir posições de liderança ou técnicas.

No acompanhamento de vários processos ocorridos no Brasil, tanto em empresas de capital nacional quanto de capital internacional, verificamos que as organizações caminharam, de forma natural, para a divisão da sucessão em duas partes, como se fossem dois processos dialogando continuamente. Um deles trata do mapa sucessório e o outro trata do desenvolvimento das pessoas capazes de assumir posições de maior nível de complexidade. O mapa sucessório é um exercício estratégico e visa avaliar qual a capacidade da organização de repor pessoas em posições críticas para o negócio. Esse processo é confidencial por gerar um conjunto de informações e posicionamentos voláteis. Um exemplo é quando verifico que tenho três pessoas prontas para determinada posição e consigo estabelecer uma ordenação dessas pessoas de acordo com seu nível de adequação, mas no momento de efetivar a sucessão percebo que, por causa de mudanças no contexto, os critérios que foram utilizados no mapa sucessório devem ser alterados. Por isso, as informações do mapa sucessório não devem ser divulgadas, pois podem gerar expectativas irreais.

Ao lado do mapa sucessório, são fundamentais o contínuo estímulo, o suporte e o monitoramento do desenvolvimento das pessoas. O foco do desenvolvimento não é o aumento da eficiência das pessoas em suas posições, mas sim sua preparação para posições de maior complexidade. Esse processo deve ser claro e transparente – é muito importante construir uma cumplicidade entre a pessoa e a organização no processo de desenvolvimento. Para isso, a pessoa deve saber para o que está sendo preparada. Nesse caso, a informação a ser transmitida para a pessoa não é a de que ela está sendo preparada para a posição X ou Y, mas de que está sendo preparada para uma posição de maior nível de complexidade, a qual será definida conforme as necessidades da organização que o futuro vai determinar.

A seguir, vamos descrever esses dois processos, como evoluíram e o estado da arte.

Mapa sucessório

O mapa sucessório é um exercício estratégico para verificar:

- quais são as pessoas em condições para assumir atribuições e responsabilidades em níveis de maior complexidade;
- a capacidade da organização de desenvolver pessoas para assumir posições mais exigentes;
- apontar as principais fragilidades na sucessão para posições críticas para a sobrevivência ou o desenvolvimento da organização.

A base para a construção do mapa sucessório é a clareza da organização sobre quais são as competências exigidas e os critérios de valorização das futuras lideranças (ROTHWELL, 2005a), do contrário o processo poderá conduzir à reprodução do *status quo*. Podemos exemplificar isso da seguinte forma: se a organização valoriza lideranças que alcancem resultados, desprezando os meios utilizados por elas para sua obtenção, pode continuar a privilegiar a escolha de futuras lideranças com o mesmo perfil, fazendo com que a organização esteja sempre voltada para o "aqui e agora" e sacrificando seu amanhã.

Nos casos que pude acompanhar pessoalmente, as reuniões realizadas para efetuar a indicação de futuros sucessores foram pautadas por discussões estratégicas sobre a organização e o futuro dos negócios, pelo fato de as competências e critérios estarem preestabelecidos.

A discussão sobre o mapa sucessório deve ser, idealmente, um processo colegiado. Esse colegiado é normalmente chamado de *comitê de sucessão*, constituído pelos níveis responsáveis pelas posições sobre as quais vai se discutir: a indicação de sucessores para diretores da organização deve ser realizada entre o presidente e os diretores; a sucessão do presidente deve ser definida entre o conselho de administração ou acionistas e o presidente. Para ilustrar a composição do comitê de sucessão, a Figura 9.1 apresenta o exemplo de umas das organizações pesquisadas.

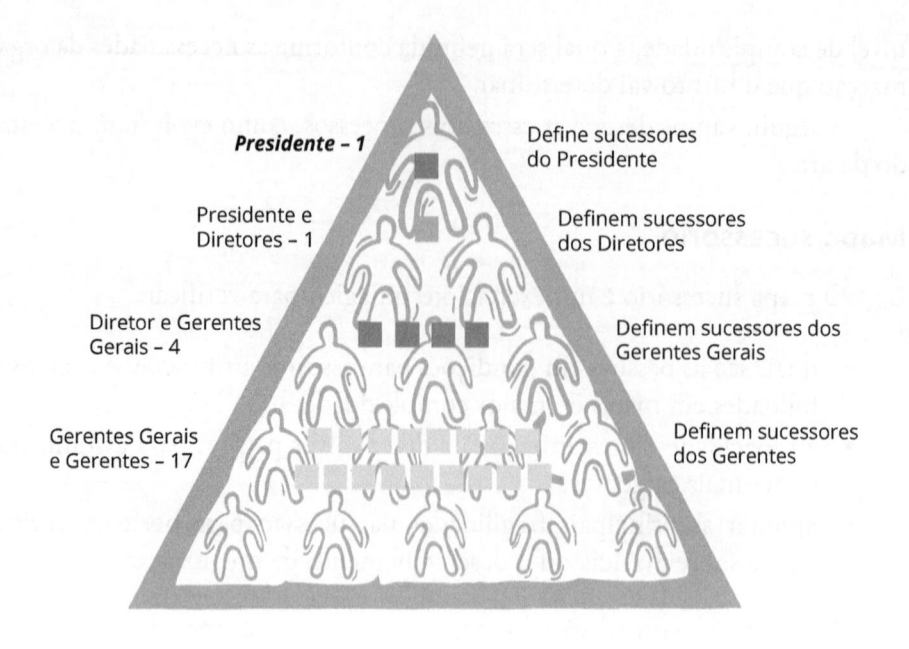

Figura 9.1 – Exemplo de formação de comitês de sucessão

Presidente – 1 — Define sucessores do Presidente
Presidente e Diretores – 1 — Definem sucessores dos Diretores
Diretor e Gerentes Gerais – 4 — Definem sucessores dos Gerentes Gerais
Gerentes Gerais e Gerentes – 17 — Definem sucessores dos Gerentes

Fonte: Figura desenvolvida pela equipe de consultoria da Growth.

Para a reunião, devem ser levadas informações detalhadas sobre todas as pessoas cogitadas como eventuais sucessores. Durante a discussão sobre os eventuais sucessores, emergem informações fundamentais para orientar o desenvolvimento das pessoas que estão sendo cogitadas como sucessores.

A construção do mapa sucessório deve ser um ritual exercitado periodicamente. Recomenda-se que sejam estabelecidos intervalos nunca superiores a um ano em que sejam repassadas as pessoas capazes e em condições de serem preparadas para as posições críticas da organização ou negócio. Esse ritual é composto de várias etapas, que podem variar de acordo com a cultura e o desenho organizacional. A seguir, descreveremos as etapas típicas dos processos pesquisados no Brasil:

- **Etapa 1** – processo de avaliação de todas as pessoas consideradas aptas ou em condições de serem preparadas para ocupar posições críticas dentro da organização ou negócio. A indicação dessas pessoas pode ser efetuada em reuniões gerenciais, pelos gestores individualmente, ou através de sistemas institucionalizados de avaliação, os quais, geralmente, abrangem todas as pessoas da empresa.

- **Etapa 2** – indicação inicial de pessoas cogitadas para o processo sucessório a partir dos resultados dos processos de avaliação. Pode ser efetuada a partir dos resultados da avaliação, entre os quais o coordenador do processo sucessório estabelece critérios de corte, ou em reuniões gerenciais, nas quais são indicadas pessoas que serão submetidas a uma análise dos comitês de sucessão.
- **Etapa 3** – reunião dos comitês de sucessão. A constituição dos comitês normalmente é estabelecida por áreas de afinidade, envolvendo um número ideal de 7 a 9 pessoas. Participam os gestores que vão avaliar pessoas capazes de assumir posições equivalentes às suas na organização e os superiores hierárquicos desses gestores. O ritual estabelecido nesses comitês é uma discussão prévia dos critérios a serem utilizados para avaliar as pessoas indicadas para sucessão, e os critérios passam normalmente pelos seguintes aspectos:

    - nível de desenvolvimento da pessoa, ou seja, o quanto está pronta para assumir responsabilidades e atribuições de maior complexidade;
    - consistência da *performance* ao longo do tempo, ou seja, se a pessoa atingiu de forma consistente os objetivos negociados com a organização;
    - comportamento adequado, ou seja, se a pessoa apresentou um relacionamento interpessoal, uma atitude diante do trabalho e um nível de adesão aos valores da organização dentro de padrões adequados na opinião dos avaliadores;
    - potencial para assumir novos desafios, geralmente analisado a partir de velocidade de aprendizado, comportamento diante de desafios, inovações apresentadas em seu trabalho;
    - aspectos pessoais, tais como idade, disponibilidade para mobilidade geográfica, conhecimentos específicos etc.;
    - nível de prontidão para assumir uma posição de maior complexidade. Em geral, se avalia se a pessoa pode assumir imediatamente – nesse caso, ela está pronta – ou se ela deve ser preparada para assumir futuramente – nesse caso, procura-se avaliar em quanto tempo ela estará pronta.

Nesta etapa, os avaliadores discutem a inclusão de pessoas na análise que não haviam sido pensadas previamente e, se for o caso, pessoas que foram indicadas e devem ser excluídas por apresentarem características ou por estarem vivendo situações que a impediriam de serem cogitadas ou preparadas para o processo sucessório. Após essas ações preliminares, as pessoas devem ser avaliadas uma a uma e o resultado final dos trabalhos do comitê deve ser:

- indicação de pessoas para o processo sucessório;
- avaliação de cada possível sucessor quanto ao seu nível de preparo para assumir responsabilidades e atribuições de maior complexidade;
- indicação de uma ordem de prioridade das posições a serem ocupadas pelos sucessores escolhidos;
- recomendação de ações de desenvolvimento e acompanhamento para cada um dos sucessores escolhidos;
- estabelecimento de indicadores de sucesso no desenvolvimento de cada um dos sucessores escolhidos;
- avaliação de aspectos que possam vir a restringir o desenvolvimento dos sucessores escolhidos e as ações para minimizar ou eliminar esses aspectos.

- **Etapa 4** – a validação do mapa sucessório será sempre efetuada em pelo menos um nível acima dos gestores que participaram do comitê de sucessão. Isso é importante para que seja construído o suporte político para o processo de escolha dos sucessores. A validação dos mapas sucessórios é efetuada de forma concomitante com a sua consolidação. A consolidação, por sua vez, deve abranger a organização como um todo e possibilitar que a alta direção visualize as situações críticas, tais como: posições em que não há sucessores internos, níveis de comando em que não há sucessores ou, ainda, uma quantidade muito reduzida de sucessores frente às necessidades da organização ou negócio. Essas informações permitirão uma reflexão estratégica sobre a gestão de pessoas, tais como: aceleração do desenvolvimento, alteração dos critérios de contratação, preparação das lideranças para desenvolvimento de sucessores, mapeamento no mercado de trabalho de pessoas para as posições-chave sem sucessores internos.
- **Etapa 5** – O mapa sucessório deve ser um instrumento indicativo para a efetivação da sucessão. No momento em que um processo de sucessão for iniciado, devem ser ponderadas a especificidade da situação e a indicação da melhor pessoa para aquela posição – e nem sempre é a pessoa que está em primeiro lugar na ordem de prioridade no mapa

sucessório. Nesse sentido, o mapa sucessório é fugaz, serve de exercício para estabelecer a ação sobre as pessoas, prepará-las para a sucessão e construir uma visão das fragilidades da organização em relação a pessoas internas capazes de dar continuidade a programas, estratégias e negócios.

- **Etapa 6** – um dos principais resultados do exercício dos comitês de sucessão é a indicação de ações de desenvolvimento para cada um dos sucessores escolhidos. Durante o processo de avaliação, surgem considerações e informações importantes para orientar a construção de um programa de desenvolvimento individual para os sucessores. É importante que haja uma sistematização dessas informações e fique a cargo da chefia imediata da pessoa o suporte para a realização do programa de desenvolvimento. Algumas organizações instituem responsáveis por programas de desenvolvimento e acompanhamento do desenvolvimento dos sucessores. Em quase 50% das organizações pesquisadas, a coordenação do processo sucessório e a gestão das ações de desenvolvimento estão sob a responsabilidade da unidade responsável pela educação corporativa.

A seguir, apresentaremos a Figura 9.2, em que essas etapas são mostradas. Recomenda-se que haja um processo contínuo e que tais etapas estejam amarradas a uma agenda anual, na qual cada uma delas ocorra em determinado período do ano. Dessa forma, o ritual proposto para a construção do mapa sucessório será absorvido pela organização com naturalidade.

Figura 9.2 – Etapas para a construção do mapa sucessório

Para a construção do mapa sucessório, temos observado um bom resultado quando os membros do comitê de sucessão fazem uma avaliação prévia das pessoas indicadas, particularmente em relação aos aspectos comportamentais, como o exemplo citado no Capítulo 6, no tópico em que tratamos de avaliação de potencial.

No mapa sucessório, para cada posição-chave da organização, podem ser indicadas as seguintes informações:

- **Pessoas consideradas aptas ou em condições de serem preparadas** – são organizadas em prioridade pelo nível de preparo ou pelo perfil para a posição. Normalmente, são associadas a cada pessoa indicada para a posição as seguintes informações: idade, tempo na posição atual, formação, idiomas, disponibilidade para movimentação geográfica, nível de desenvolvimento, *performance*, adequação comportamental, avaliação do comitê quanto ao potencial e nível de prontidão, recomendações advindas de avaliação externa, histórico na organização, aspirações profissionais e pessoais, programa de desenvolvimento individual contratado entre a pessoa e a organização.
- **Situação da posição** – normalmente, são associadas a cada posição-chave as seguintes informações: nível de importância estratégica da posição para o momento da organização, quantidade e qualidade das pessoas indicadas para a posição, disponibilidade de pessoas externas para ocupar a posição, possibilidade de desdobramento da posição em duas ou mais posições e, nesse caso, possíveis ocupantes para as posições desdobradas.
- **Projeção da demanda** – por posições em casos de expansão da organização ou negócio, de forma orgânica ou por aquisição. Nesse caso são considerados, normalmente, os seguintes aspectos: quadro projetado por negócio, função e local; análise das principais lacunas e ações preventivas; avaliação dos riscos e impactos da falta de pessoas para suportar a expansão, particularmente quando envolve processos de internacionalização; avaliação de fontes de suprimento alternativas.

O mapa sucessório servirá de guia para a tomada de decisões e, no caso de situações inesperadas, permitirá maior velocidade na formação de consenso e posicionamento.

Programas de desenvolvimento

Enquanto o mapa sucessório é algo confidencial e deve ser tratado com grande reserva, os programas de desenvolvimento devem ser negociados e bem transparentes. É fundamental construir com as pessoas uma cumplicidade em relação ao seu desenvolvimento, pois somente dessa forma haverá comprometimento delas em relação ao processo. O que temos visto nas organizações é a proposta de desenvolver todas as pessoas que se mostrarem em condições e dispostas a fazê-lo, independentemente de estarem ou não no mapa sucessório. Essa postura tem se mostrado efetiva pelas seguintes razões:

- a organização está preparando pessoas que não estão no mapa sucessório no momento, mas poderão estar no futuro;
- criam-se condições concretas de desenvolvimento. De acordo com nossas pesquisas, esse aspecto é muito valorizado pelas pessoas;
- constrói-se uma cultura de desenvolvimento das pessoas que se reflete em uma cultura de desenvolvimento da organização;
- a organização prepara-se para o seu futuro e assume uma postura proativa em sua relação com o contexto onde se insere.

Observamos que as organizações que estruturaram seus processos sucessórios passaram a assumir um posicionamento mais proativo no preparo das pessoas, estimulando-as a assumirem atribuições e responsabilidades de complexidade crescente e, ao mesmo tempo, trabalhando as lideranças para oferecerem as condições concretas para que isso ocorra.

Na lógica de pensarmos a preparação das pessoas para o amanhã, é interessante observarmos como desafiar cada integrante da equipe dentro de sua capacidade – dessa forma conseguimos estimular toda a equipe. Em nossas pesquisas sobre a liderança no Brasil (DUTRA, 2008), observamos que as lideranças bem-sucedidas tinham como principal característica o fato de manterem toda a sua equipe desafiada, mas, infelizmente, constatamos que a maioria das lideranças pesquisadas se apoiava em uma ou duas pessoas de sua equipe, estimulando somente o desenvolvimento dessas pessoas e marginalizando as demais do processo de desenvolvimento. Constatamos que há uma grande quantidade de pessoas subutilizada nas organizações, uma capacidade instalada nas organizações que não é utilizada porque está marginalizada das ações de desenvolvimento.

O mesmo raciocínio deve ser efetuado quando pensamos no processo sucessório. Os programas de desenvolvimento voltado para a sucessão devem ser inclusivos e todas as pessoas devem ser cogitadas. Esses programas, entretanto, apresentam características muito particulares. Quando estamos preparando alguém para uma posição gerencial e essa pessoa ainda não tem nenhuma experiência gerencial, estamos diante de uma possível transição de carreira, ou seja, de uma possível mudança de identidade profissional. Por mais que a pessoa queira essa transição, é fundamental verificar se ela tem estrutura para tal e qual o seu nível de preparação.

O processo de desenvolvimento das pessoas para assumirem posições de maior complexidade implica expô-las a situações mais exigentes e oferecer o suporte necessário para que consigam obter os resultados esperados. A exposição a situações mais exigentes sem suporte pode gerar frustração e uma sensação de incapacidade, fazendo com que a pessoa se retraia para novas experiências. Ao prepararmos as pessoas para uma situação gerencial, devemos oferecer a elas projetos ou atividades que tenham tanto demandas técnicas ou funcionais quanto demandas políticas.

As demandas políticas colocarão a pessoa em contato com a arena política da organização; nesse caso, é fundamental que ela receba o suporte necessário para conseguir ler o contexto em que estará se inserindo e conseguir encontrar uma forma de se relacionar com ele que preserve o seu jeito de ser, a sua individualidade. Embora essa constatação pareça óbvia, é algo que costuma ser esquecido pelos gestores, particularmente quando se está preparando alguém para o processo sucessório.

Por essas razões, a definição de competências e as entregas exigidas nos diferentes níveis de complexidade auxiliam os gestores e as pessoas na estruturação e no acompanhamento do desenvolvimento, tornando possível mensurar o quanto a pessoa está assumindo de forma efetiva atribuições e responsabilidades de maior complexidade, com que nível de dificuldade, com que velocidade e quais são as ações para reorientar ou reforçar seu desenvolvimento.

As discussões para a construção do mapa sucessório são um insumo importante para a construção de um plano de desenvolvimento individual, o qual será sempre de responsabilidade da chefia imediata, que poderá ou não contar com o apoio de áreas internas ou especialistas externos. A construção e o acompanhamento dos planos de desenvolvimento não são algo simples de se fazer e são, geralmente, relegados a um segundo plano nas organizações. Uma prática interessante que observamos em algumas organizações foi a de colocar na agenda das reuniões ordinárias das diretorias e gerências a cobrança das ações de desenvolvimento e os seus resultados. Por isso é interessante, no mapa sucessório, criar indicadores de sucesso para os planos individuais de desenvolvimento para permitir seu monitoramento de forma coletiva. Essa prática faz com os gestores coloquem em suas agendas, por consequência, o acompanhamento do plano individual de desenvolvimento de seus subordinados.

Outra prática que vale a pena destacar é a analise, nos processos de avaliação e nos processos sucessórios, do plano de desenvolvimento individual contratado entre a pessoa e a organização. A qualidade das ações de desenvolvimento, o cumprimento do plano e os resultados obtidos são insumos importantes para avaliar o nível de comprometimento da pessoa com o seu desenvolvimento. Uma análise interessante é verificar os planos de desenvolvimento individual das pessoas subordinadas à pessoa que está sendo avaliada, checando a qualidade e o nível de suporte ao desenvolvimento de sua equipe de trabalho. Essas práticas colocam os planos de desenvolvimento individual em um patamar elevado de importância para todos os gestores da organização.

Vantagens e riscos da estruturação da sucessão

Rothwell (2005a), ao analisar a realidade norte-americana, desenha um quadro preocupante com o processo sucessório, no qual 1/5 dos executivos das maiores empresas estará em condições de aposentadoria nos próximos anos, assim como 80% dos executivos seniores, 70% da média gerência no serviço público e 50% de toda força de trabalho do governo federal. No caso da realidade norte-americana, esse cenário preocupa porque não há pessoas preparadas para preencher essa lacuna. No caso brasileiro, embora nossa realidade seja diferente por causa de nossa demografia, temos muitos motivos para nos preocuparmos com o processo sucessório.

Uma população mais jovem pressionando a aposentadoria precoce da população de executivos na faixa dos 50 aos 65 anos, tanto na iniciativa privada quanto no setor público, coloca no foco de preocupação a construção do processo sucessório. Como trabalhar a saída dessa população mais velha e como criar o processo de transferência de conhecimentos e sabedoria para a população mais jovem? Essas questões podem ser respondidas através de um processo estruturado e refletido de sucessão.

Rothwell (2005a e 2005b) desenvolveu pesquisas em 1993, 1999 e 2004 sobre a importância da estruturação de processos sucessórios. Nelas, foram apontadas as 13 principais razões para se realizar essa estruturação, as quais o autor sintetiza em seis benefícios:

- Criação de critérios que permitem identificar e trabalhar pessoas que podem oferecer para a organização uma contribuição diferenciada para o desenvolvimento e/ou sustentação de vantagens competitivas. O uso contínuo desses critérios permite seu aperfeiçoamento, constituindo-se em filtros importantes para captação, desenvolvimento e valorização de pessoas que podem fazer diferença. Esses critérios, de outro lado, contribuem para atrair e reter pessoas que se sentem valorizadas e percebem um horizonte de desenvolvimento profissional.

- O processo estruturado permite uma ação contínua de educação das lideranças na identificação e preparo das futuras lideranças. Essa ação educacional continuada permite o aprimoramento das lideranças para a organização, assegurando, ao longo do tempo, lideranças cada vez mais bem preparadas para os desafios a serem enfrentados pela empresa ou negócio.
- Estabelecimento de uma ligação segura entre o presente e o futuro da organização, ou seja, através de um processo estruturado, as transições de liderança são efetuadas sem haver interrupção do projeto de desenvolvimento organizacional, oferecendo segurança para empregados, acionistas, clientes e formadores de opinião no mercado em que a empresa atua.
- Definição de trajetórias de carreira para as lideranças atuais e futuras, sinalizando o que a empresa espera em termos de contribuições e entregas, bem como quais são os critérios para ascensão na carreira. De outro lado, as pessoas sabem o que podem esperar da empresa em termos de horizonte para o seu desenvolvimento e como se preparar.
- Alinhamento entre o desenvolvimento das pessoas e as necessidades da organização. Por meio de um processo estruturado de sucessão, é possível uma negociação contínua de expectativas entre as pessoas e a organização. Desse modo, é possível alinhar o desenvolvimento das pessoas com as necessidades futuras da organização.
- Adequação da liderança para o futuro da organização, por meio da discussão combinada das possibilidades oferecidas pelo mercado e da capacidade futura da empresa para ocupar espaços. A preparação das futuras lideranças permite uma oxigenação contínua, oferecendo diferentes percepções sobre os espaços ocupados e novos espaços para a organização ou negócio.

Em nossas experiências com as organizações brasileiras, verificamos que esses benefícios são também percebidos por aqui. Observamos que a caracterização das competências e critérios de valorização das lideranças tiveram um grande amadurecimento a partir da implantação de processos sucessórios estruturados. O mesmo ocorreu com o processo de avaliação de pessoas. A avaliação é importante para a indicação de sucessores e há um efeito sinérgico entre a avaliação e o processo sucessório, em que ambos se influenciam mutuamente, criando um círculo virtuoso.

Para a estruturação do processo e sua consolidação, Rothwell (2005a) aponta 10 passos fundamentais:

- **Passo 1** – posicionamento do núcleo de poder da organização. O passo inicial é o suporte político das pessoas que comandam a organização, materializado no apoio explícito dos acionistas e/ou presidente. Esse suporte político ocorrerá se o processo sucessório conseguir traduzir as prioridades e principais expectativas dos principais dirigentes da organização.
- **Passo 2** – estabelecimento das competências exigidas e critérios de valorização das lideranças. A partir desses critérios, é possível identificar pessoas que podem agregar valor para a organização e contribuir de forma efetiva para seu desenvolvimento.
- **Passo 3** – criação de processos de avaliação do desenvolvimento que possibilite a orientação do desenvolvimento das lideranças e a formação de consenso em relação às pessoas que podem ser indicadas e preparadas para assumir no futuro posições de liderança.
- **Passo 4** – implantação de um sistema de avaliação de *performance* no qual as lideranças possam ser estimuladas a aprimorar de forma contínua a sua contribuição para os objetivos e estratégias organizacionais.
- **Passo 5** – identificação de pessoas com potencial de desenvolvimento e que possam assumir com facilidade responsabilidades e atribuições de maior complexidade.
- **Passo 6** – estabelecimento de planos individuais de desenvolvimento, construídos com o objetivo de trabalhar tanto lacunas existentes entre a *performance* atual e a esperada quanto lacunas para assumir responsabilidades e atribuições de maior complexidade.
- **Passo 7** – implantação e acompanhamento do plano individual de desenvolvimento, lembrando que 90% desse processo ocorre no dia a dia do trabalho executado pela pessoa.
- **Passo 8** – mapeamento dos sucessores a partir dos processos de avaliação e da resposta das pessoas ao plano individual de desenvolvimento.
- **Passo 9** – construção do mapa sucessório entre os gestores e dirigentes da organização e de compromissos com a preparação das pessoas indicadas para a sucessão. Rothwell (2005a) assinala que aqui está o

calcanhar de aquiles do processo sucessório, porque essa atividade é relegada para um segundo plano. Cabe assinalar aqui a importância da criação de um ritual para a construção do mapa sucessório.

- **Passo 10** – avaliação contínua dos resultados obtidos com a preparação dos sucessores, principalmente em relação à perda de pessoas que estavam sendo trabalhadas como sucessores; análise dos processos de sucessão ocorridos na organização; avaliação do nível de aproveitamento dos talentos internos para as posições que se abrem na organização e economia gerada pelo aproveitamento interno.

O trabalho de Rothwell é importante por se basear em pesquisas e em sua vivência, e os passos descritos alertam para a necessidade de processos estruturados de sucessão.

Desenvolvimento da liderança

Durante o período de 2005 a 2011, realizamos uma pesquisa na qual entrevistamos diferentes executivos e acompanhamos o desenvolvimento de lideranças em três organizações brasileiras utilizando um referencial desenvolvido por Michael Useem (1999), que procura enfatizar o processo de liderança. Ao usarmos esse referencial, observamos que algumas deficiências não eram percebidas pelos nossos entrevistados. As principais deficiências encontradas, em ordem decrescente de frequência, foram:

- **Aceitar e gerir a diversidade** – aceitar as pessoas como elas são, mesmo quando são diferentes de nós. Nossos líderes tendem a escolher para suas equipes pessoas com as mesmas características de personalidade e tendem a ter dificuldades para lidar com pessoas diferentes. Esse fato limita as possibilidades de composição da equipe, além de criar um grupo que pensa igual diante das adversidades impostas pelo dia a dia.
- **Delegar** – o líder tem dificuldade de confiar; sempre que há risco envolvido, tende a trazer para si a decisão ou a ação em processos mais críticos. Essa postura dificulta a multiplicação do líder nos membros de sua equipe, sua confiança nas pessoas, mesmo correndo riscos.
- **Ouvir e comunicar-se** – estimular e oferecer suporte às pessoas para que encontrem alternativas e caminhos para alcançar objetivos e metas. Há uma tendência de os líderes direcionarem os membros de sua

equipe em relação ao que fazer e como fazer. Temos visto na literatura, cada vez mais, a apologia do compartilhar com a equipe *o que* e, principalmente, o *como fazer* (CHARAN; BOSSIDY, 2004).
- **Construir e sustentar parcerias** – construir pontes e estradas na relação com contrapartes internos e externos.

Ao longo de nossa pesquisa, acompanhamos os planos individuais de desenvolvimento de líderes de líderes em três organizações brasileiras que atuam em segmentos industriais. Verificamos que os planos de desenvolvimento eram compostos basicamente da indicação de cursos a serem feitos, bem como os planos de seus subordinados, também líderes. Levantamos a hipótese de que os líderes não tinham consciência de suas deficiências comportamentais, já que nos planos de desenvolvimento não havia nenhuma indicação de ações nesse sentido. Realizamos encontros para discussão sobre o tema com a liderança e constatamos que havia consciência das deficiências comportamentais, mas que os líderes não sabiam como trabalhar seu desenvolvimento.

No desenvolvimento de aspectos comportamentais, obtivemos bons resultados com a criação de rituais. Um dos casos mais interessantes foi o fato de os nossos pesquisados apontarem como uma grande dificuldade oferecer *feedback* positivo para seus subordinados. Verificamos que a dificuldade deles não era dar o *feedback*, mas sim de enxergar os aspectos positivos nas realizações de seus subordinados. Contratamos com nossos pesquisados a oferta, em suas reuniões semanais com a equipe, de 15 minutos de *feedback* positivo. Ao longo de seis semanas em média todos estavam dando *feedback* positivo. Ao terem que oferecer isso para suas equipes, eles aprenderam a observar aspectos positivos.

Assim como no exemplo citado, obtivemos resultados positivos com a criação de rituais para desenvolver, em nossos pesquisados, outras habilidades comportamentais, tais como: ouvir, comunicação, administrar o tempo etc. Os nossos pesquisados eram líderes de líderes que, ao aprenderem a desenvolver habilidades comportamentais, conseguiram transmitir e ensinar seus subordinados a fazer o mesmo.

Tivemos a oportunidade de analisar algumas biografias de gestores que saíram da condição de gerentes operacionais e ascenderam para níveis estratégicos da organização. Ficamos surpresos ao constatarmos que havia um fio condutor comum nessas biografias: embora os nossos entrevistados não tivessem consciência, acabaram desenvolvendo estratégias muito parecidas. Esse fato nos proporcionou a estruturação dessas fases e a percepção de que, em cada uma delas, são necessárias competências diferentes. Observamos que os entrevistados passam por três etapas típicas:

- **Consolidação na nova posição** – o gestor tem muita dificuldade de se desvincular das atribuições e responsabilidade do nível de sua posição anterior. Naturalmente, sente-se melhor lidando com a complexidade de trabalhos que já domina, entretanto, isso dificulta a delegação e o desenvolvimento da equipe. Observamos que, muitas vezes, esse comportamento é reforçado pela chefia, que cobra de seu subordinado uma postura mais técnica do que de gestão. Esta etapa é ilustrada pela Figura 9.3. A grande dificuldade apontada pelos nossos entrevistados para consolidar sua posição é conseguir delegar, para tanto, têm que desenvolver a equipe ao mesmo tempo que têm que gerar os resultados demandados de sua nova posição. Nesta etapa, as competências críticas são foco no resultado, desenvolvimento da equipe e delegação.

Etapa 1 – Consolidação na Posição

Figura 9.3 – Etapas típicas do desenvolvimento de um gestor

- **Ampliação do espaço político do gestor entre seus pares e superiores** – esta etapa implica desenvolver e/ou aprimorar as interfaces entre áreas complementares. A dificuldade é que esse tipo de ação implica mais trabalho a curto prazo para o gestor e sua equipe, por isso, esta etapa só é iniciada após a consolidação da posição do gestor. Muitas pessoas, quando apresentei os primeiros resultados da pesquisa, questionaram-me sobre o ganho de espaço político, dizendo que o espaço é delimitado e que se alguém está ganhando, alguém está perdendo. Entretanto, o que pudemos constatar nas entrevistas é que os gestores construíram novos espaços políticos, principalmente através da construção de interfaces onde elas não existiam e, com isso, aprimoraram processos, tornaram as relações entre as equipes mais eficientes e introduziram novos conceitos de gestão. As competências importantes nesta etapa são a ampliação da visão sistêmica e a abertura e sustentação de parcerias, como ilustra a Figura 9.4.

Etapa 2 - Ampliação do Espaço Político

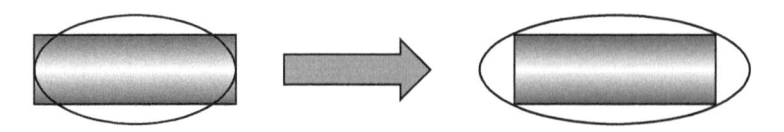

Figura 9.4 – Etapas típicas do desenvolvimento de um gestor

- **Crescimento vertical (quando o gestor recebe delegação de seus superiores)** – nesta fase, o gestor assume projetos ou processos que exigem o trânsito em arenas políticas mais exigentes. Dificilmente, recebe delegação se não tiver conseguido construir legitimidade, reconhecimento e trânsito entre seus pares, por isso, a terceira fase raramente ocorre sem que o gestor tenha conseguido ampliar seu espaço político. Percebemos que, naturalmente, alguém que está no nível estratégico elege gestores no nível tático para atribuir maiores responsabilidades com maior legitimidade entre seus pares e com algum trânsito no nível estratégico. Nesta etapa, as competências mais importantes são a ampliação da visão estratégica e o desenvolvimento de sucessores para ocupar os espaços que deixará ao assumir atribuições e responsabilidades de maior complexidade, como ilustra a Figura 9.5.

Etapa 3 - Ampliação da Complexidade

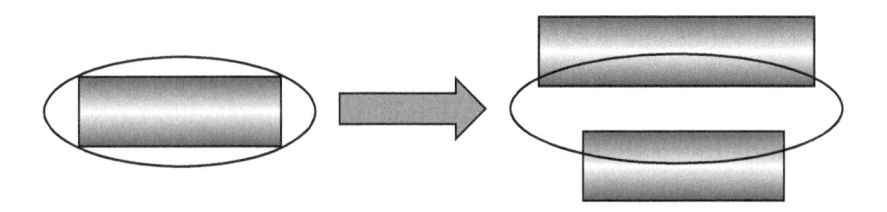

Figura 9.5 – Etapas típicas do desenvolvimento de um gestor

Essas diferentes etapas e as competências necessárias podem ser resumidas na Figura 9.6. É interessante notar que um gerente tático pode estar em quatro situações diferentes em relação à ocupação de seu espaço e que as competências que necessita desenvolver são diferentes. Compreender em que momento o gestor se encontra é importante para auxiliá-lo em seu desenvolvimento.

Etapa 1 – Consolidação na Posição
• Delegação
• Foco no Resultado
• Desenvolvimento da Equipe

Etapa 2 – Ampliação do Espaço Político
• Visão Sistêmica
• Consolidação de Parcerias

Etapa 3 – Ampliação da Complexidade
• Visão Estratégica
• Desenvolvimento de Sucessores

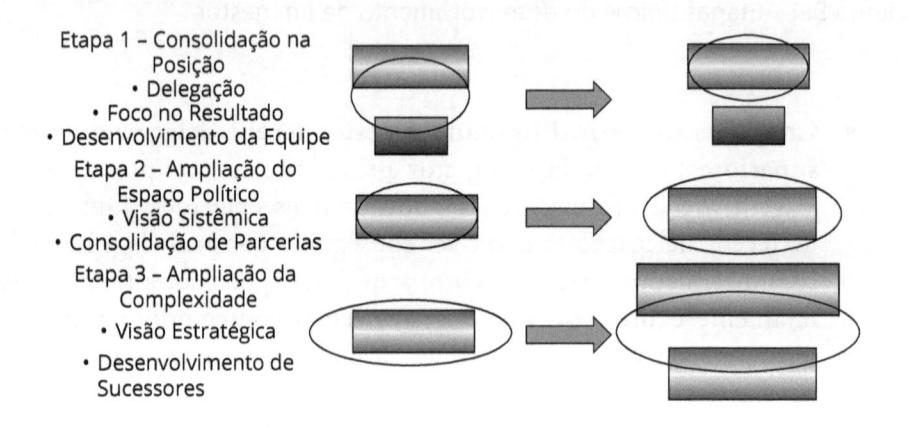

Figura 9.6 – Competências típicas necessárias para cada etapa do desenvolvimento de um gerente

O reconhecimento dessas etapas ajuda na preparação do gestor para assumir, gradativamente, maior complexidade em sua posição. Observamos, em nossa pesquisa, que muitos gestores têm dificuldade de sair da primeira fase. Essa constatação está alinhada com o trabalho desenvolvido por Charan, Drotter e Noel (2001). Muitos líderes têm dificuldades para abandonar suas atribuições no nível anterior quando são promovidos. Foi possível constatar que a maioria de nossas organizações utiliza suas lideranças de forma inadequada e tem problemas para desenvolvê-las. É por essa razão que vemos boa parte da liderança com dificuldades para sair da primeira fase de desenvolvimento, ou seja, para consolidar sua posição por assumir muitas atribuições e responsabilidades do seu nível anterior.

No desenvolvimento da liderança em termos comportamentais, é importante perceber em que estágio está em relação à posição que ocupa na organização.

Verificamos nos trabalhos com as lideranças que há, nas organizações brasileiras públicas e privadas, uma tendência de os gestores levarem para suas novas posições as responsabilidades que tinham no nível anterior (CHARAN; DROTTER; NOEL, 2001). Isso acontece como resultado de dois aspectos: os gestores têm dificuldade de delegar suas responsabilidades anteriores para sua equipe e sentem-se mais confortáveis acumulando as novas e as antigas responsabilidades. Esse fenômeno faz com que os gestores tenham dificuldade de atuar plenamente em seus níveis de complexidade, acumulando muitas das responsabilidades que deveriam ser exercidas por seus subordinados. Nas empresas, utiliza-se a expressão "nivelar por baixo" para expressar esse fenômeno.

O nivelamento por baixo dificulta a preparação de pessoas para o processo sucessório, já que o gestor ocupa o espaço de seu subordinado. Como resultado disso, o subordinado não percebe com clareza qual é a distância a ser percorrida para ocupar a posição superior. Como o gestor nivela por baixo sua atuação, é comum que o subordinado construa a falsa percepção de estar próximo do nível de responsabilidade de seu gestor. Quando surge uma oportunidade, essa pessoa não consegue compreender por que não foi pensada para ocupar a posição, uma vez que, em sua percepção, já fazia algo muito próximo do exigido.

A estruturação sistemática da sucessão tem gerado vantagens inesperadas e, muitas vezes, não percebidas pelas organizações, como é o que ocorre ao prepararmos pessoas para posições-chave e criarmos a possibilidade de reversão desse quadro. Se pensarmos que todas as pessoas estão sendo preparadas para atuar em níveis de responsabilidade mais complexos, podemos dizer que a organização, nesse processo, vai se nivelando por cima. As principais implicações do nivelamento por cima observadas nessas organizações são:

- gestores mais dispostos e preparados para delegar e desenvolver a sua equipe, como condição para almejarem posições mais complexas;
- instalação de uma cultura de desenvolvimento das lideranças e maiores desafios profissionais para as pessoas;
- criação de mecanismos mais elaborados para avaliação e acompanhamento do desenvolvimento das pessoas, particularmente aquelas em condições de assumir maior responsabilidade de liderança ou técnica;
- um ganho financeiro para a organização, na medida em que ela recebe muito mais contribuição das pessoas com a mesma massa salarial.

Tornar a liderança mais eficiente é um dos aspectos mais relevantes do processo sucessório estruturado, mas, ao mesmo tempo, o menos visível nas organizações, basicamente porque não se tem colocado luz sobre o fato, nem nas discussões profissionais, nem na literatura sobre o tema.

Processo de sucessão em trajetórias técnicas e funcionais

Quando nos referimos a sucessão em trajetórias de carreira técnicas ou funcionais, normalmente não estamos falando de sucessão de pessoas ou de posições, mas sim de sucessores capazes de absorver o conhecimento técnico ou funcional e dar continuidade aos projetos estratégicos da organização.

Nesse caso, quando olhamos para o mapa sucessório, pensamos em pessoas capazes de crescer técnica ou funcionalmente em áreas críticas de conhecimento para os negócios ou estratégias da organização. O mapa sucessório pode ser organizado por tecnologias críticas, áreas de conhecimento, por projetos de desenvolvimento ou outros critérios críticos.

A identificação de pessoas para o processo sucessório se dará conforme o ritmo de desenvolvimento e dedicação da pessoa e sua disposição para investir na carreira técnica ou funcional. Essas pessoas necessitarão de incentivos para aperfeiçoamento em seu conhecimento técnico ou funcional e uma estrutura de reconhecimento e valorização desse conhecimento. Como veremos de forma mais aprofundada no Capítulo 10, uma prática que cresce nesse tipo de organização é a dos trabalhos de tutoria (algumas organizações chamam de *mentoria técnica*), em que o pessoal sênior transmite de forma estruturada seu conhecimento e experiência.

A ocupação de posições ou acesso a desafios de maior complexidade é essencial para o desenvolvimento dessas pessoas. Verificamos que isso não ocorre de forma natural, que é necessário estruturar esse processo para que no momento em que a organização necessitar tenha a sua disposição pessoas preparadas.

O processo de identificação de pessoas para preparação técnica ou funcional implica a formação de convicção da pessoa e da organização de que a trajetória paralela à gerencial é a melhor alternativa. Observamos que, em algumas experiências, a preparação das pessoas tinha como um de seus objetivos ajudar as pessoas envolvidas e a organização a formar essa convicção.

O processo de preparação pode envolver uma parte da capacitação da pessoa fora da organização através de estímulos e suporte a cursos técnicos ou a programas de pós-graduação *stricto sensu* (mestrado e/ou doutorado acadêmicos). Há outra parte, que é a transmissão de conhecimentos de pessoas mais seniores para as pessoas indicadas para sucessão. A parte interna de preparação vai exigir tempo das pessoas transmissoras do conhecimento e das pessoas receptoras do conhecimento. Esse tempo é significativo e pode ter influência nas operações da organização. Por essa razão, são poucas as organizações que conseguem estruturar esse processo de forma adequada.

Por ser um processo custoso, é muito importante que a organização tenha claro que áreas do conhecimento são cruciais para o intento estratégico e para a perenidade do negócio.

Aprendizados com os processos sucessórios em trajetórias técnicas e funcionais

Ao acompanharmos processos sucessórios nessas trajetórias de carreira, obtivemos muitos aprendizados, mas gostaria de destacar dois deles, que, para nós, são os mais significativos.

O primeiro foi em uma empresa de tecnologia brasileira com operações internacionais, na qual, durante 3 anos, tentamos viabilizar um programa de tutoria para transmitir conhecimentos críticos. Elegemos como público-alvo as pessoas mais próximas da decisão entre as trajetórias gerencial e técnica, pessoas que estavam na forquilha do Y. Todas as pessoas eleitas já possuíam nível de mestrado e 40% delas nível de doutorado. Os tutores dessas pessoas estavam nos níveis mais elevados da carreira técnica e tinham previsão de aposentadoria nos 5 anos seguintes. Essas pessoas tinham como missão fazer a transferência de conhecimentos críticos para a organização.

Se perguntássemos aos tutorados se tinham uma visão sistêmica da tecnologia envolvida nos produtos da organização, todos diriam que sim, mas, ao longo do processo de orientação e transmissão de conhecimentos, perceberam que isso não era verdade. Esse fato surpreendeu a todos os envolvidos no processo, tanto a mim e aos membros de minha equipe quanto às pessoas da organização que estavam coordenando o processo.

Analisando o que havia ocorrido, levantamos algumas possibilidades. A mais provável é que as pessoas tiveram uma formação ampla em seu curso de graduação, mas, ao entrarem na organização, foram se especializando em algumas áreas e atividades tecnológicas, continuando focados em suas especialidades quando foram realizar o mestrado e o doutorado. Sem perceber, elas foram perdendo a visão sistêmica e não se deram conta disso, porque estavam atendendo às demandas da organização, que exigia foco na especialidade, e porque haviam formado uma rede de relacionamentos dentro da especialidade em que atuavam.

Essa constatação nos levou a algumas reflexões sobre a mobilidade das pessoas em trajetórias técnicas e funcionais, as quais compartilhamos a seguir:

- Os profissionais em trajetórias técnicas e funcionais são levados a buscar um nicho de trabalho e de especialização. Isso é importante para criar identidade profissional, segurança e referências para o desenvolvimento. Ao fazê-lo, obtêm um crescimento mais rápido em suas carreiras, porque conseguem mobilizar seus conhecimentos e habilidades de forma cada vez mais complexa. Em que momento devem voltar-se novamente a incrementar uma visão sistêmica sobre sua atividade? Essa é uma questão importante, porque, se não fizerem esse movimento, correm o risco de limitar seu desenvolvimento na trajetória técnica ou funcional.
- Para organizações de base tecnológica, essa visão sistêmica é crucial. Quando a organização está nascendo, é natural que as pessoas desenvolvam essa visão, porque estão trabalhando ou interagindo com o processo como um todo, mas, quando o conhecimento técnico ou funcional passa a assumir uma dimensão muito grande, torna-se mais denso e há maior exigência de especialização. De outro lado, o fato de a organização não dispor, em seus níveis mais elevados da trajetória técnica ou funcional, de pessoas com visão sistêmica da tecnologia pode representar um grande risco para o negócio.
- Os participantes do processo de preparação tinham em mente a trajetória gerencial – em nossa consulta inicial, 72% deles tinham preferência por essa trajetória. Isso se devia ao fato de esses profissionais terem os seus gerentes como modelos, pois não tinham um contato regular com profissionais técnicos em níveis mais avançados na trajetória. Após os trabalhos de tutoria, apenas 15% continuavam demonstrando preferência pela trajetória gerencial. O contato com profissionais mais experientes criou outro modelo de referência, embora a organização tivesse de forma bem especificada a trajetória técnica, seus níveis e padrões salariais. Os profissionais técnicos não tinham ideia do que era ser um profissional mais graduado nessas trajetórias.

Através dessa experiência, procuramos verificar se o mesmo ocorria em outros tipos de organização e constatamos fenômenos semelhantes. Essa constatação reforçou a ideia, comentada no Capítulo 8, de maior espaço político para os profissionais que estão nos braços técnicos ou funcionais do Y. Na experiência analisada, se os profissionais mais experientes fossem os responsáveis pelo desenvolvimento dos profissionais técnicos ou funcionais, haveria melhor dosagem entre o conhecimento altamente especializado e a visão sistêmica. Ao subordinar inteiramente os profissionais técnicos aos gerentes, direciona-se os esforços da equipe de acordo com os resultados que ela necessita apresentar. Desse modo, o foco vai privilegiando o curto prazo em detrimento do longo prazo. Em uma empresa que vive da inovação tecnológica, isso pode resultar em um enfraquecimento gradativo, sem que essa empresa se dê conta disso.

O segundo aprendizado foi a resistência cultural da organização ao processo de escolha e preparação dos sucessores técnicos e funcionais. A escolha se deu inicialmente através da indicação dos gestores e, posteriormente, foi referendada pelos tutores. A primeira constatação foi de que se conhecia pouco das pessoas que atuavam nas trajetórias técnicas e funcionais. Muitas das pessoas pensadas pelos gestores para sucessão técnica e funcional eram aquelas que também indicavam para serem suas sucessoras.

Quando o processo de tutoria foi iniciado, os gestores ficaram surpresos com o tempo a ser despendido no processo. Na organização onde realizávamos os trabalhos, os conhecimentos a serem transmitidos eram de grande complexidade, por essa razão, foram eleitas pessoas com sólida formação técnica e teórica. Para transmitir esse conhecimento, eram necessárias reuniões semanais com 2 a 4 horas de duração, por um período de 2 anos. Isso implicava que tutor e orientado se ausentassem de suas posições de trabalho, e os gestores não estavam preparados para tanto.

Nessa experiência, o grande problema para viabilizar o processo foi a resistência dos gestores, que, naquele momento, estavam sendo muito pressionados por resultados. A viabilização do processo demorou um bom tempo e se deu a partir do momento em que se obteve uma negociação com os gestores em relação à forma e ao conteúdo do processo de preparação das pessoas.

Recomendações para o aprimoramento desses processos

Considerando as experiências em empresas norte-americanas e europeias, o processo sucessório nas trajetórias técnicas e funcionais deve envolver tanto o corpo gerencial quanto o corpo técnico/funcional mais sênior da organização. O processo de preparação é mais longo e custoso e, por essa razão, as pessoas indicadas para a sucessão devem ser aquelas com grande possibilidade de se realizar na trajetória técnica ou funcional e de permanecer na organização.

A permanência na organização é algo importante, porque essas pessoas terão acesso a conhecimentos críticos para o negócio. Se a organização atua em um setor muito competitivo, a perda dessas pessoas pode representar um golpe duro para o seu processo de geração de inovações e manutenção de diferenciais. Nesses casos, é comum haver contratos de sigilo e uso do conhecimento fora da organização.

A participação dos profissionais mais seniores nos processos de desenvolvimento das pessoas nas trajetórias técnicas e funcionais deve se iniciar mais cedo, para que, ao chegarem ao momento de decisão entre a trajetória gerencial ou técnica/funcional, essas pessoas estejam mais maduras.

Por fim, uma fragilidade que encontramos em quase todas as organizações com carreiras paralelas foi um baixo nível de informação sobre as pessoas que atuam nessas trajetórias. Por essa razão, uma trajetória bem definida, com critérios de ascensão claros pode ajudar a organização a monitorar a evolução das pessoas nessas trajetórias. Em um dos casos investigados, os profissionais em cada degrau da carreira são continuamente avaliados e posicionados em uma classificação de 1 a 4: **1** indica que a pessoa está amadurecendo naquele nível de complexidade; **2** indica que a pessoa já está madura no nível; **3** indica que a pessoa já tem condições de suportar níveis de complexidade maiores; e **4** indica que a pessoa já está atuando em níveis de maior complexidade, normalmente já incorpora atribuições e responsabilidades do nível acima. Avalia-se, também, o quanto a pessoa preenche os níveis de conhecimento e preparo exigidos pela posição: **1** indica uma pessoa que não tem toda a capacidade necessária para a posição; **2** indica que a pessoa já detém toda a capacidade exigida pela posição; **3** indica que a pessoa excede as exigências para a posição; e **4** indica que a pessoa já preenche as capacidades exigidas pela posição acima.

O exemplo citado permite à organização fazer um acompanhamento do desenvolvimento das pessoas em cada degrau da carreira. O fato de ter criado um critério para esse enquadramento propicia seu aperfeiçoamento ao longo do tempo, e hoje a organização dispõe de critérios bem refinados e aceitos por todos como legítimos e bons indicadores de ações de investimentos e desenvolvimento dos integrantes dessas trajetórias.

Conclusão

A estruturação do processo sucessório e a preocupação sistemática com o desenvolvimento de lideranças aprimoram os critérios de avaliação, decisões sobre pessoas e ações de gestão dessas pessoas. Os filtros através dos quais essas pessoas são selecionadas, quer interna, quer externamente, são aprimorados de forma contínua, porque as decisões são sistematicamente realizadas de forma estruturada e colegiada, gerando um aprendizado coletivo e progressivo que é internalizado na cultura organizacional.

A gestão da carreira gerencial e os critérios de acesso a ela são fundamentais para o aprimoramento e o desenvolvimento organizacional. Vale lembrar que os líderes que escolhemos hoje representam o futuro da organização. Esse raciocínio pode ser estendido para a trajetória técnica ou funcional em organizações de base tecnológica. Estamos escolhendo, através do processo sucessório, as pessoas que vão suportar o desenvolvimento e os diferenciais de mercado.

parte IV
CONCILIAÇÃO DE EXPECTATIVAS E TENDÊNCIAS

Nesta última parte do livro, vamos trabalhar uma das questões mais delicadas na gestão de carreiras, que é a conciliação entre as expectativas das pessoas e as da organização e, também, a partir da reflexão sobre a conciliação, quais são as tendências na gestão de carreiras e quais são os desafios que enfrentaremos nos próximos anos dentro da realidade brasileira.

Deixamos essas questões para esta parte final por entendermos que estimulam uma reflexão que articula e integra as discussões provocadas ao longo deste livro.

As expectativas das pessoas e da organização são dinâmicas, como discutimos no início deste livro, e estão em contínua mudança, portanto, sua conciliação é algo que buscamos e nunca alcançamos integralmente. Sua busca, entretanto, é o propulsor do desenvolvimento da gestão de pessoas pelas organizações e do amadurecimento das pessoas.

Acreditamos que a busca por essa conciliação será cada vez mais exigente quando olharmos para o futuro. Isso porque visualizamos realidades organizacionais cada vez mais complexas e, ao mesmo tempo, pessoas cada vez mais exigentes em sua relação com o trabalho e com as organizações.

Nesta parte do livro, vamos trabalhar, no Capítulo 10, a conciliação de expectativas entre as pessoas e a organização e, no Capítulo 11, a importância crescente da gestão de carreiras no aprimoramento da gestão de pessoas para fazer frente aos seus futuros desafios.

IV

CONCILIAÇÃO DE EXPECTATIVAS E TENDÊNCIAS

10 Conciliação das expectativas das pessoas e da organização

Introdução

Gutteridge, Leibowitz e Shore (1993) desenvolveram uma pesquisa abrangente envolvendo organizações norte-americanas, europeias e asiáticas. A pesquisa foi realizada em várias fases, inicialmente quantitativa e, depois, qualitativa. Uma das principais conclusões foi quanto às dificuldades apontadas pelas organizações para realizar a conciliação de expectativas. Essas dificuldades ocorrem porque a liderança é responsável pela maior parte do processo de conciliação de expectativas. Na maioria das organizações investigadas, a liderança estava despreparada para exercer esse papel.

Essa é a realidade encontrada na maioria das organizações brasileiras: as lideranças têm dificuldade para assumir responsabilidades mais simples, tais como: dialogar com os membros de sua equipe, distribuir desafios para toda a equipe, diferenciar as recompensas para seus subordinados etc. Discutir a carreira com os membros de sua equipe é algo que poucas lideranças se sentem habilitadas a fazer.

Em nossos trabalhos, a grande dificuldade para consolidar os sistemas de gestão de carreiras foi estabelecer a discussão sobre a carreira como algo natural na relação entre as pessoas e sua liderança. Para que essa iniciativa tenha sucesso, necessita começar de cima para baixo. Se o gestor de nível tático não recebe qualquer estímulo para discutir sua carreira com sua chefia, como poderá sentir-se estimulado a fazê-lo com sua equipe?

Neste capítulo, vamos discutir os papéis da pessoa, do gestor e da organização na gestão de carreiras, bem como os instrumentos e processos que podem ser utilizados para auxiliar na conciliação de expectativas. Vamos abordar, também, os processos de orientação que auxiliam no desenvolvimento da carreira ou na resolução de crises vividas pelas pessoas em relação a suas carreiras.

Papéis na conciliação de expectativas

Para realizarmos essa discussão, é importante verificarmos que a relação entre pessoas, gestores e organização é multifacetada, ou seja, nem todos os aspectos dessa relação são mediados pela liderança. Temos que refletir sobre a relação direta entre pessoas e organização e, além disso, sobre o posicionamento de cada um consigo mesmo nesse processo. Desse modo, temos que dissecar essas relações conforme mostra a Figura 10.1.

	PESSOAS	GESTOR	ORGANIZAÇÃO
PESSOAS	PESSOA ↕ PESSOA	GESTOR ↓ PESSOA	ORGANIZAÇÃO ↓ PESSOA
GESTOR	PESSOA ↓ GESTOR	GESTOR ↕ GESTOR	ORGANIZAÇÃO ↓ GESTOR
ORGANIZAÇÃO	PESSOA ↓ ORGANIZAÇÃO	GESTOR ↓ ORGANIZAÇÃO	ORGANIZAÇÃO ↕ ORGANIZAÇÃO

Figura 10.1 – Relações entre pessoas, gestores e organização

Papel das pessoas

A literatura sobre gestão de carreiras nestes últimos 30 anos colocou muito peso na responsabilidade da pessoa na gestão de sua própria carreira, falando pouco das responsabilidades dos gestores e da organização.

Embora a pessoa seja a principal responsável por sua carreira, é natural que receba grande influência de sua relação com as demais pessoas, cultura, lideranças, ambiente, políticas e práticas organizacionais. Por essa razão, é importante falarmos da relação da pessoa consigo própria, com suas lideranças e com a organização. Nessa relação, podemos destacar os seguintes aspectos:

- **Autoavaliação de interesses, valores e habilidades** – como vimos na Parte II deste livro, o autoconhecimento é um processo contínuo e o fato de a pessoa criar um ritual para se autoavaliar periodicamente é fundamental para a reflexão sobre suas decisões e para a construção de um projeto profissional. É importante relembrar que a pessoa deve procurar suporte de outras para fazer essa reflexão.
- **Mapeamento de oportunidades na empresa e no mercado** – é importante para a pessoa incorporar as ideias da carreira sem fronteiras, ou seja, a organização onde trabalha não pode ser um limitador da reflexão da pessoa em relação a sua carreira. Um exercício importante é analisar periodicamente as opções de desenvolvimento e de atendimento das expectativas dentro e fora da organização.
- **Buscar oportunidades de desenvolvimento dentro e fora da organização** – definir um plano de ação de carreira e agir dentro dele, verificando como tirar partido das oportunidades que surgem de forma proativa.

Na relação com seu gestor, é importante a pessoa assumir a iniciativa da discussão sobre carreira sem parecer arrogante ou prepotente nessa abordagem. Muitos gestores não estão preparados para esse tipo de abordagem e podem se sentir incomodados ou ameaçados. Por essa razão, antes de uma conversa desse tipo, a pessoa deve se preparar e procurar demonstrar uma intenção genuína de conciliar as expectativas individuais com as necessidades da organização. Nessa relação, cabe destacar os seguintes aspectos:

- **Comunicar ao gestor suas preferências e expectativas de carreira** – a pessoa deve criar oportunidades para transmitir suas expectativas de carreira ao gestor. Vale ressaltar que essas expectativas são dinâmicas e, se a pessoa conversa sobre o tema de forma episódica com seu gestor, pode levá-lo a defender expectativas que já não representam mais as prioridades ou expectativas dessa pessoa.
- **Buscar e dar *feedback*** – sempre que sentir necessidade, a pessoa deve buscar informações sobre sua *performance* e seu comportamento com seu gestor. Em nossas pesquisas, verificamos que os gestores de forma geral têm dificuldade para estabelecer um diálogo regular com os membros de sua equipe; por essa razão, a pessoa deve tomar a iniciativa. Quando houver espaço e oportunidade, a pessoa deve ajudar seu gestor a ajudá-la.

- **Abertura para absorver orientações e sugestões de aprimoramento** – os gestores, em sua maioria, têm uma visão mais profunda da organização e do contexto do que a pessoa e, por essa razão, podem ser bons conselheiros e orientadores do desenvolvimento da pessoa, além de indicarem com maior precisão as possíveis alternativas de carreira na organização.

Na relação com a organização, as pessoas devem conhecer as políticas e práticas de carreira. Caso a organização não tenha as trajetórias de carreira explicitadas, a pessoa tem toda a condição de, através da observação, perceber como as trajetórias de carreira na realidade estão estruturadas, como vimos no Capítulo 2. Na relação com a organização, a pessoa deve estar atenta aos seguintes pontos:

- **Conhecer as políticas e práticas de carreira** – a pessoa deve buscar manter-se informada sobre as políticas e práticas da organização, caso não estejam explicitadas. Além disso, deve procurar analisar os critérios utilizados nos casos de ascensão profissional e conversar com outras pessoas acerca de suas percepções sobre os usos e costumes da organização no que se refere à carreira.
- **Manter-se informado sobre as oportunidades** – a maioria das organizações prefere a captação interna de pessoas à captação externa, por essa razão, há políticas ou práticas informais de aproveitamento interno. Conhecer as oportunidades internas presentes e futuras é um aspecto importante para a gestão da carreira pela pessoa.
- **Atualizar as informações a seu respeito** – nas organizações mais bem preparadas, há um banco de dados com informações sobre as pessoas que lá trabalham. O objetivo desses bancos é auxiliar a organização nos processos de recrutamento interno. Normalmente, cabe à pessoa manter seus dados atualizados.

Papel dos gestores

O gestor tem um papel fundamental como mediador na conciliação de expectativas entre a pessoa e a organização. Garantir que os gestores assimilaram seu papel no sistema de gestão de carreiras é o fator mais crítico para garantir a efetividade do mesmo. Por essa razão, no Capítulo 7 demos ênfase à construção coletiva do sistema de gestão. Vamos analisar, agora, a relação do gestor com os membros de sua equipe:

- **Diálogo de desenvolvimento visando preparar as pessoas para o futuro** – nos últimos anos, temos experimentado maior efetividade no *feedback* dos gestores quando, em vez de olharmos para o passado, olhamos para o futuro. A esse processo poderíamos chamar de *feedfoward*, mas temos preferido chamar de *diálogo de desenvolvimento*. Nesse processo, a ênfase recai sobre os desafios a serem enfrentados pelas pessoas e suas expectativas de desenvolvimento profissional e pessoal. Esse é um momento especial para discutir com as pessoas suas expectativas de desenvolvimento na carreira profissional.
- **Orientação de seus subordinados** – um papel do gestor que é indelegável é a orientação do desenvolvimento dos membros de sua equipe. Em nossa pesquisa sobre liderança no Brasil, verificamos que o diálogo sobre o desenvolvimento aproxima o gestor dos membros de sua equipe e gera uma cumplicidade fundamental para a criação de uma equipe de alta *performance*. A sinceridade é o aspecto mais importante nessa relação, em que uma conversa verdadeira, mas afetiva é fundamental para o sucesso desse diálogo.
- **Mapeamento de expectativas e oportunidades** – o gestor tem um conhecimento mais profundo sobre o contexto organizacional do que os membros de sua equipe, por essa razão, tem condições de conciliar as expectativas das pessoas com as oportunidades oferecidas pela organização.
- **Suporte aos subordinados em seu desenvolvimento** – o gestor, por sua maturidade profissional, consegue perceber possibilidades de desenvolvimento profissional que a pessoa não percebe. O gestor tem condições, por isso, de oferecer ao seu subordinado um suporte diferenciado que ninguém mais na organização tem condições de dar.

No processo de gestão da conciliação de expectativas, o gestor tem compromissos consigo próprio. Esses compromissos são os mais difíceis de perceber quando analisamos os sistemas de gestão de carreiras, pois estão associados a uma postura proativa em relação ao seu aprimoramento como conciliador de expectativas entre as pessoas e a organização. Os seguintes aspectos podem ser destacados nessa relação entre o gestor consigo próprio:

- **Preparar-se como gestor de pessoas** – a maioria dos gestores das organizações brasileiras são pessoas habilitadas como técnicos e como conhecedores de técnicas de gestão, mas têm sérias dificuldades na

gestão de pessoas. Um aspecto importante do desenvolvimento dos gestores brasileiros é sua habilidade como gestores de pessoas.
- **Avaliar as melhores práticas dentro e fora da organização** – em contato com seus pares em outras organizações, os gestores podem buscar oportunidades de aprimoramento de suas habilidades como gestores de pessoas.
- **Preparar sucessores** – um aspecto para o aprimoramento dos gestores é o desenvolvimento de pessoas para ocupar posições semelhantes à que ocupam ou para ocupar sua posição em casos de promoção ou algum tipo de situação inesperada em que tenham que deixar de ocupar sua posição ou, ainda, em situações de aposentadoria planejadas.
- **Buscar *feedback* sobre sua atuação** – um exercício de humildade importante para o aprimoramento é o de ouvir o que os membros de sua equipe têm a dizer sobre sua conduta como líder e gestor. Normalmente, os membros da equipe não têm condições de opinar sobre a efetividade do gestor em sua posição, porque não têm maturidade para colocar-se no lugar dele em todas as situações. Entretanto, podem oferecer informações e sugestões importantes para o aprimoramento da conduta do gestor em termos comportamentais, tanto no que se refere ao relacionamento com os membros da equipe quanto em sua representatividade na arena política da organização ou na construção de parcerias internas ou externas.

O gestor é uma peça-chave no aprimoramento contínuo do sistema de gestão de carreiras. Ele é a correia de transmissão nas relações entre pessoas e organização e tem a sensibilidade necessária para perceber os aspectos que podem melhorar essa relação. Nessa interação com a organização cabe destacar os seguintes aspectos:

- **Planejamento de seu quadro de pessoas** – o gestor tem a melhor perspectiva para dimensionar e planejar o desenvolvimento de sua equipe de trabalho. Desse modo, pode orientar a organização sobre carências ou sobra de pessoal no presente e futuro, auxiliando-a na forma ótima de utilizar as pessoas. A massa salarial é sempre um item pesado de despesas para qualquer organização e seu uso ótimo tem um grande impacto nos resultados.
- **Indicar potenciais de sua equipe para outras posições dentro da organização** – os membros da equipe do gestor que vivem um processo contínuo de desenvolvimento chegam a um limite dentro da

esfera de atuação do gestor. Nessa situação, o gestor deve recomendar essas pessoas para assumirem novos desafios dentro da organização. As organizações que têm processos de avaliação e processos sucessórios estruturados capturam essas informações e a trabalham para aproveitar as pessoas talentosas e com potencial para assumir posições de maior complexidade. As organizações que não têm esses processos estruturados dependem mais da iniciativa dos gestores para identificar e recomendar o aproveitamento de talentos e/ou potenciais.

- **Recomendar aprimoramento no sistema** – como já dissemos, o gestor está em uma posição privilegiada para indicar pontos de aperfeiçoamento do sistema de gestão de carreiras, tanto no que se refere aos instrumentos e processos da organização quanto no suporte às pessoas na gestão de suas carreiras.

Papel da organização

A organização tem grande responsabilidade pela estimulação das pessoas em assumir o protagonismo de seu desenvolvimento e de sua carreira. No início dos anos 2000, acompanhamos organizações que eram inibidoras do desenvolvimento das pessoas e mantinham treinamentos visando apenas a sua atualização em seus trabalhos, mas não davam estímulos nem reconhecimento para o desenvolvimento dessas pessoas. Quando necessitavam de alguém, traziam pessoas do mercado. Essas organizações acabaram não resistindo à pressão de um ambiente mais competitivo e sendo vendidas para outros grupos empresariais.

Nosso estudo teve início nesses momentos de aquisição e fusão de negócios, nos quais, na maioria dos casos, a organização que estava assumindo a gestão de pessoas era estimuladora do desenvolvimento. Analisamos quatro casos e, na média, 3/4 das pessoas mudaram sua atitude diante de seu desenvolvimento e carreira, saindo de uma posição acomodada para a atitude de aproveitar a oportunidade que estava sendo oferecida. Nesse trabalho, percebemos o peso do posicionamento da organização na atitude das pessoas em relação ao seu desenvolvimento e a sua carreira.

Para que a organização tenha efetividade em seu papel de estimular as pessoas, ela necessita rever seu relacionamento com as mesmas, preparar os gestores e aprimorar instrumentos, processos, práticas e políticas de desenvolvimento profissional e de carreira.

Vamos analisar, inicialmente, a relação da organização com as pessoas. Autores que estudaram essa relação (LONDON; STUMPF, 1982; MINOR,

1986; GUTTERIDGE, 1986 e 1993; HALL, 1976, 1986, 1996 e 2002; ARTHUR; HALL; LAWRENCE, 1989) apontam o relacionamento direto ou indireto com as pessoas como uma estratégia importante para que elas exerçam pressão sobre seus gestores na discussão de suas carreiras. Na década de 1980, algumas organizações iniciaram a experiência de criar centros de carreira (*career centers*), onde as pessoas tinham acesso à bibliografia sobre carreira e a profissionais especializados em aconselhamento. Na década de 1990, foram introduzidos *softwares* através dos quais as pessoas podiam criar várias alternativas de carreira e analisar os resultados de cada uma delas. A partir dos anos 2000, os centros de carreira deixaram de ser um espaço físico para tornar-se um espaço virtual.

Na relação da organização com as pessoas, podemos destacar os seguintes pontos:

- **Disponibilização de instrumentos para reflexão sobre a carreira** (*career centers*) – são instrumentos, processos e pessoas especializados à disposição das pessoas para dar suporte a suas decisões sobre desenvolvimento e carreira. Podem estar focados em ajudar a pessoa em um processo de autoconhecimento, em apresentar alternativas de desenvolvimento e carreira ou em auxiliar a pessoa em momentos de crise de identidade profissional ou de carreira.
- **Disponibilizar informações estruturadas sobre o mercado de trabalho** – essa iniciativa é muito vanguardista para a realidade brasileira. Não encontramos, em nossas pesquisas, nenhuma experiência desse tipo no Brasil, embora a tenhamos visto implantada em empresas norte-americanas e europeias. Nos Estados Unidos e na Europa existem editoras especializadas em mapear o mercado de trabalho e comercializar suas publicações em livrarias para universidades e centros de carreira. Atualmente, muitas dessas informações encontram-se disponíveis em *sites* especializados. Desde os primeiros centros de carreira instalados nos anos 1980, havia disponibilidade e acesso a essas publicações. A ideia da carreira sem fronteiras é estimular as pessoas a terem uma visão crítica de sua relação com a organização, pois acredita-se que somente desse modo poderão contribuir para seu aprimoramento.
- **Programas de orientação profissional** – mais adiante, neste capítulo, vamos detalhar esses programas, mas vale destacar aqui os programas de *mentoring* para apoiar jovens em seu desenvolvimento profissional. Ao acompanharmos esses programas em empresas brasileiras, pudemos constatar seu efeito no amadurecimento pessoal e profissional dos

abrangidos por eles. Outro programa a destacar são os de tutoria ou, como chamado em algumas organizações, de *mentoring técnico*, nos quais são transmitidos conhecimentos e habilidades técnicas, tanto de forma explícita (conhecimento estruturado) quanto de forma tácita (conhecimento que as pessoas têm de forma não consciente). Por fim, cabe destacar programas de aconselhamento profissional para ajudar as pessoas em reflexões sobre suas carreiras ou para trabalhar crises.

- **Disponibilização de informação sobre vagas e oportunidades** – na maioria das organizações, esses programas são chamados de *recrutamento interno*. Em nossas pesquisas, esse processo tem se mostrado o mais complexo em nossas organizações, isso porque a maioria dos gestores se julga donos de pessoas, ou seja, as pessoas não pertencem à organização, e sim aos seus gestores. O processo de recrutamento interno tem que vencer as resistências culturais existentes em nossas organizações. Vencidas essas resistências, pode tornar-se um instrumento muito importante para a autonomia das pessoas em buscar sua movimentação no interior da organização e um aprimoramento na conciliação de expectativas.

- **Informações estruturadas sobre as trajetórias de carreira** – a seguir, vamos explorar um pouco mais as informações sobre as trajetórias que podem ser trabalhadas pela organização, mas, neste momento, vale destacar a importância de a pessoa se localizar nas trajetórias de carreira existentes na organização e obter todas as informações necessárias para obter o que precisa saber para ascender nessa trajetória ou para mudar de trajetória. Essas informações devem incluir: características de cada trajetória; os degraus e exigências para ascensão ou acesso a outra trajetória; as faixas salariais correspondentes a cada um dos degraus, bem como os benefícios associados; facilidades oferecidas pela organização para que a pessoa atenda às exigências para ascensão na carreira e, por fim, suporte oferecido pela organização para que as pessoas possam assumir o protagonismo da gestão de suas carreiras.

A preparação dos gestores para atuarem como orientadores de carreira dos membros de sua equipe não se resume apenas a oferecer a eles um treinamento. Essa questão é muito mais ampla e envolve desde quem a organização está escolhendo para ser gestor até a inclusão do desenvolvimento das pessoas como um item de valorização desse profissional. Na relação com o gestor, vamos destacar os seguintes aspectos:

- **Preparação da liderança** – os gestores devem ser preparados e ter acesso a instrumentos e processos que o auxiliem no diálogo sobre desenvolvimento e carreira com os membros de sua equipe. Essa preparação não pode ser episódica; deve ser um processo contínuo. Uma forma encontrada por muitas organizações é a realização de *workshops* anuais com vistas a discutir o sistema de gestão de carreiras.
- **Monitoramento e valorização dos trabalhos das lideranças em orientação de carreira** – a maneira mais efetiva de engajar os gestores no processo de orientação de sua equipe em relação à carreira é valorizá-los por isso. Esse deve ser um item do processo de avaliação do gestor e é determinante para que ele tenha acesso a aumentos salariais, promoções e recebimento de remuneração variável.
- **Estímulo à troca de experiências** – a organização deve estimular o processo de aprimoramento dos gestores e do próprio sistema de gestão de carreiras através do estímulo à realização de *benchmarking* pelos gestores, além de trocas de experiências estruturadas dentro da organização e do destaque de gestores que são modelos na gestão de carreiras, colocando-os na condição de disseminadores das melhores práticas (*role modeling*).

Independentemente do relacionamento com as pessoas e com os gestores, a organização tem um conjunto de responsabilidades que é institucional, ou seja, que é de sua exclusiva responsabilidade. Se a organização não assumir para si determinados papéis, ninguém o fará por ela. Em relação a esse tipo de papel, cabe destacar os seguintes aspectos:

- **Sistema de informação sobre as pessoas** – o processo decisório sobre as pessoas depende muito do conjunto de informações que temos sobre elas, principalmente quando a organização passa do efetivo de 300 pessoas ou tem diferentes unidades de operação ou negócio. Parte dessas informações pode ser alimentada pelas próprias pessoas e parte deve ser oriunda de ações da organização, tais como: resultados de avaliação de desenvolvimento, resultados e comportamento, evolução na carreira, posições ocupadas, principais desafios enfrentados etc. Essas informações são essenciais nos processos de tomada de decisão sobre as pessoas e incluem: aumento salarial, promoção, demissão, movimentação, sucessão, ações específicas de retenção etc.
- **Aprimoramento contínuo das políticas e práticas** – o sistema de gestão de carreiras é vivo, necessita de constante adubo e rega, caso

contrário, fenecerá com o tempo. Para tanto, as contribuições advindas das pessoas, dos gestores e dos profissionais de gestão de pessoas são muito importantes, e a prática organizacional deve estimular e criar canais para incorporar no sistema as sugestões e propostas de melhoria. Além disso, necessita criar rituais internos para o seu aprimoramento, tais como: *workshops* de discussão, semana ou dia da carreira, revisão sistemática dos sistemas de informações etc.

- **Processos de sucessão privilegiando o pessoal interno** – a coerência em se manter um sistema de gestão de carreiras está na disposição genuína da organização de privilegiar o pessoal interno para suprir sua carência de pessoas. As pessoas da organização devem ter sempre a preferência na disputa por posições, e um indicador de sucesso, nesse caso, é o percentual das posições abertas preenchidas por pessoas internas. Esse indicador mostrará a eficiência do sistema em prover as pessoas necessárias para o desenvolvimento da organização e/ou negócio.

Suporte às decisões individuais

Os processos de gestão, de forma geral, estão assentados em dois pilares fundamentais: as políticas de gestão, que são os princípios e as diretrizes básicas que balizam decisões e comportamentos, e as práticas, que são os diversos tipos de procedimentos, métodos e técnicas utilizados para a implantação de decisões e para nortear as ações no âmbito da organização e na sua relação com o ambiente externo (DUTRA, 1989).

As políticas e práticas que caracterizam os instrumentos de gestão de carreiras têm sido classificadas pelos autores em: *ligadas ao planejamento individual de carreira* e *ligadas ao gerenciamento de carreira* (GUTTERIDGE, 1986; MINOR, 1986; LONDON; STUMPF, 1982; PORTWOOD; GRANROSE, 1986). No item anterior, procuramos abrir essas políticas e práticas para além do proposto por esses autores, com base em nossas pesquisas e na produção posterior. Esses autores, entretanto, trabalham com profundidade as questões ligadas aos instrumentos e processos que podem oferecer às pessoas um suporte à reflexão e ações sobre suas carreiras. Entretanto, apontam perigos e usos inadequados desses instrumentos e processos. Das contribuições desses autores, vamos destacar algumas no próximo tópico.

Instrumentos para auxiliar no autoconhecimento

Esses instrumentos foram analisados na Parte II deste livro, mas cabem aqui alguns comentários adicionais. Eles são encarados pela maioria dos autores como a fase inicial de um processo de desenvolvimento de carreiras, na qual as pessoas, assistidas pela empresa, desenvolvem uma percepção mais clara de suas preferências dentre as oportunidades oferecidas, segundo Gutteridge (1986), London e Stumpf (1982), Walker (1980) e Leibowitz, Farren e Kaye (1986). A experiência dos últimos anos nos mostra que a fase inicial consiste em a pessoa refletir sobre seus propósitos para, posteriormente, realizar uma reflexão de autoconhecimento. Essa inversão de ordem orienta a pessoa em sua busca e os resultados fazem mais sentido quando relacionados aos propósitos profissionais. Os autores mencionados oferecem uma extensa relação de instrumentos para planejamento individual de carreira assistidos pela empresa, destacando os seguintes:

- *Workshops* **para planejamento de carreira** – nessas atividades, as pessoas são auxiliadas a responder questões como: Quem sou eu? Onde estou agora? Para onde eu quero ir? O que preciso fazer para chegar lá? Existem propostas que procuram associar o planejamento profissional ao planejamento de vida, as quais tendem a ser mais extensas e invasivas. Leibowitz, Farren e Kaye (1986) levantam algumas críticas a esse tipo de prática. Eles enfatizam que, dependendo da técnica usada, há um nível muito alto de exposição das pessoas ao grupo; o tempo é, geralmente, insuficiente para que as pessoas tenham todas as suas necessidades atendidas; nem todas as pessoas prepararam-se adequadamente para o evento; e, por fim, os participantes não têm acompanhamento após o *workshop*.
- **Manuais para planejamento de carreira** – nesses instrumentos, as pessoas têm acesso ao passo a passo para a construção de um projeto profissional. Muitas organizações brasileiras produziram manuais com esse propósito e obtiveram bons resultados quando os associaram a outras práticas. Cabe destacar a experiência do Banco do Brasil na segunda metade da década de 1990 e na primeira década dos anos 2000, momento em que havia uma série de instrumentos de orientação e em cada agência bancária havia de 1 a 3 pessoas, dependendo do tamanho da agência, que, além de realizarem seus trabalhos, estavam preparadas para auxiliar as pessoas no uso dos manuais e realizar discussões sobre carreira. Essa experiência foi incrementada com o amadurecimento dos sistemas de avaliação e processo sucessório, bem como a preparação dos gerentes das agências.

Aconselhamento individual

Estas técnicas consistem basicamente na estimulação e estruturação da discussão entre a pessoa e os representantes da empresa sobre suas expectativas de desenvolvimento e de carreira e as necessidades e oportunidades oferecidas pela organização.

A forma como isso é encarado pelas organizações pode variar em termos de forma e de pessoas envolvidas. A atividade pode ser caracterizada desde uma reunião entre o gerente e seu subordinado, realizada a cada ano, para discutir objetivos de carreira e necessidades de desenvolvimento até um programa envolvendo conselheiros internos e o gerente para dar suporte à preparação e implantação do plano individual de carreira.

Muitas empresas têm empregado consultores internos para dar suporte às pessoas em seu planejamento – é o caso, por exemplo, da Coca-Cola, da Disneylândia e da Syntex (GUTTERIDGE, 1986), dando ao gestor um papel acessório. Embora muitos gerentes resistam ao papel de conselheiro de carreira, é fundamental que a mediação entre a empresa e a pessoa seja efetuada por suas chefias imediata e mediata, para evitar uma série de problemas, tais como: distorções na comunicação entre a pessoa e a empresa, com o surgimento de vários interlocutores autorizados; geração de orientações antagônicas, criando desinformação para a pessoa; aumento do poder da empresa para manipular informações ou para tornar o processo de carreira obscuro; desestímulo para que o gestor assuma a gestão dos membros de sua equipe – na medida em que não assume responsabilidade pelo aconselhamento de carreira de seu subordinado, isenta-se também da gestão de seu desenvolvimento, de sua remuneração, de seu desempenho, da avaliação de seu potencial etc.

Os conselheiros de carreira devem ser um recurso utilizado com cuidado para não criar um poder paralelo ao do gestor. Por essa razão, a recomendação é de que os conselheiros sejam externos e que haja regras bem claras para as pessoas recorrerem a eles. As experiências que acompanhamos de conselheiros internos foram negativas pelas seguintes razões: falta de credibilidade do pessoal interno, por não saber qual era o nível de independência desse conselheiro; dificuldade de interlocução com as pessoas que detinham poder de decisão sobre o sistema de gestão de carreiras; e dificuldade de conciliar as expectativas das pessoas com as da organização.

Tanto Leibowitz, Farren e Kaye (1986) quanto Kram e Isabella (1985) apontam outra modalidade de orientação individual, que é o *mentor*, profissional sênior encarregado de orientar um profissional iniciante na carreira. O sucesso de programas dessa natureza depende muito das pessoas que atuarão como mentoras, de sua disponibilidade, seu nível de preparo e de sua disposição interior de doar sua experiência e seus conhecimentos para o orientado. Em nossas experiências com a preparação de mentores, a maior dificuldade é mostrar-lhes que ser mentor é diferente de ser gestor. Caso essa diferença não fique clara, o mentor pode invadir o espaço do real gestor da pessoa.

Informações sobre oportunidades internas

Este é um instrumento importante para que as pessoas tenham acesso a informações acerca das carreiras existentes na empresa, pré-requisitos necessários para acesso às várias posições, vagas existentes na empresa etc. Quanto mais complexa é a empresa, mais difíceis se tornam a estruturação e a manutenção de um sistema que permita a constante irrigação de informação para todas as pessoas.

As mudanças no mercado de trabalho e no contexto socioeconômico brasileiro vêm tornando a questão da mobilidade crítica para a maioria das organizações. Essas mudanças podem ser caracterizadas da seguinte forma:

- De 1978 a 2005, o mercado de trabalho foi ofertante, ou seja, havia mais oferta de mão de obra do que demanda. A partir de 2006, a pressão se inverte e o mercado torna-se demandante. Esse fato gerou pressão sobre os salários e maior atenção ao nível de satisfação das pessoas. Vivemos um momento de crise, mas tudo indica que, ao observarmos as possibilidades de desenvolvimento econômico do Brasil a médio e a longo prazos, temos uma perspectiva positiva. Desse modo, a pressão do mercado de trabalho continuará.
- Os ambientes nacional e internacional têm se tornado cada vez mais competitivos e pressionadores para a redução dos custos operacionais de nossas empresas. Um item de custo operacional sempre relevante, mesmo em empresas de capital intensivo, é a massa salarial. Utilizar de forma adequada a capacidade humana instalada em nossas organizações é um dos grandes desafios para a gestão de pessoas. Nossas organizações têm grande dificuldade para realizar essa tarefa, por não saberem gerir a mobilidade interna.

A gestão da mobilidade interna, por sua vez, esbarra em dificuldades operacionais e culturais. As principais dificuldades observadas em nossas pesquisas são:

- Despreparo das lideranças. Na maioria de nossas organizações, os gestores se sentem donos das pessoas, ou seja, as pessoas não estão a

serviço da organização, e sim dos gestores. Desse modo, na maioria das vezes, esses gestores não estão dispostos a cedê-las.
- As organizações não dispõem de uma base de dados sobre as capacidades e expectativas de desenvolvimento das pessoas, nem de suas necessidades em termos de adequação de trabalho e localidade. Esse quadro se agrava na organização pública na medida em que a pessoa entra mediante um concurso e é alocada prioritariamente de acordo com as necessidades da organização.
- Há uma grande mudança cultural na vida dos casais, principalmente na dos que se formaram a partir dos anos 2000. O casal constrói um projeto de carreira conjunta. A mobilidade de um cônjuge implica a negociação com o outro, aspecto que não pode ser desprezado pelas organizações.
- Nas organizações públicas, há uma dificuldade para repor as pessoas cedidas, já que essa reposição, muitas vezes, implica novos concursos. Para tanto, são necessários pactos entre os gestores e um processo estruturado de gestão.

No caso da maioria das organizações pesquisadas, observamos que a mobilidade está sob a responsabilidade de várias áreas e diversos gestores dentro da gestão de pessoas. Essa característica de nossas organizações exige um esforço de coordenação, articulação e contínuo diálogo entre elas.

As organizações que têm uma cultura instalada de mobilidade usam os seguintes instrumentos:

- Divulgação das vagas em aberto ou previstas, permitindo às pessoas candidatar-se e concorrer espontaneamente, sem que isso implique problemas de relacionamento com as chefias imediatas e mediatas.
- Cadastro das habilidades e pretensões de carreira das pessoas, permitindo à empresa efetuar um recrutamento interno dirigido. A grande dificuldade deste instrumento é a sua contínua atualização. Verificamos alguns exemplos em que os sistemas de gestão de pessoas atualizam automaticamente o sistema de informações.
- Centro de informações sobre as oportunidades. A maioria das organizações que têm uma cultura de mobilidade disponibilizam em sua rede interna um centro de informações em que as pessoas interessadas podem ter acesso a detalhes das vagas em aberto e a pessoas que podem aprofundar informações ou esclarecer dúvidas.

Das organizações pesquisadas, poucas têm informações sobre as trajetórias de carreira para que a pessoa possa se localizar e perceber seus horizontes profissionais.

Suporte à gestão de pessoas pela organização

A organização tem condições de retirar de um sistema de gestão de carreiras uma série de informações para aprimorar a gestão de pessoas e a gestão do negócio. Vamos apresentar, a seguir, algumas dessas informações e instrumentos de gestão advindos do sistema.

Previsão de demanda por pessoas

Walker (1980), Leibowitz (1987) e London e Stumpf (1982) vinculam a definição da previsão de demanda por pessoas à reflexão sobre os intentos estratégicos da organização. Segundo esses autores, somente desse modo seria possível estabelecer as necessidades de pessoas em termos qualitativos e quantitativos. As propostas de dimensionamento de quadro na literatura estão muito vinculadas ao estudo de processos e intentos estratégicos. Conforme vimos no Capítulo 6, o dimensionamento qualitativo é possível quando temos uma ideia mais precisa das trajetórias de carreira e dos diferentes níveis de complexidade. Desse modo, podemos dimensionar a quantidade de pessoas em cada um dos degraus de complexidade e em cada uma das trajetórias de carreira. Como as trajetórias não estão vinculadas ao desenho organizacional, é possível perceber melhor balanceamento entre diferentes áreas, já que estão empregando pessoas que realizam trabalhos de mesma natureza.

Programas de desenvolvimento e gestão da massa salarial

Conforme discutimos, as trajetórias de carreira permitem predizer o caminho mais provável de desenvolvimento das pessoas. Assim, com uma ideia mais clara da demanda de pessoas em cada trajetória, é possível estabelecer um programa de desenvolvimento ou mobilidade nas trajetórias. Vamos ver alguns exemplos: suponhamos que eu saiba que nos próximos 5 anos vamos introduzir um alto nível de automação em nossas linhas de produção. Como ficará o dimensionamento do quadro diante dessa mudança e como poderei realizar uma adaptação ao longo desse tempo? Neste caso, a trajetória de carreira se manterá a mesma; a variação vai ocorrer na quantidade de pessoas em cada degrau de complexidade.

Vamos trabalhar outra situação: suponhamos que a organização tenha investido de forma desorganizada no desenvolvimento das pessoas e agora eu tenha verificado um congestionamento em uma das trajetórias de carreira: tenho pessoas preparadas para atuar em níveis de maior complexidade em número maior do que necessário. Nesse caso, posso verificar se existem outras trajetórias com deficiência de pessoas e propor uma mudança de carreira para as pessoas interessadas ou criar incentivos para que as pessoas deixem a organização.

Ao longo dos nossos trabalhos, verificamos que existentes trajetórias ou situações vividas pelas organizações nas quais é possível acelerar o desenvolvimento das pessoas na carreira, ou seja, fazer as pessoas ascenderem aos degraus de maior complexidade em velocidade maior do que a prevista inicialmente ou maior do que a usual no mercado. Casos como esse são comuns em organizações de auditoria e consultoria, onde as pessoas têm uma carreira mais rápida do que a média do mercado.

Nesse caso, é possível pagar um valor abaixo da média do mercado e, ainda assim, a organização se tornar atraente. As pessoas, antes de chegarem ao ponto médio da faixa, estarão ascendendo para a próxima posição e o ponto inicial da faixa salarial seguinte. Nessas organizações, percebemos que a média salarial nessas trajetórias estavam entre 10% e 15% menor que o ponto médio da faixa salarial. Quando comparamos com trajetórias em que as pessoas demoram mais tempo para ascender de um degrau para outro, a média estava em torno de 5% acima do ponto médio da faixa salarial.

Ao fazermos comparações entre organizações e trajetórias de carreira, verificamos que, quando é possível acelerar o desenvolvimento das pessoas, há uma relação de 1 para 5, ou seja, para cada real que invisto em desenvolvimento, economizo cinco reais na massa salarial.

A intenção é demonstrar que, quando temos as trajetórias de carreira definidas, podemos direcionar melhor os investimentos em desenvolvimento e controlar melhor a massa salarial. Podemos ter diferentes estratégias de gestão para as diferentes trajetórias de carreira.

Facilitadores da comunicação entre as pessoas e a organização

O sistema de gestão de carreiras tem condição de facilitar a comunicação e a conciliação de expectativas entre pessoas e organização. O fato de a organização definir com maior precisão o que espera das pessoas e os critérios para ascensão nas trajetórias de carreira e para a mobilidade entre as trajetórias fornece os parâmetros para que se estabeleça uma negociação de expectativas entre as pessoas e a organização, bem como a construção de contratos psicológicos.

Para que esse processo de comunicação seja aprimorado, o sistema de gestão de carreiras em seu processo de concepção e implantação e de aprimoramento contínuo deve ter como pano de fundo a incorporação das expectativas mais amplas do conjunto de pessoas que trabalham na organização e as expectativas da organização em relação às pessoas. Para tanto, alguns aspectos devem ser observados. Vamos trabalhar aqui os que julgamos mais importantes.

Preparação dos gestores para atuar como orientadores

A relação entre gestores e suas equipes se altera ao longo da trajetória profissional de ambos (LEIBOWITZ, 1986). No início de suas carreiras, mais do que em fases mais maduras, as pessoas necessitam muito mais de aconselhamento, *feedback*, treinamento, proteção etc. De outro lado, o gestor em início de carreira necessita de suporte técnico e psicológico de sua equipe. Numa fase mais avançada, as pessoas precisam de maior autonomia, exposição e trabalhos desafiadores, enquanto os gestores necessitam de maior lealdade e amizade. Na fase madura, as pessoas e os gestores necessitam de oportunidade para desenvolver outras pessoas.

Os gestores precisam de estímulo, preparação e apoio para atuarem como aconselhadores e orientadores de suas equipes. Essa é uma condição básica para que o gestor não fuja do diálogo com sua equipe, orientando as pessoas não só nos aspectos ligados a suas atividades profissionais, mas, também, no que se refere a seus projetos pessoais.

Processos de avaliação de desempenho e de desenvolvimento

Os processos de avaliação são importantes para que as pessoas reflitam acerca de si próprias e de sua relação com a organização. Os momentos de avaliação são oportunidades para a comunicação entre os gestores e sua equipe.

A avaliação não pode, entretanto, residir em aspectos mesquinhos e pequenos do cotidiano. Os processos de avaliação mais modernos tendem a um diálogo de desenvolvimento entre o gestor e a pessoa, no qual são trabalhadas as expectativas de um em relação ao outro e os projetos de desenvolvimento profissional e pessoal. Nesse diálogo, são trabalhados pontos fortes das pessoas para enfrentar os desafios e para concretizar seus projetos, bem como pontos a serem aprimorados para tanto.

Processos de avaliação de potencial

Quando se discute o potencial das pessoas, surge a questão sobre quais devem ser os parâmetros através dos quais elas serão avaliadas. Assim como as discussões sobre carreira, essa também é realizada em colegiados, ou seja, é uma decisão coletiva. Algumas organizações utilizam testes ou consultorias especializadas em diagnósticos, mas todas utilizam um conjunto de critérios para orientar as decisões sobre pessoas com potencial para assumir atribuições e responsabilidades de maior complexidade (DUTRA, 2014). Esses critérios são complementares aos estabelecidos nas trajetórias de carreira e podem ser utilizados para orientar o desenvolvimento das pessoas para assumirem posições de maior complexidade e, além disso, servem para orientar as pessoas na sua escolha por uma carreira ou outra e aos gestores na orientação dos seus subordinados.

A comunicação entre as pessoas e a organização é facilitada quando os instrumentos de gestão de pessoas, principalmente os ligados diretamente ao interesse das pessoas, tais como sistema de gestão de carreiras, processo de avaliação de desempenho e desenvolvimento, políticas de recompensa e critérios de decisão sobre promoções, apresentam algumas características. Essas características, segundo Hall (1986) e Leibowitz, Farren e Kaye (1986), são as seguintes:

- **Transparência** – as pessoas devem ter total acesso a todas as informações que lhes digam respeito, assim como a empresa deve ser constantemente informada acerca das expectativas das pessoas.
- **Honestidade de intenções** – o relacionamento transparente só se torna viável se as partes desenvolverem absoluta confiança nas intenções apresentadas. Essa confiança é construída a partir da honestidade com que as partes se conduzem no processo.
- **Sentimento de segurança** – somente se as partes se sentirem seguras na relação é que poderão ser transparentes e absolutamente honestas. Sempre que se sentirem inseguras ou ameaçadas, tentarão se proteger.
- **Clareza das regras** – para que as partes se sintam seguras, é fundamental que as regras básicas das relações entre elas estejam acordadas entre ambas.

Informações que um sistema de gestão de carreiras deve apresentar

As pessoas e os gestores, ao interagirem com o sistema de gestão de carreiras, devem encontrar as informações de que necessitam, assim como o sistema deve oferecer uma série de contribuições aos demais sistemas de gestão de pessoas.

Apresentaremos, a seguir, as categorias que devem fazer parte de um sistema e que têm servido de guia para ajudar as organizações a elencarem as informações necessárias. Apresentaremos uma estrutura ideal e que deve ser adaptada à realidade de cada organização. Para cada uma das categorias, daremos exemplos de conteúdo.

Premissas que nortearam a construção do sistema

As premissas são guias importantes para o aprimoramento do sistema, por isso é fundamental que o processo de aprimoramento as tenha como base. Alguns exemplos de premissas são:

- **Simplicidade** – é acessível a qualquer colaborador, permitindo a visualização de sua trajetória de carreira e de todas as possibilidades para seu desenvolvimento, bem como a visualização de todas as carreiras da organização.
- **Transparência** – os colaboradores têm acesso a todas as informações pertinentes a sua carreira e a todas as políticas de ascensão e de mobilidade.
- **Identidade** – o sistema de gestão de carreiras constrói nos colaboradores uma identidade organizacional, porque é o mesmo sistema em todas as unidades e negócio e em todo o mundo. Assim, não importa onde estejam, eles visualizarão o mesmo sistema de gestão de carreiras. Todos os colaboradores podem ter oportunidades de carreira em qualquer unidade, área ou localidade.
- **Flexibilidade** – o sistema de gestão de carreiras adapta-se às necessidades de cada unidade, área ou localidade da organização e às expectativas e necessidades de cada colaborador.

Instrumentos de gestão

O sistema deve oferecer instrumentos para a pessoa, gestor e organização com o propósito de estimular o diálogo e o alinhamento de expectativas. Vamos verificar um exemplo de como podem ser descritos para cada um dos agentes desse processo:

- **Pessoa** – o sistema deve estimular no colaborador seu protagonismo na gestão do desenvolvimento e da carreira. Para tanto, pode simular e construir sua carreira na organização, ou discutir sua carreira com colegas, gestores ou profissionais de gestão de pessoa. O sistema também deve proporcionar ao colaborador condição para que se prepare para os futuros passos em sua carreira. Para que isso seja possível, é necessário que tenha credibilidade, portanto, o colaborador, ao ter acesso às políticas de mobilidade, deve cobrar coerência e consistência do sistema de gestão de carreiras.

- **Gestor** – o sistema deve proporcionar ao gestor bases para diálogos de desenvolvimento e de carreira com sua equipe. Para tanto, o gestor terá instrumentos e parâmetros para estimular e discutir o protagonismo das pessoas na gestão de suas carreiras e ações de desenvolvimento. O sistema deve proporcionar o aprimoramento dos líderes como gestores de pessoas, oferecendo instrumentos e processos que lhes permitam mais segurança ao orientar a carreira de seus colaboradores e condições concretas para pensar em seu próprio desenvolvimento. Como resultado, o gestor perceberá com mais facilidade como seu desenvolvimento está atrelado ao desenvolvimento dos membros de sua equipe.
- **Organização** – o sistema deve permitir à organização mais facilidade para a integração da gestão de pessoas. Para tanto, deve oferecer suporte para os processos de captação de pessoas e sucessório, para a educação corporativa, para a compreensão da lógica de equidade em remuneração e benefícios, para o planejamento e otimização do quadro em termos quantitativo e qualitativo para o presente e o futuro.

Navegação geral das pessoas, dos gestores e da organização

As pessoas e os gestores devem encontrar informações amplas sobre quais são as trajetórias de carreira, devendo ter condições de obter as seguintes informações:

- descrição das trajetórias;
- níveis de complexidade;
- equivalência entre os níveis;
- horizonte profissional em cada trajetória de carreira;
- horizonte profissional em cada cargo;
- mobilidade entre trajetórias e entre cargos;
- níveis de exigência para cada posição.

Essas informações devem ser acompanhadas das políticas da organização em relação ao sistema, tais como:

- mobilidade entre níveis de carreira;
- mobilidade entre trajetórias de carreira não gerencial;
- mobilidade entre trajetórias de carreira gerencial;
- mobilidade salarial;
- remuneração variável;
- benefícios.

No que se refere à carreira, são importantes informações sobre como se processam a avaliação de desempenho e o diálogo de desenvolvimento entre o gestor e os membros de sua equipe. Alguns exemplos são:

- política e critérios de avaliação;
- processo de decisão sobre as pessoas e sua mobilidade na carreira;
- processos colegiados de avaliação;
- definição de papéis no diálogo de desenvolvimento;
- periodicidade dos diálogos;
- processo de monitoramento das ações de desenvolvimento;
- definição de papéis em relação à gestão de carreira.

O sistema deve oferecer todas as informações sobre as exigências sobre a pessoa conforme a posição que ocupa na organização. Exemplos dessas informações são apresentados a seguir:

- Informações sobre as atribuições e responsabilidades, níveis de exigência mínimos e níveis de exigência desejáveis para a posição; sobre as políticas de mobilidade entre as trajetórias de carreira a partir de sua posição; sobre critérios de avaliação de desempenho previstos, política de movimentação na faixa salarial, política de remuneração variável e política de benefícios para a posição.
- Exigências em relação a posições em outras trajetórias de carreira e em relação à posição de nível superior da posição da pessoa na mesma trajetória de carreira.

Navegação da organização

O sistema deve deixar suas contribuições para os demais processos de gestão de pessoas, tais como:

- processos de recrutamento interno;
- otimização das verbas de desenvolvimento;
- balizadores da educação corporativa;
- análise da política de remuneração;
- calibragem do processo de avaliação;
- suporte ao processo sucessório;
- suporte ao programa de retenção de pessoas críticas;
- aprimoramento das políticas de mobilidade interna;
- suporte ao planejamento estratégico de pessoas.

Processos de orientação profissional

As discussões e reflexões sobre a orientação profissional ganharam muito espaço no Brasil a partir dos anos 2000. Há, porém, uma grande confusão sobre os tipos de orientação e seu uso pelas pessoas e pelas organizações. O objetivo deste tópico é esclarecer as características e usos desses processos. Para maior aprofundamento neste tema, recomendamos os trabalhos desenvolvidos por Ferreira (2008 e 2013) e Ferreira e Dutra (2010).

Nas últimas décadas, mais especificamente a partir dos anos 1980 nos Estados Unidos e dos anos 1990 no Brasil, o enfoque na orientação de carreira passou a ser priorizado na agenda dos executivos, seja em razão das atribuições de sua função na organização, seja por seu interesse pessoal. Nesse período, pôde-se observar a emergência e concorrência dos processos de orientação. Ferreira (2008 e 2013) e Ferreira e Dutra (2010), ao analisarem a literatura e as práticas de nossas organizações, agruparam os processos de orientação em três diferentes práticas:

- *Mentoring* – destinado a jovens ingressantes do mercado de trabalho em fase de construção de sua identidade profissional ou a pessoas que estão assumindo pela primeira vez uma posição de gestão e, portanto, iniciando sua interação com a arena política.
- **Aconselhamento de carreira** (*career counseling*) – oferecido para profissionais preocupados com o desenvolvimento ou transição de suas carreiras.
- *Coaching* **executivo** (*executive coaching*) – indicado para profissionais mais seniores na expectativa da consolidação de sua carreira.

Vamos aprofundar um pouco mais a caracterização de cada uma dessas diferentes práticas.

Mentoring e tutoria

A base do *mentoring* e da tutoria é de uma pessoa mais experiente orientando o desenvolvimento de pessoas menos experientes. A diferença está no foco do processo: o foco do *mentoring* é ajudar a pessoa a compreender a si própria e a sua relação com o contexto em que se insere, no qual a abordagem é basicamente comportamental. O foco da tutoria (chamada por algumas organizações de *mentoring técnico*) é transmitir ao orientado conhecimento e habilidades técnicas e/ou metodológicas.

No Brasil, o *mentoring* tem sido mais utilizado para jovens recém-saídos de programas de *trainees* e que estão começando a enfrentar a realidade organizacional. Observamos que organizações com programas de *trainees* mais recentes (menos de 5 anos) têm muita dificuldade de reter esse grupo de pessoas, porque os gestores, em sua maioria, não foram formados em programas de *trainees* e não sabem como lidar com essas pessoas. Outra aplicação dos programas de *mentoring* é para pessoas que acabaram de assumir posições gerenciais com exposição à arena política e que necessitam de um interlocutor mais experiente que não seja seu superior hierárquico.

A tutoria é exercitada com maior tradição nas universidades na relação entre orientador e orientados em programas de mestrado, doutorado e pós-doutorado. Em nossas organizações, é uma experiência recente e mais comum em organizações de base tecnológica, onde pessoas mais experientes que estão deixando o trabalho, normalmente por aposentadoria, necessitam transmitir seu conhecimento e sua sabedoria para outras pessoas.

No caso da tutoria, o nível do orientado está muito ligado à complexidade do conhecimento a ser transmitido. Ele deve ter musculatura suficiente para absorver conhecimentos técnicos de alta complexidade, mas principalmente a sabedoria do orientador, normalmente expressa em conhecimentos tácitos (conhecimentos que o orientador não tem consciência que tem) e em sua rede de relacionamentos.

Nem o *mentoring* nem a tutoria são práticas de orientação fáceis de implantar. Ambas oferecem muitas armadilhas com efeito retardado sobre as pessoas e a organização. No caso do *mentoring*, podemos apontar os seguintes cuidados a serem tomados:

- **Escolha dos mentores** – os mentores devem ser pessoas mais seniores da organização e, recomenda-se, dois a três níveis acima do chefe da pessoa a ser orientada. As experiências no Brasil utilizando mentores que eram pares do chefe imediato do orientado ou pares do chefe mediato do orientado causaram problemas de relacionamento político, uma vez que o orientador tinha acesso a informações da cozinha de seu par e as utilizava nos embates políticos. O mentor deve ser uma pessoa que personifica os valores da organização, por essa razão, é interessante que seja estabelecido um perfil para ele e que a adesão seja voluntária.

- **Preparação dos mentores** – o compromisso do mentor é com seu orientado e ele deve ajudá-lo a se desenvolver a partir de si próprio, diferentemente do papel do gestor, que, embora preocupado com o desenvolvimento dos membros de sua equipe, deve fazê-lo conciliando os interesses da organização e os da pessoa. No limite, o compromisso do gestor é com a organização e o do mentor é com a pessoa. Por essa razão, é fundamental a preparação do mentor para que ele não venha a competir com o gestor real do orientado.

- **Estruturação do programa** – o programa deve ter um começo e um fim, com duração definida – geralmente 1 ou 2 anos. As reuniões de orientação devem ter um roteiro sugerido de forma a garantir um resultado mínimo para todos os participantes. Temos casos de programas não estruturados em que os mentores se apropriaram do programa para aliciar jovens para construir uma base de apoio político para seus projetos dentro da organização. Outra desvantagem do programa não estruturado é que, dependendo do orientador, os orientados têm oportunidades desiguais.

- **Escolha mútua entre mentor e orientado** – em nossas experiências, o cuidado com a formação das duplas foi importante para a criação de uma relação comprometida desde o início. Geralmente, oferecemos aos orientados a lista dos mentores e eles escolhem três, por ordem de preferência, desde que os mentores não tenham ascendência hierárquica sobre eles. Posteriormente, as solicitações são analisadas e, normalmente, atendemos a primeira ou segunda preferência dos orientados, que são encaminhadas para os mentores verificarem se aceitam ou não.

- **Patrocínio do programa de *mentoring*** – se não forem realizadas reuniões entre mentor e orientado, há grande risco de o programa não ser bem-sucedido. Por essa razão, a recomendação é de que o patrocínio não seja da área de gestão de pessoas, mas sim do presidente ou de um gestor sênior respeitado pelos demais participantes.

Enquanto o *mentoring* pode ser realizado em algumas reuniões (cerca de 6 a 8), a tutoria é mais exigente quanto à intensidade e à frequência de encontros entre tutores e orientados. Para a transmissão de um conhecimento muito complexo, estimam-se reuniões semanais de 2 a 4 horas durante 2 anos. Para conhecimentos mais cotidianos e mais simples, a estimativa é de reuniões semanais de 2 a 4 horas durante 3 meses. De qualquer forma, a organização deve estar preparada para abrir mão de duas pessoas (tutor e orientado) por 2 a 4 horas por semana.

A tutoria pressupõe, ao contrário do *mentoring*, uma participação ativa dos gestores do tutor e do orientado. Se os gestores não estiverem comprometidos com o processo, terão dificuldades para liberar ambos para participar do processo. Por essa razão, os programas de tutoria em nossas organizações são tão raros.

Os dois programas têm o condão de acelerar o desenvolvimento dos orientados e sua progressão na carreira. Em nossos estudos, observamos, também, um desenvolvimento importante dos mentores e tutores: dos primeiros porque desenvolveram um olhar diferente para sua equipe e aumentaram a sua sensibilidade para questões vitais para o desenvolvimento organizacional; dos segundos porque desenvolveram uma reflexão estruturada sobre seus conhecimentos e descobriram que sabiam coisas que não sabiam que sabiam.

Aconselhamento

O aconselhamento é a prática estruturada mais antiga. Apareceu pela primeira vez em 1909, nos trabalhos de Parsons (PATTERSON; EISENBERG, 1988), que se preocupava com as carreiras profissionais em um momento de grandes transformações no contexto das organizações. Embora o *mentoring* já aparecesse nas obras de Homero no século VII a.C. (MEUNIER, 1961) – Mentor, uma personagem da *Odisseia*, orienta Telêmaco, filho de Odisseu (Ulisses na mitologia romana) –, somente através da obra de Parsons os processos de orientação foram trabalhados de forma estruturada.

O aconselhamento, diferente do *mentoring* e do *coaching*, tem uma ação focada. Seu propósito é trabalhar uma dissonância vivida pela pessoa e, no ambiente profissional, está geralmente ligado a questões de carreira. Por essa razão, muitos autores o tratam como aconselhamento de carreira. Essa dissonância pode ser provocada porque a pessoa está vivendo um momento de transição de carreira ou porque sente que houve uma ruptura no contrato psicológico estabelecido com a organização onde trabalha ou, ainda, porque foi demitida da organização e não consegue se posicionar adequadamente no mercado de trabalho.

O aconselhamento de carreira somente existe quando a pessoa tem uma carreira, ou seja, quando ela tem uma identidade profissional. Vimos, na Parte II deste livro, que as pessoas demoram para construir uma identidade profissional – no caso de pessoas com formação de nível superior, essa demora é de aproximadamente 3 anos no Brasil. Enquanto as pessoas não têm uma identidade profissional, o aconselhamento é mais dirigido à vocação da pessoa, sendo, nesse caso, chamado de *aconselhamento vocacional*.

O aconselhamento está normalmente associado aos momentos de crise de carreira, algumas das quais previsíveis, tais como: entrada no mundo profissional, transições de carreira e saída do mercado de trabalho.

Coaching

No mercado brasileiro, há uma grande confusão entre *aconselhamento* e *coaching*. Para esclarecer, vale a pena discutirmos a origem do *coaching* aplicado à realidade organizacional. Essa forma de orientação profissional é a mais recente e seus formuladores estão vivos e produtivos.

A palavra *coach* tem sua origem, segundo alguns pesquisadores, no húngaro e, segundo outros, no francês, mas nos dois casos trata-se de um veículo puxado por vários cavalos. Mais tarde, esse nome foi transferido para o condutor desses veículos. Ainda hoje, os motoristas dos ônibus ingleses são chamados de *coachs*, reminiscências de quando esses veículos eram puxados por cavalos.

O termo *coach* foi transferido para o esporte a partir da ideia que o *coach* detinha o conhecimento de como organizar da melhor forma os cavalos para ter o melhor rendimento ou para poupá-los. Gallwey (1974), que foi responsável por inspirar a migração do termo para as organizações, em sua prática como *coach* de tenistas de alta *performance* percebeu que o grande adversário de seus orientados eram eles próprios. Por essa razão, não bastava prepará-los em termos técnicos e físicos, era preciso fazer isso também em termos emocionais e comportamentais.

A partir dos trabalhos de Gallwey (1974), Whitmore (2005) desenvolveu uma abordagem mais voltada para a realidade organizacional, a que chamou de *coaching for performance*. É importante resgatar a história porque o *coaching* é destinado a profissionais maduros e consolidados em suas carreiras e o objetivo é ajudá-los a aprimorar sua *performance*, tal como aplicado a atletas.

As distinções entre *aconselhamento* e *coaching* são:

- **Objetivo do trabalho** – no aconselhamento, o propósito é ajudar a pessoa a sair de uma crise em razão do processo de dissonância que vive, enquanto o propósito no *coaching* é ajudar a pessoa, a partir dela própria, a aprimorar seu trabalho e obter um melhor rendimento de suas ações e decisões.

- **Método utilizado** – no aconselhamento, consiste em ajudar a pessoa a resgatar a si mesma e, a partir daí, construir um projeto profissional; no *coaching*, em ajudar a pessoa a perceber seus pontos fortes e como utilizá-los melhor e identificar pontos de aprimoramento, no que o *coach* auxilia seu orientado a desenvolver seus pontos fortes e trabalhar seu aprimoramento.
- **Situação da pessoa a ser orientada** – a pessoa que procura o aconselhamento vive algum tipo de desequilíbrio, enquanto a pessoa que procura o *coaching* é uma pessoa hígida que quer melhorar sua *performance*.

Por fim, é importante destacar que o *coaching*, quando demandado pela organização, é um processo tripartite, no qual há uma relação entre *coach*, *coachee* e organização. Embora a agenda e as discussões entre *coach* e *coachee* sejam confidenciais, devem pautar-se pela agenda proposta pela organização. Em nossos levantamentos, verificamos que raramente as organizações têm consciência disso e não pautam o processo, o que faz os resultados muitas vezes frustrarem a organização e o *coachee*.

Conclusão

A conciliação de expectativas entre pessoas e organização é o aspecto mais delicado da gestão de carreiras. Todos os trabalhos mostram isso ao longo da História e creio que continuará a ser assim no futuro, mas é a contínua perseguição dessa conciliação que nos permite evoluir e buscar novas alternativas, exercer nossa criatividade e inventividade.

Os processos de orientação que até aqui desenvolveram um papel tímido na gestão de carreiras deverão receber maior destaque no futuro. Trata-se de processos de baixo custo que oferecem um alto nível de retorno para as pessoas e para a organização.

Olhar para o futuro das relações entre pessoas e organizações é fundamental para validarmos os conceitos que vimos ao longo deste livro e repensarmos sua aplicação em diferentes realidades. Esse é o propósito do Capítulo 11: analisarmos as tendências para os próximos anos e os desafios que apresentam.

11 | Tendências na gestão de pessoas e a importância da gestão de carreiras no futuro

Introdução

Quando olhamos para o futuro, considerando as especificidades demográficas e culturais da América Latina, podemos vislumbrar desafios muito interessantes para as empresas brasileiras na gestão de pessoas. São desafios muito particulares quando comparados com os das empresas que atuam na Europa, nos Estados Unidos e no Japão, e mapeá-los é um dos propósitos deste capítulo.

As transformações sociais e culturais, associadas à evolução tecnológica, provocarão impactos na organização do trabalho. O trabalho a distância crescerá e a alocação das pessoas será cada vez mais caracterizada pela intensificação de sua mobilidade em projetos e processos. Ao mesmo tempo, teremos uma pressão maior por competitividade, que exigirá maior flexibilidade das relações de trabalho. Esse quadro poderá resultar em um desgaste emocional, físico e/ou social das pessoas para adaptar-se a um mercado de trabalho cada vez mais exigente.

As formas tradicionais de pensar a gestão de pessoas não nos permitirão dar conta desses desafios. Outro propósito deste capítulo é discutir as possibilidades de contribuição da gestão de carreiras com conceitos e instrumentos para repensarmos a gestão de pessoas em um ambiente que apresentará grandes desafios ao longo da década de 2010 e de 2020.

No período de 2009 a 2015, a gestão de carreiras foi uma das prioridades no aprimoramento da gestão de pessoas pelas organizações classificadas entre as 150 Melhores Empresas para Trabalhar pela revista *Você S.A.* No mesmo período, a ausência de parâmetros claros em relação à carreira foi um dos itens mais criticados pelas pessoas quando avaliavam as suas organizações. Vamos discutir, neste capítulo, as tendências na gestão de pessoas que devem intensificar a cobrança das pessoas sobre a clarificação dos critérios de gestão de carreiras.

Por fim, vamos apresentar algumas reflexões sobre os desafios futuros da gestão de carreiras. Algumas dessas reflexões são decorrentes de nossos trabalhos e outras provenientes dos trabalhos de pesquisadores que vêm trabalhando o tema.

Desafios para a gestão de pessoas

Perdas dos referenciais para a gestão

O aumento da competitividade faz com que aspectos da gestão dos negócios que antes eram encarados como pouco relevantes tornem-se críticos na busca por um diferencial que permita maior velocidade de resposta para o mercado e/ou redução dos custos operacionais. Atualmente, os avanços tecnológicos em comunicação e informação permitem ganhos de escala que eram inimagináveis no final da década de 1990, com a criação de serviços compartilhados e o questionamento da efetividade das estruturas funcionais, ao estimular estruturas matriciais como forma de minimizar as ineficiências causadas pelas interfaces funcionais. Dentro desse contexto, as pessoas assumem diferentes papéis dentro da organização, acumulando responsabilidades por atividades funcionais e, ao mesmo tempo, responsabilidades por projetos que vão desde o aprimoramento operacional até a revisão de intentos estratégicos. Em empresas internacionais, é cada vez mais comum observar pessoas com responsabilidades por funções e/ou projetos locais e, ao mesmo tempo, acumulando responsabilidades por funções e/ou projetos globais.

Nos próximos anos, vamos assistir a uma inflexão tecnológica com a disseminação dos computadores cognitivos. As portas de entrada no Brasil para essa tecnologia têm sido o sistema judiciário e o setor de saúde. Com os computadores cognitivos, haverá possibilidade de uma pessoa atuar em diferentes atividades da organização sem necessitar se deslocar fisicamente, tornando as divisões das atribuições e responsabilidades mais complexas. Será cada vez mais comum assistirmos a pessoas com várias chefias e atuando em diferentes unidades organizacionais e/ou negócios.

A maioria das organizações brasileiras se apoia no cargo ou no posicionamento no organograma como referência para pensar a gestão de pessoas. Podemos antever com facilidade que esses referenciais se tornarão cada vez mais movediços. O que, então, as organizações passarão a utilizar para referenciar as pessoas? Como poderão categorizá-las para efeito de remuneração e desenvolvimento? Como poderão trabalhar questões mais sofisticadas, tais como sucessão, retenção e uso ótimo da massa salarial? Como prepararão as lideranças para assumir parte do tempo das pessoas e conseguir motivá-las e engajá-las com o trabalho? Como as organizações conseguirão criar para as pessoas um significado para seu trabalho e contribuição?

A compreensão de como se organiza o trabalho das pessoas através de novas lentes pode ajudar a rever a forma como pensamos a sua gestão. Se assumirmos que existem elementos estáveis no posicionamento das pessoas em relação ao seu trabalho, podemos utilizá-los como referência para organizarmos a gestão de pessoas. Um elemento estável são as trajetórias de carreira: mesmo que a pessoa assuma diferentes atribuições e responsabilidades ao mesmo tempo, verificaremos que todas têm a mesma natureza, ou seja, todas estão dentro de uma mesma trajetória. Mesmo que a organização tenha operações em várias partes do mundo, que tenha operações e/ou negócios estruturados de diferentes formas – funcional, matricial e/ou por projetos –, isso não afetará as trajetórias de carreira, que se manterão estáveis no tempo e serão as mesmas nas diferentes partes do globo. Do mesmo modo, os degraus de complexidade serão os mesmos nas diferentes estruturas e operações da organização, assim como as competências exigidas.

Caso as organizações não repensem formalmente as suas estruturas de gestão de pessoas, o farão intuitivamente. Naturalmente, elas procurarão assentar sua gestão em parâmetros estáveis, por essa razão, estudar e aprofundar a compreensão sobre os conceitos e instrumentos de gestão de carreiras ajudarão em um processo mais ordenado de transição da gestão de pessoas.

A gestão de carreiras cria para a organização e para as pessoas referenciais que podem balizar suas relações de modo estável mesmo vivendo uma realidade de trabalho volátil. Essa estabilidade de referenciais cria mais segurança e suporta contratos psicológicos ao longo do tempo. Desse modo, a organização terá melhores condições para escolher e preparar gestores, construir expectativas nas pessoas e prepará-las para o futuro.

Novas formas de organização do trabalho

Um exemplo de mudanças na organização do trabalho é a importância da flexibilização de suas condições como forma de obter melhores quadros de atração e retenção e, também, de favorecer o desenvolvimento profissional. Uma forma de flexibilizar é incentivar o trabalho a distância, modalidade que tem crescido no Brasil. Em 2009, realizamos uma pesquisa sobre trabalho a distância (SILVA; SANTOS; VELOSO; DUTRA, 2010) em 104 empresas das 150 Melhores Empresas para Trabalhar, que relatavam oferecer trabalho a distância e que isso havia gerado economias importantes: em algumas organizações, a redução de espaço físico foi de 70%. Entretanto, constatamos que a maioria das organizações não está preparada para gerir o trabalho realizado a distância e que esse despreparo é mais cultural do que tecnológico.

Outra tendência importante na reorganização do trabalho é o crescimento dos serviços compartilhados. Os serviços compartilhados caracterizam-se pela concentração de atividades de mesma natureza, gerando economia de escala. Inicialmente, foram concentrados trabalhos repetitivos na empresa, tais como: folha de pagamentos, contabilidade e contas a pagar e a receber para, posteriormente, envolver também atividades ligadas a questões fiscais e tributárias, caixa único, serviços de contratação e treinamento, e a cadeia de suprimentos (*supply chain*). Os serviços compartilhados podem levar a uma economia de 20% a 30% nas despesas operacionais, em razão da redução de custos que geram. Por essa razão, a disseminação desse processo é inexorável. No setor privado está crescendo rapidamente e começa a se estender para o setor público.

No final da década de 1960 e início da década de 1970, quando realizava minha formação em administração, discutíamos as melhores opções de organização do trabalho e do processo decisório – se mais centralizado ou descentralizado. Ao longo da década de 1980, assistimos a muitas experiências em que ora a organização se organizava em unidades de negócio e havia uma multiplicação das estruturas-meio, ora voltava a centralizar as estruturas-meio e a logística para obter ganhos de escala. Por que havia essa alternância em movimentos centrífugos e centrípetos nos processos decisórios? Porque nesses movimentos havia um deslocamento do poder: quando havia uma centralização, as pessoas que detinham os recursos detinham o poder. A partir dos anos 2000, com o avanço da tecnologia, foi possível realizar a centralização de serviços e logística sem tirar o poder dos clientes internos ou das unidades de negócio ou das diversas unidades operacionais. Por essa razão, os serviços compartilhados tendem a crescer em volume e complexidade.

Essas novas formas de organização do trabalho trazem um grande desafio para a gestão de pessoas. Parte dessa gestão é realizada pelos gestores, parte pelas próprias pessoas, parte pelas áreas especializadas em gestão de pessoas. Nessa reorganização, as áreas especializadas em gestão de pessoas serão, mais cedo ou mais tarde, encaradas como serviços a serem compartilhados, principalmente no que se refere a atividades mais estruturadas, como captação, capacitação, remuneração, relações sindicais etc.

Como pensar a gestão de pessoas em situações nas quais uma atividade, processo, operação ou negócio tem as pessoas diretamente envolvidas separadas em lógicas organizacionais diferentes, em que parte das pessoas atua a distância e parte tem que se deslocar diariamente para determinada instalação, em que existem equipes de trabalho localizadas em diferentes partes do mundo, em que existem operações com utilização intensiva de mão de obra e operações com uso intensivo de tecnologia?

Teremos em nossas organizações uma diversidade cada vez maior de situações em que haverá a necessidade de construir uma mesma identidade em termos de gestão de pessoas e, ao mesmo tempo, atender a um grande número de especificidades. Desse modo, haverá a necessidade de parâmetros que sejam comuns para toda a organização com o objetivo de criar identidade e, ao mesmo tempo, dialogar com as necessidades de cada localidade, de cada negócio e, no limite, com cada pessoa. Os conceitos e instrumentos de gestão de carreiras têm essa característica e, de uma forma natural, serão incorporados no dia a dia das organizações, talvez com outros nomes ou propostas. Para os especialistas em gestão de pessoas, o risco é não protagonizar esse processo e ficar a reboque dos acontecimentos.

Demografia do Brasil

Atualmente, temos uma grande concentração de pessoas jovens, e nos próximos anos vamos assistir a uma queda crescente na natalidade e a um aumento da idade média do brasileiro. Isso fará com que o mercado de trabalho vá mudando de feição ao longo dos anos. Fazendo um contraponto com essa realidade, verificamos ciclos de carreira cada vez mais rápidos, conforme já trabalhamos nos capítulos iniciais, e uma longevidade crescente de nossa população. Caso não tenhamos uma compreensão clara da dinâmica do mercado de trabalho, estratégias de gestão de pessoas que são efetivas hoje podem não ser amanhã.

De outro lado, temos características geracionais muito particulares, resultantes de nossas características demográficas e históricas. Os estudiosos da questão geracional caracterizam uma nova geração quando há mudança significativa na forma de pensar e agir das pessoas. Nesse sentido, nos Estados Unidos e na Europa são consideradas as seguintes gerações: *baby boomers*, nascidos entre o final da década de 1940 e o final da década de 1960; geração X, nascida no final da década de 1960 e ao longo da década de 1970; e geração Y, nascida ao longo da década de 1980 e no início da década de 1990. No Brasil, estudos realizados por Silva (2011 e 2013) e

Veloso et al. (2011) confirmam a geração dos *baby boomers* como a das pessoas nascidas de 1946 a 1965, a geração X como as pessoas nascidas de 1966 a 1985, e uma nova geração, que pode ser chamada de Y ou Z, como as pessoas nascidas a partir de 1986.

A geração Y aparece nos Estados Unidos e na Europa no final da década de 1970 e ao longo da década de 1980, como consequência de grandes transformações, tais como: ambiente competitivo, com a entrada de novos *players*; consolidação da globalização, com sua ampliação para mercados e sistemas produtivos; alterações geopolíticas, caracterizadas com a queda do muro de Berlim; e transformações culturais, com o crescimento do *ser* em detrimento do *ter*. No Brasil, na década de 1980, vivíamos a continuidade do ambiente vivido na década de 1970, com um governo militar, restrições às importações, ambiente protegido e com baixa competitividade e uma inflação alta, que camuflava a incompetência na gestão das organizações. Em todas as nossas pesquisas (VELOSO; DUTRA; NAKATA, 2008), as pessoas nascidas na década de 1980 apresentavam as mesmas características das pessoas nascidas na década de 1970. Com uma pesquisa mais profunda realizada por Silva (2013) e Silva et al. (2011), confirmamos que as marcas geracionais no Brasil são diferentes.

Notamos uma alteração geracional, ou seja, alterações na forma de pensar e agir, nas pessoas nascidas a partir do ano de 1986. Essas pessoas cresceram em um cenário bem diferente do vivido no início da década de 1980: ambiente econômico aberto e competitivo, tecnologia de informação acessível, transformações culturais intensas e estabilidade econômica e política. Essas pessoas começaram a entrar no mercado de trabalho no final da primeira década dos anos 2000 e passaram a estar maciçamente no mercado na segunda década dos anos 2000.

Vamos assistir, nos próximos anos, a pessoas que já se aposentaram formalmente, mas que continuam no mercado oferecendo seus conhecimentos e sua capacidade de trabalho. Esse número será crescente e criará um tipo de competição que nunca vivenciamos. As organizações poderão decidir entre aumentar o seu quadro ou contratar os serviços dessas pessoas. Vamos assistir, também, a pessoas aposentadas formalmente participando de concursos públicos e iniciando uma nova carreira.

Essas particularidades de nossa demografia exigem uma gestão de pessoas capaz de lidar com maior diversidade etária e geracional e, ao mesmo tempo, com diferentes ciclos de carreira. A forma tradicional de pensar a gestão de pessoas terá poucos recursos conceituais e instrumentais para fazer frente a essa realidade.

Os impactos de nossas características demográficas não serão sentidos facilmente. Será um processo insidioso e, sem que consigamos perceber, estaremos vivendo uma nova realidade.

Transformações culturais

Nos próximos anos, teremos um crescimento gradativo da carreira subjetiva em detrimento da carreira objetiva (HALL, 2002). Ou seja, cada vez mais, as pessoas tomarão decisões sobre suas vidas profissionais a partir de valores, família e compromissos sociais e, cada vez menos, a partir de salários e *status* profissional. Temos duas evidências importantes: a primeira vem da experiência vivida por jovens nos Estados Unidos na primeira década dos anos 2000, em que o casal decidia buscar empregos menos glamourosos e com menores salários para poder cuidar dos filhos. Nos anos 1990, a mulher tinha sua carreira truncada por conta dos filhos, e os homens, uma carreira linear; agora, cada vez mais, o casal busca se organizar para cuidar dos filhos de forma a preservar a carreira de ambos. Esse movimento, que foi chamado de *opt out* (MAINIERO; SULLIVAN, 2006), tomou uma grande proporção na sociedade norte-americana, a ponto de estimular as organizações a apresentarem formas mais flexíveis de organização do trabalho.

O movimento *opt out* ainda não está completamente instalado no Brasil, mas acreditamos que a geração que está entrando no mercado de trabalho tem esses valores na sua relação com o cônjuge e com os filhos. Essa é a segunda evidência: é provável que essa geração, associada aos movimentos sociais, cristalizados nos Estados Unidos e Europa, influenciem uma grande transformação cultural em que, cada vez mais, as pessoas subordinem seu projeto profissional ao projeto pessoal e familiar.

Outro aspecto das transformações culturais vem com o surgimento da carreira da família. Para exemplificar, há um grande escritório de advocacia, onde trabalham em conjunto o fundador, o seu filho e o seu neto. Os pais do fundador estão vivos e o neto do fundador tem filhos; temos, portanto, cinco gerações vivendo em conjunto e três trabalhando juntas. O que parece algo pitoresco tende a se tornar cada vez mais comum em nossa sociedade, onde os pais e os avós estarão cada vez mais envolvidos na carreira de seus filhos e netos.

Ao longo dos últimos 10 anos, pudemos notar, na vida dos jovens casais brasileiros, o compartilhamento da carreira entre os cônjuges, caracterizada pela ajuda mútua para o crescimento na carreira e construção do projeto de família. Reflexões sobre esse assunto podem ser encontradas no trabalho de Santos (2011).

A organização deverá estar preparada para uma relação cada vez mais exigente das pessoas com ela e com seu trabalho, buscando satisfação, realização e conciliação com outras dimensões de sua vida.

Impacto sobre a forma de pensar carreiras

Frente aos desafios que se apresentam para a gestão de pessoas, teremos grande pressão sobre a forma de pensar os parâmetros para estabelecer a movimentação, o desenvolvimento e a valorização das pessoas pela empresa. Podemos visualizar de imediato algumas pressões, descritas a seguir.

Transparência nos critérios

Atualmente, na maioria das empresas do setor privado, os sistemas de carreira são inexistentes ou herméticos, ou seja, a maioria das pessoas não sabe exatamente o que necessita fazer para ascender na carreira ou fazer jus a um diferencial no seu padrão de recompensa. Um sistema de gestão de pessoas transparente pressupõe coerência de critérios e equidade em sua aplicação. Há uma clara tendência de associação entre os sistemas de recompensa e os critérios de ascensão na carreira. Na medida em que ficam claros os critérios de ascensão profissional, o mesmo ocorre com os critérios de recompensa.

A pressão por maior transparência advém de um ambiente extremamente competitivo pela mão de obra. Atrair e reter pessoas interessantes para a organização ou para o negócio pressupõe oferecer perspectivas claras de ascensão profissional e, por consequência, crescimento salarial.

Fidelização da pessoa com a organização

Em um ambiente extremamente competitivo, as pessoas terão diferentes ofertas de trabalho com diferentes formas de organização e relações de trabalho. As empresas conseguirão uma relação de compromisso das pessoas a partir de um conjunto de pequenas ações que, no conjunto, farão a diferença. A construção do comprometimento das pessoas com a organização estará, cada vez mais, nos detalhes. Cada vez mais, as pessoas estarão atentas a aspectos subjetivos da carreira e da valorização. O simbólico e o subjetivo na valorização ganharão importância e estarão de mãos dadas com os aspectos mais objetivos da valorização.

Diferentes vínculos empregatícios

As organizações trabalham com ações para otimizar a sua massa salarial. Uma forma de fazê-lo é a terceirização de atividades que não sejam ligadas a sua atividade-fim. Terceirização implica cuidar da equidade de tratamento do terceiro, principalmente no que tange a criação de situações de trabalho que propiciem o desenvolvimento e crescimento na carreira. Há necessidade de equalização dos aspectos remuneratórios e de valorização dos terceiros em relação aos praticados para o pessoal da casa. As pessoas estarão trabalhando lado a lado, executando atividades e responsabilidades de mesma complexidade e natureza e com recompensas, eventualmente, diferentes.

Garantir a equidade nas possibilidades de desenvolvimento e valorização entre o pessoal da organização e o pessoal da empresa que presta serviços é um grande desafio. Novamente, a análise da complexidade das atribuições e responsabilidades do pessoal próprio e de terceiros será fundamental para garantir a equidade.

Tendências nos estudos sobre gestão de carreiras

Algumas tendências e preocupações sobre o futuro dos estudos sobre a gestão de carreiras foram extraídas de nossas reflexões ao longo deste livro e outras da reflexão de pesquisadores preocupados com esse tema. Das nossas reflexões vamos destacar as seguintes:

- **O papel das carreiras complementares no desenvolvimento das pessoas e em estratégias de transição de carreira** – esse é um tema pouco estudado e nossos achados foram efetuados a partir da análise de biografias. Observamos pessoas em diferentes fases de seu amadurecimento profissional utilizarem o recurso das carreiras complementares para dar suporte a seu desenvolvimento, para obter realização em outros tipos de atividade ou para se testarem. Em uma sociedade cada vez mais diversa, com ciclos de carreira mais curtos e maior longevidade das pessoas, as carreiras complementares exercerão um papel cada vez mais relevante. Na medida em que seja um processo consciente das pessoas e/ou um programa estruturado pelas organizações, podemos ter a potencialização dessa prática para criar desenvolvimento, maior satisfação e felicidade das pessoas.

- **Indefinições sobre trajetórias de carreira** – notamos nas biografias analisadas momentos vividos pelas pessoas em que elas ficaram paralisadas em seu desenvolvimento e angustiadas profissionalmente. Essas situações caracterizavam-se por uma indefinição profissional, em que a pessoa estava ao mesmo tempo em duas trajetórias de carreira sem conseguir optar por uma delas. Na maioria dos casos, esse processo não foi consciente; somente durante a entrevista é que as pessoas conseguiram analisar o que havia ocorrido. Nessa situação, as pessoas não conseguem construir ou desconstruir a identidade profissional – é como se estivessem com os pés em canoas diferentes. Em seus relatos, elas conseguiram sair da situação em que viviam quando definiram uma trajetória. As situações mais comuns eram de pessoas técnicas que haviam assumido posições gerenciais. Esse tema tem sido pouco estudado, mas, em conversas com profissionais da área e com algumas pessoas que me procuram para conversar sobre suas carreiras, percebo como é uma situação comum na vida das pessoas. Com ciclos de carreira mais curtos e a falta de consciência das pessoas sobre suas carreiras, é um fenômeno que merece grande atenção de pesquisadores e de profissionais de gestão de pessoas.

Das reflexões de pesquisadores sobre o tema, vamos destacar as seguintes:

- **Fluxo de pessoas nas organizações** – Cascio (2007) aponta um paradoxo vivido pelas organizações norte-americanas, onde há um número cada vez menor de jovens chegando ao mercado e continua havendo incentivos para que as pessoas mais maduras saiam. Esse processo, segundo o autor, não é respaldado pela transferência de conhecimentos e de sabedoria das pessoas que saem para as que ficam. O problema já é sentido por empresas de base tecnológica, mas deve ser agravado em um futuro próximo, em uma sociedade que valoriza o jovem e que paulatinamente envelhecerá. Caso a sociedade e as organizações não façam ajustes em seus referenciais, manteremos um padrão de conduta que hoje faz sentido, mas não fará no futuro.
- **Carreira para altos executivos** – Schein (2007), a partir de sua experiência em trabalhos sobre gestão de carreiras e de gestão da cultura organizacional, aponta a ausência de estudos e de práticas organizacionais para estruturar a carreira de gestores que atuam no nível estratégico das organizações. Essa lacuna explica uma série de equívocos nas escolhas efetuadas pelas organizações e na realização de programas de aprimoramento desse grupo de gestores. Nossa realidade não é diferente: em nossas pesquisas, encontramos uma reflexão estruturada

sobre o desenvolvimento desse grupo de gestores somente em organizações onde há um processo sucessório maduro. Nessas organizações, a ênfase, entretanto, é em preparar gestores para assumir futuros desafios do negócio, e não no seu aprimoramento ou preparação para lidar com um contexto organizacional mais exigente e complexo.

Conclusão

De forma geral, ao pensarmos a gestão de pessoas através das lentes oferecidas pelos conceitos da gestão de carreiras, podemos observar com maior argúcia a evolução natural da gestão de pessoas no Brasil. As especificidades de nossa realidade obrigarão uma adequação da experiência internacional, proporcionando uma reflexão mais profunda e a busca de referenciais conceituais que possam orientar esse processo. Os movimentos aqui citados, sem dúvida, afetarão significativamente o conjunto de conceitos, instrumentos e práticas de gestão de pessoas e, como não poderia deixar de ser, deverão influenciar a revisão das práticas de gestão de carreiras para os próximos anos.

Temos uma longa caminhada no aprimoramento da gestão de pessoas em nossas organizações e da gestão de carreiras. Vamos enfrentar muitos desafios e, parafraseando Veloso (2012), é importante convertê-los em oportunidades de amadurecimento tanto para as pessoas quanto para as organizações.

Bibliografia

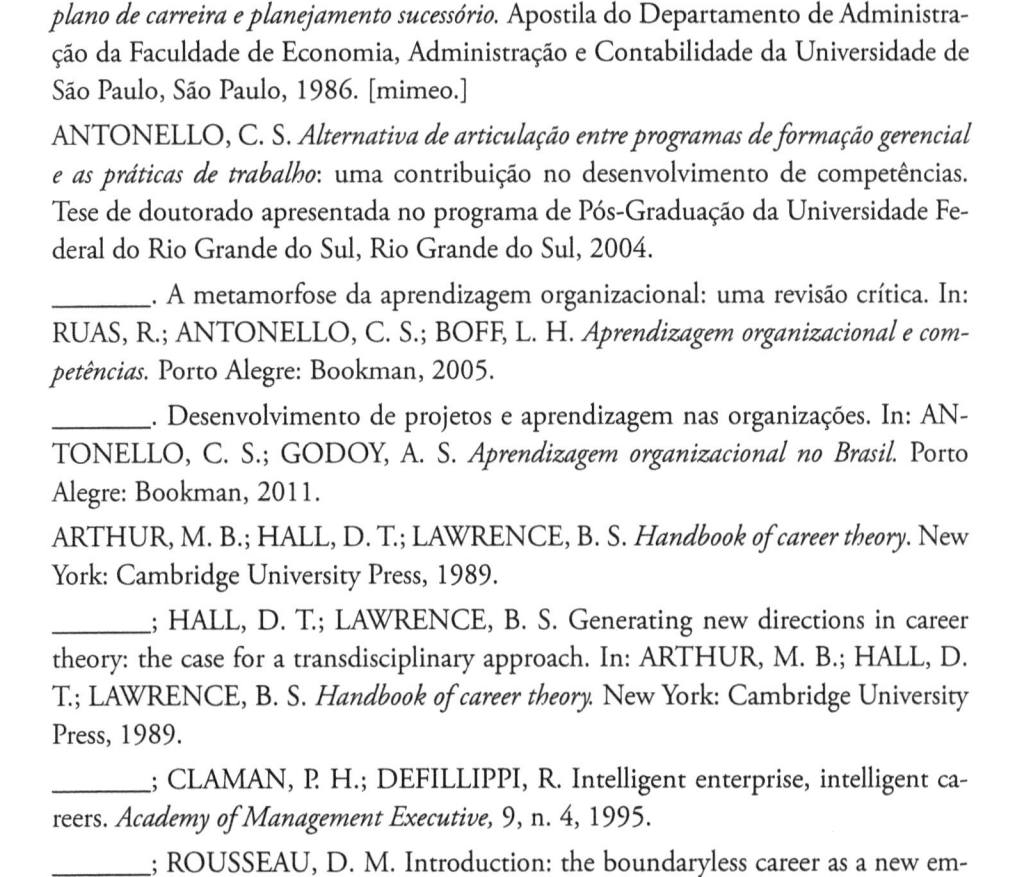

ALBUQUERQUE, L. G.; LEME, R. A.; ZACCARELLI, S. B. *Recrutamento interno, plano de carreira e planejamento sucessório*. Apostila do Departamento de Administração da Faculdade de Economia, Administração e Contabilidade da Universidade de São Paulo, São Paulo, 1986. [mimeo.]

ANTONELLO, C. S. *Alternativa de articulação entre programas de formação gerencial e as práticas de trabalho*: uma contribuição no desenvolvimento de competências. Tese de doutorado apresentada no programa de Pós-Graduação da Universidade Federal do Rio Grande do Sul, Rio Grande do Sul, 2004.

_____. A metamorfose da aprendizagem organizacional: uma revisão crítica. In: RUAS, R.; ANTONELLO, C. S.; BOFF, L. H. *Aprendizagem organizacional e competências*. Porto Alegre: Bookman, 2005.

_____. Desenvolvimento de projetos e aprendizagem nas organizações. In: ANTONELLO, C. S.; GODOY, A. S. *Aprendizagem organizacional no Brasil*. Porto Alegre: Bookman, 2011.

ARTHUR, M. B.; HALL, D. T.; LAWRENCE, B. S. *Handbook of career theory*. New York: Cambridge University Press, 1989.

_____; HALL, D. T.; LAWRENCE, B. S. Generating new directions in career theory: the case for a transdisciplinary approach. In: ARTHUR, M. B.; HALL, D. T.; LAWRENCE, B. S. *Handbook of career theory*. New York: Cambridge University Press, 1989.

_____; CLAMAN, P. H.; DEFILLIPPI, R. Intelligent enterprise, intelligent careers. *Academy of Management Executive*, 9, n. 4, 1995.

_____; ROUSSEAU, D. M. Introduction: the boundaryless career as a new employment principle. In: ARTHUR, M. B.; ROUSSEAU, D. M. *The boundaryless career*: a new employment principle for a new organizational era. New York: Oxford University Press, 1996.

ARTHUR, M.B.; INKSON, K.; PRINGLE, J. K. *The new careers*: individual action and economic change. London: Sage Publications, 1999.

BAILYN, L. *Living with tecnology*: issues at mid-career. Cambridge, MA: MIT Press, 1980.

BECKHARD, R.; HARRIS, R. *Organizational transitions:* managing complex change. Massachusetts, CA: Addison-Wesley, 1977.

BLAU P. M.; DUNCAN O. D. *The american occupational structure*. New York: Wiley, 1967.

BOTERF, Guy Le. *Desenvolvendo a competência dos profissionais*. São Paulo: Artmed/Bookman, 2003.

BRISCOE, J. P.; HALL, D. T. A interação das carreiras sem fronteiras e proteana: combinações e implicações. In: DUTRA, J. S.; VELOSO, E. F. R. *Desafios da gestão de carreiras*. São Paulo: Atlas, 2013.

CAMPBELL, J. *O herói de mil faces*. São Paulo: Cultrix, 1949.

CASADO, T. *Tipos psicológicos*: uma proposta de instrumento para diagnóstico do potencial humano nas organizações. Tese apresentada na Faculdade de Economia, Administração e Ciências Contábeis da Universidade de São Paulo para a obtenção do título de doutora, São Paulo, 1998.

CASCIO, W. F. Trends, paradoxes and some directions for research in career studies. In: GUNZ, H.; PEIPERL, M. *Handbook of career studies*. Thousand Oaks, CA: Sage, 2007.

CHARAN, R.; BOSSIDY, L. *Execução*: a disciplina para atingir resultados. São Paulo: Campus, 2004.

_____; DROTTER, S.; NOEL, J. *The leadership pipeline*. San Francisco: Jossey-Bass, 2001.

COSTA, I. S. A.; BALASSIANO, M. *Gestão de carreiras*: dilemas e perspectivas. São Paulo: Atlas, 2006.

DALTON, G.; THOMPSON, P. *Novations*: strategies for career management. Provo, UT: edição dos autores, 1993.

_____. The four stages of professional careers. *Organizational dynamics*, Summer 1977.

DEFILLIPPI, R. J.; ARTHUR, M. B. The boundaryless career: a competency based perspective. *Journal of organizational behavior*, v. 15, 1994.

DUTRA, J. S. *Avaliação de pessoas na empresa contemporânea*. São Paulo: Atlas, 2014.

DUTRA, J. S. *Gestão de carreiras na empresa contemporânea*. São Paulo: Atlas, 2010.

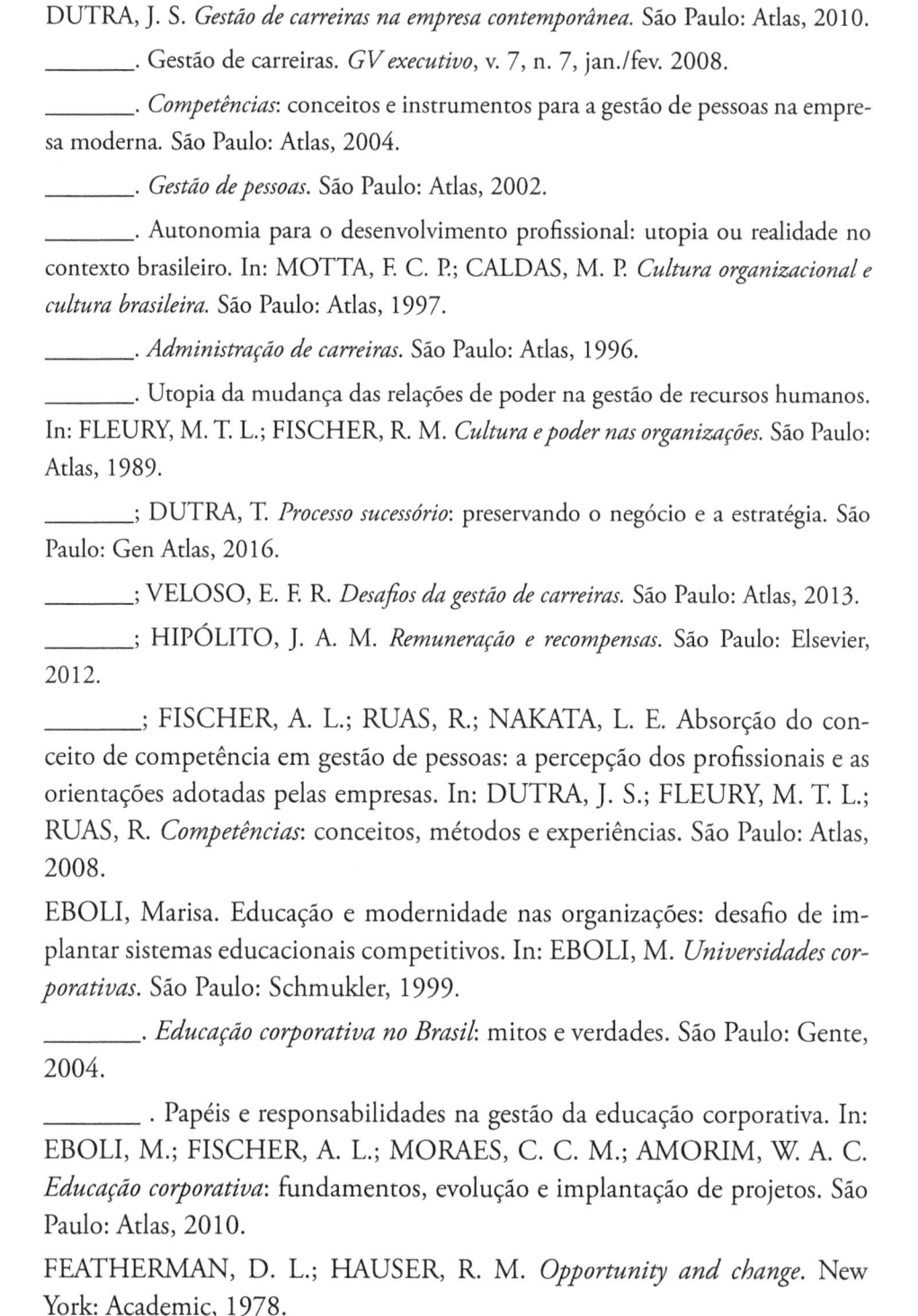

_____. Gestão de carreiras. *GV executivo*, v. 7, n. 7, jan./fev. 2008.

_____. *Competências*: conceitos e instrumentos para a gestão de pessoas na empresa moderna. São Paulo: Atlas, 2004.

_____. *Gestão de pessoas*. São Paulo: Atlas, 2002.

_____. Autonomia para o desenvolvimento profissional: utopia ou realidade no contexto brasileiro. In: MOTTA, F. C. P.; CALDAS, M. P. *Cultura organizacional e cultura brasileira*. São Paulo: Atlas, 1997.

_____. *Administração de carreiras*. São Paulo: Atlas, 1996.

_____. Utopia da mudança das relações de poder na gestão de recursos humanos. In: FLEURY, M. T. L.; FISCHER, R. M. *Cultura e poder nas organizações*. São Paulo: Atlas, 1989.

_____; DUTRA, T. *Processo sucessório*: preservando o negócio e a estratégia. São Paulo: Gen Atlas, 2016.

_____; VELOSO, E. F. R. *Desafios da gestão de carreiras*. São Paulo: Atlas, 2013.

_____; HIPÓLITO, J. A. M. *Remuneração e recompensas*. São Paulo: Elsevier, 2012.

_____; FISCHER, A. L.; RUAS, R.; NAKATA, L. E. Absorção do conceito de competência em gestão de pessoas: a percepção dos profissionais e as orientações adotadas pelas empresas. In: DUTRA, J. S.; FLEURY, M. T. L.; RUAS, R. *Competências*: conceitos, métodos e experiências. São Paulo: Atlas, 2008.

EBOLI, Marisa. Educação e modernidade nas organizações: desafio de implantar sistemas educacionais competitivos. In: EBOLI, M. *Universidades corporativas*. São Paulo: Schmukler, 1999.

_____. *Educação corporativa no Brasil*: mitos e verdades. São Paulo: Gente, 2004.

_____ . Papéis e responsabilidades na gestão da educação corporativa. In: EBOLI, M.; FISCHER, A. L.; MORAES, C. C. M.; AMORIM, W. A. C. *Educação corporativa*: fundamentos, evolução e implantação de projetos. São Paulo: Atlas, 2010.

FEATHERMAN, D. L.; HAUSER, R. M. *Opportunity and change*. New York: Academic, 1978.

FERREIRA, M. A. A. Práticas de orientação e desenvolvimento de executivos. In: DUTRA, J. S.; VELOSO, E. F. R. *Desafios da gestão de carreiras*. São Paulo: Atlas, 2013.

_____. *Coaching*: um estudo exploratório sobre a percepção dos envolvidos – organização, executivo e *coach*. 2008. 134 f. Dissertação (Mestrado em Administração de Empresas) apresentada na Faculdade de Economia, Administração e Contabilidade da Universidade de São Paulo, São Paulo, 2008.

_____; DUTRA, J. S. Orientação profissional. In: DUTRA, J. S. *Gestão de carreiras na empresa contemporânea*. São Paulo: Atlas, 2010.

FISCHER, A. L. *As configurações de práticas de gestão de recursos humanos adotadas por um conjunto de empresas brasileiras e suas relações com o desempenho organizacional*. Tese apresentada na Faculdade de Economia, Administração e Ciências Contábeis da Universidade de São Paulo para obtenção do título de livre docente. São Paulo, 2015.

FISCHER, R. M. Mudança e transformação organizacional. In: FLEURY, M. T. et al. *As pessoas na organização*. São Paulo: Gente, 2002.

_____. *Desafio à competência gerencial*. Trabalho apresentado no VIII Congresso Internacional de Marketing Financeiro, Buenos Aires, Argentina, jun. 1992.

FRIEDMAN, S. D. Succession systems in large corporations. *Human Resource Management*, v. 25, n. 2, p. 191-213, jan. 1986.

GALLWEY, W. T. *The inner game of tennis*. New York: Ramdom House Inc., 1974.

GINZBERG, E.; GINBURG, S. W.; AXELARD, S.; HERMAN, J. L. *Occupational choice:* an approach to a general theory. New York: Columbia University Press, 1951.

GOMES, Maria T. *O chamado*: você é o herói do próprio destino. São Paulo: Atlas, 2016.

GROVES, K. S. Integrating leadership development and succession planning best practices. *Journal of Management*, v. 26, n. 3, p. 239-260, 2007.

GUEST, D. E.; STURGES, J. Living to work – working to live: conceptualizations of career among contemporary workers. In: GUNZ, H.; PEIPERL, M. *Handbook of career studies*. Thousand Oaks: Sage, 2007.

GUNZ, H.; PEIPERL, M. *Handbook of career studies*. Thousand Oaks: Sage, 2007.

GUTTERIDGE, T. G. Organizational career development systems: the state of the practice. In: HALL, D. T. *Career development in organizations*. San Francisco: Jossey-Bass, 1986.

GUTTERIDGE, T. G.; LEIBOWITZ, Z. B.; SHORE, J. E. *Organizational career development*. San Francisco: Jossey-Bass, 1993.

HALL, D. T. *Careers in and out of Organizations*. London: Sage Publications, 2002.

_____. Preface. In: HALL, D. et al. *The career is dead-long live the career*. San Francisco: Jossey-Bass, 1996.

_____. Preface. In: HALL, D. et al. *Career development in organizations*. San Francisco: Jossey-Bass, 1986.

_____*Career in organizations*. Pacific Palisades: Goodyear, 1976.

HIGGINS, M. C. *Career Imprints*: creating leaders across an industry. San Francisco: Jossey-Bass, 2005.

_____; DILLON, J. R. Career patterns and organizational performance. In: GUNZ, H.; PEIPERL, M. *Handbook of career studies*. Thousand Oaks: Sage, 2007.

HOLLAND, J. L. *Making vocational choices:* a theory of vocational personality and work environments. 2nd ed. Englewood Cliffs: Prentice Hall, 1985.

HUGLES, E. C. *Men and their work*. Glencoe: Free Press, 1958.

IBARRA, H. *Working Identity*: unconventional strategies for reinventing your career. Boston: Harvard Business School Press, 2003.

INKSON, K. *Understanding careers*: metaphors of working lives. Thousand Oaks: Sage, 2007.

_____. *Equitable payment*: a general theory of work, differential payment and industrial progress. London: Pelican Books, 1967.

_____; CASON, K. *Human capability*. Falls Church: Cason, 1994.

JONES, C.; DUNN, M. Career and institutions: the centrality of careers to organizational studies. In: GUNZ, H.; PEIPERL, M. *Handbook of career studies.* Thousand Oaks: Sage, 2007.

JUNG, C. G. Psycological types. In: MCGUIRE, W. *The collected works of C. G. Jung*, vol. 6, Bollinger Series XX. Princeton: Princeton University Press, 1971.

KRAM, K. E.; ISABELLA, L. A. Mentoring alternatives: the role of peer relationships in career development. *Academy of Management Journal*, v. 28, n. 1, p. 110-132, mar. 1985.

KOLB, D.; RUBIN, I.; MCINTYRE, J. *Psicologia organizacional*. São Paulo: Atlas, 1990.

LEIBMAN, M.; BRUER, R. A.; MAKI, B. R. Succession management: the next generation of succession planning. *People and Strategy*, v. 19, n. 3, p. 16-30, 1996.

LEIBOWITZ, Z. B. Designing career development systems: principles and practices. *Human Resource Planning*, v. 10, n. 4, p. 195-208, oct./dec. 1987.

_____; FARREN, C.; KAYE, B. L. *Designing Career Development Systems*. San Francisco, CA: Jossey-Bass, 1986.

LENTZ, C. W. Dual ladders become multiple ladders at Dow Corning. *Research Technology Management*, p. 28-34, may/jun. 1990.

LEVINSON, D. J. The career is in the life structure, the life structure is in the career. In: ARTHUR, M. B.; BAILYN, L.; LEVINSON, D. J.; SHEPARD, H. A. *Working with careers, center for research in career development*. New York: Columbia University, 1984.

LONDON, M.; STUMPH, S. *Managing careers*. Massachusetts: Addison-Wesley, 1982.

MABEY, C.; ILES, P. The strategic integration of assessment and development practices: succession planning and new manager development. *Human Resource Management Journal*, v. 3, n. 4, p. 16-34, 1992.

MAINIERO, L. A.; SULLIVAN, S. E. *The opt-out revolt*: why people are leaving companies to create kaleidoscope careers. Mountain View: Davies-Black Publishing, 2006.

MARTINS, H. T. *Gestão de carreiras na era do conhecimento*: uma abordagem conceitual e resultados de pesquisa. Rio de Janeiro: Qualitymark, 2001.

MEISEL, S. L. The dual ladder: the rungs and promotion criteria. *Research Management*, v. 20, n. 4, p. 24-27, jul. 1977.

METZ, E. J. Designing succession systems for new competitive realities. *People and Strategy*, v. 21, n. 3, p. 31-38, 1998.

MEUNIER, M. *Legenda dourada*. São Paulo: Ibrasa, 1961.

MILES, R. E.; SNOW, C. *Organizational strategy, structure and process*. New York: McGraw-Hill, 1978.

MINARELLI, J. A. *Empregabilidade:* como entrar, permanecer e progredir no mercado de trabalho. São Paulo: Gente, 1995.

MINOR, F. J. Computer applications in career development planning. In: HALL, D. T. *Career development in organizations*. San Francisco: Jossey-Bass, 1986.

MORISON, R.; ERICKSON, T.; DYCHTWALD, K. A crise da meia carreira. *Harvard Business Review*, Mar. 2006.

NONAKA, I.; TAKEUCHI, H. *Criação de conhecimento na empresa*. Rio de Janeiro: Campus, 1997.

OHTSUKI, C. H. *A gestão sucessória em empresas não familiares no Brasil:* um estudo de caso. Dissertação para obtenção de título de mestrado apresentada na Faculdade de Economia, Administração e Ciências Contábeis da Universidade de São Paulo, São Paulo, 2012.

PATTERSON, L. E.; EISENBERG, S. *O processo de aconselhamento*. São Paulo: Martins Fontes, 1988.

PEIPERL, M. A.; ARTHUR, M. B. *Career creativity*: explorations in the remarking of work. Oxford: Oxford University Press, 2002.

PETTIGREW, A. M. A cultura das organizações é administrável? In: FLEURY, M. T.; FISCHER, R. M. *Cultura e poder nas organizações*. São Paulo: Atlas, 1989.

PORTWOOD, J. D.; GRANROSE, C. S. Organizational career management programs: what's available? what's effective? *Human Resource Planning*, v. 9, n. 3, p. 107-119, jul./sept. 1986.

QUISHIDA, A. *Adaptação à transição de carreira na meia-idade*: um estudo exploratório sob o enfoque do *locus* de controle. Dissertação para obtenção de título de mestrado apresentada na Faculdade de Economia, Administração e Ciências Contábeis da Universidade de São Paulo, São Paulo, 2007.

RHODES, D. W.; WALKER, J. W. Management succession and development planning. *Human Resource Planning*, v. 7, n. 4, p. 157-175, 1987.

RINOW, Guilherme. *Dinâmica da aprendizagem voltada para a competitividade*. Dissertação de mestrado apresentada na Faculdade de Economia, Administração e Contabilidade da Universidade de São Paulo, São Paulo, 1998.

ROTHWELL, W. J. *Effective succession planning*. 4th. ed. New York: Amacom, 2010.

_____ et al. *Career planning and succession management*. Westport: Praeger, 2005a.

_____. *Effective succession planning*. New York: Amacom, 2005b.

_____; KAZANAS, H. C. *Strategic human resources and management*. New Jersey: Prentice Hall, 1988.

ROWBOTTOM, R. W.; BILLIS, D. *Organizational design*: the work-levels approach. Cambridge: Gower, 1987.

RUAS, R. Desenvolvimento de competências gerenciais e a contribuição da aprendizagem organizacional. In: FLEURY, M. T.; OLIVEIRA JR., M. *Gestão estratégica do conhecimento*. São Paulo: Atlas, 2001.

_____. Gestão por competências: uma contribuição à estratégia das organizações. In: RUAS, R.; ANTONELLO, C. S.; BOFF, L. H. *Aprendizagem organizacional e competências*. Porto Alegre: Bookman, 2005.

_____; ANTONELLO, C. S. Repensando os referenciais analíticos em aprendizagem organizacional: uma alternativa para análise multidimensional. *Revista de Administração Contemporânea da Anpad*, v. 7, n. 3, Curitiba, 2003.

_____. *Gestão das competências gerenciais e a aprendizagem nas organizações*. Documento preliminar preparado como material de apoio aos Cursos de Extensão do Programa de Pós-Graduação e Pesquisas em Administração da Universidade Federal do Rio Grande do Sul, 2002.

SANTOS, H. B. *O processo de dual career family*: um estudo sobre os impactos e implicações na vida do casal. Tese de doutorado apresentada na Faculdade de Economia, Administração e Contabilidade da Universidade de São Paulo, São Paulo, 2011.

SAVIOLI, N. *Carreira*: manual do proprietário. São Paulo: Qualitymark, 1991.

SCHEIN, E. H. Career research: some issues and dilemmas. In: GUNZ, H.; PEIPERL, M. *Handbook of career studies*. Thousand Oaks: Sage, 2007.

_____. *Career survival*: strategic job and role planning. San Diego: Pfeiffer & Company, 1995.

_____. *Career anchors*: discovering your real values. San Diego: Pfeiffer & Company, University Associates, 1990.

_____. *Career dynamics*: matching individual and organizational needs. Massachusetts: Addison-Wesley, 1978.

SHEPARD, H. A. On the realization of human potencial: a path with heart. In: ARTHUR, M. B. et al. *Working with careers*. New York: Columbia Univesity, Graduate School of Business, 1984.

SILVA, R. C. *Abordagem geracional como proposta à gestão de pessoas*. Tese de doutorado apresentada no Departamento de Administração da Faculdade de Economia, Administração e Ciências Contábeis da Universidade de São Paulo, São Paulo, 2013.

_____; DIAS, C. A. F.; SILVA, M. T. G.; KRAKAUER, P. V. C.; MARINHO, B. L. Carreiras: novas ou tradicionais? Um estudo com profissionais brasileiros. In: *Anais* do XXXV ENANPAD, Rio de Janeiro, 2011.

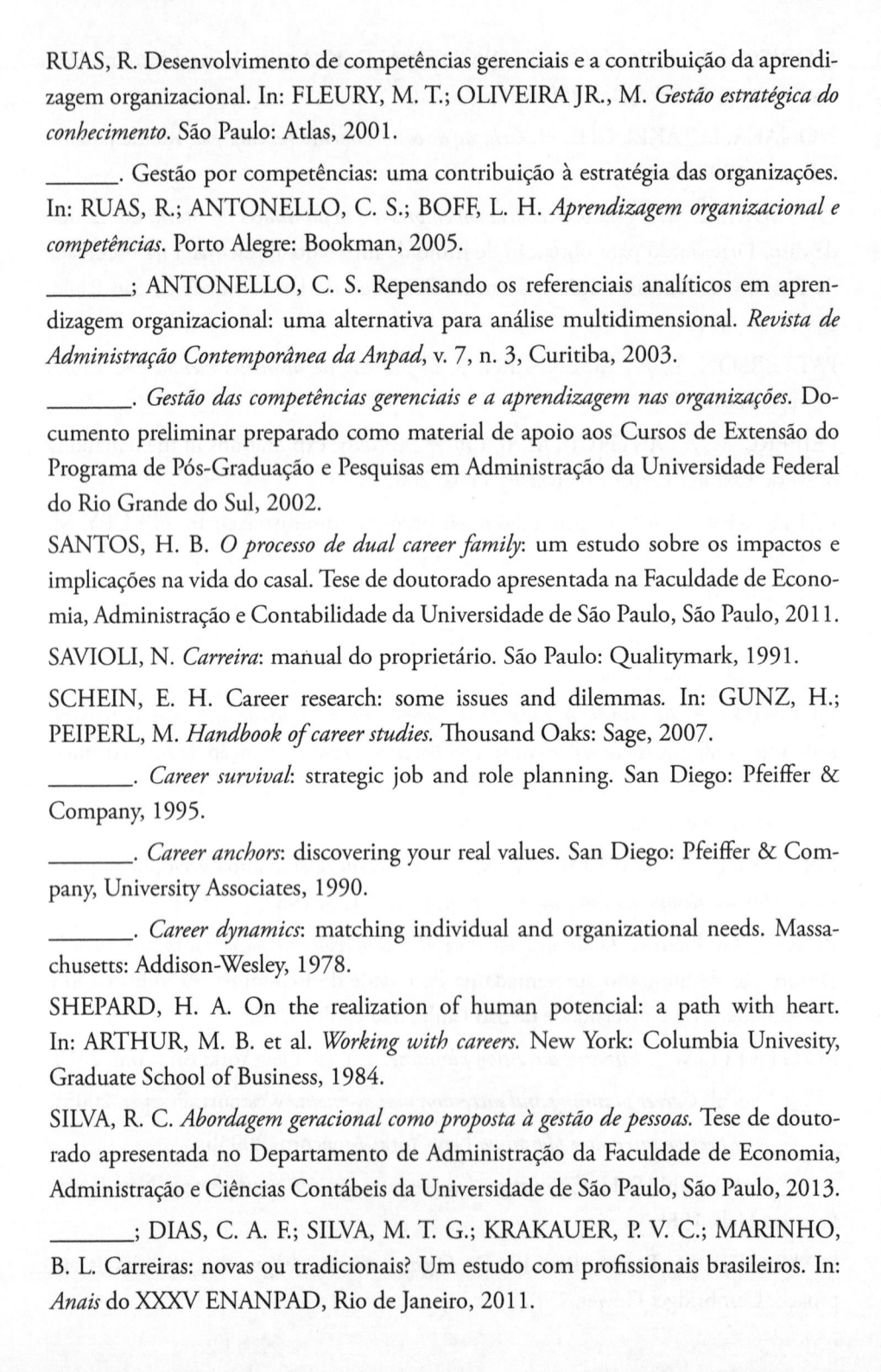

SILVA, R.C.; SANTOS, A. L.; VELOSO, E. F. R.; DUTRA, J. S. Políticas e práticas de flexibilização do trabalho e seus impactos na percepção dos empregados sobre a equidade entre vida e trabalho e crescimento profissional. In: *Anais* do XXXIV ENANPAD, Rio de Janeiro, 2010.

SMITH, J. J.; SZABO, T. T. The dual ladder: importance of flexibility, job content and individual temperament. *Research Management*, v. 20, n. 4, p. 20-23, jul. 1977.

SONNENFELD, J. A career system profiles and strategic staffing. In: HALL, D. T.; ARTHUR, M. B.; LAWRENCE, B. S. *Handbook of career theory*. Nova York: Cambridge University Press, 1989.

STAMP, G. *Key Relationship appreciation*. Documento interno da Bioss – Brunel Institute of Organization and Social Studies, ago. 1994a.

_____. *Making the most of human capital for competitive advantage*. Documento interno da Bioss – Brunel Institute of Organization and Social Studies, jun. 1994b.

_____. *The essence of levels of work*. Documento interno da Bioss – Brunel Institute of Organization and Social Studies, jun. 1993.

_____. The individual, the organizational and the path to mutual appreciation. *Personnel Management*, v. 21, n. 7, p. 1-7, jul. 1989.

_____; STAMP, C. Wellbeing at work: aligning purposes, people, strategies and structure. *The International Journal of Career Management*, v. 5, n. 3, p. 2-36, 1993.

SUPER, D. E. Life career roles: self-realization in work and leisure. In: HALL, D. T. *Career development in organizations*. San Francisco: Jossey-Bass, 1986.

_____; BOHN JR., M. J. *Psicologia ocupacional*. São Paulo: Atlas, 1972.

_____. *The psychology of careers*: an introduction to vocational development. New York: Harper & Brothers, 1957.

TAYLOR, T.; MCGRAW, P. Succession management practices in australian organizations. *International Journal of Manpower*, v. 25, n. 8, p. 741-758, 2004.

USEEM, M. *O momento de liderar*. São Paulo: Negócio, 1999.

VAN MAANEN, J. *Organizational careers*: some new perspectives. New York: Wiley, 1977.

VARDI, Y.; KIM, S. H. Considering the darker side of careers: toward a more balance perspective. In: GUNZ, H.; PEIPERL, M. *Handbook of career studies*. Thousand Oaks: Sage, 2007.

VELOSO, E. F. R. *Carreiras sem fronteiras e transição profissional no Brasil*: desafios e oportunidades para pessoas e organizações. São Paulo: Atlas, 2012.

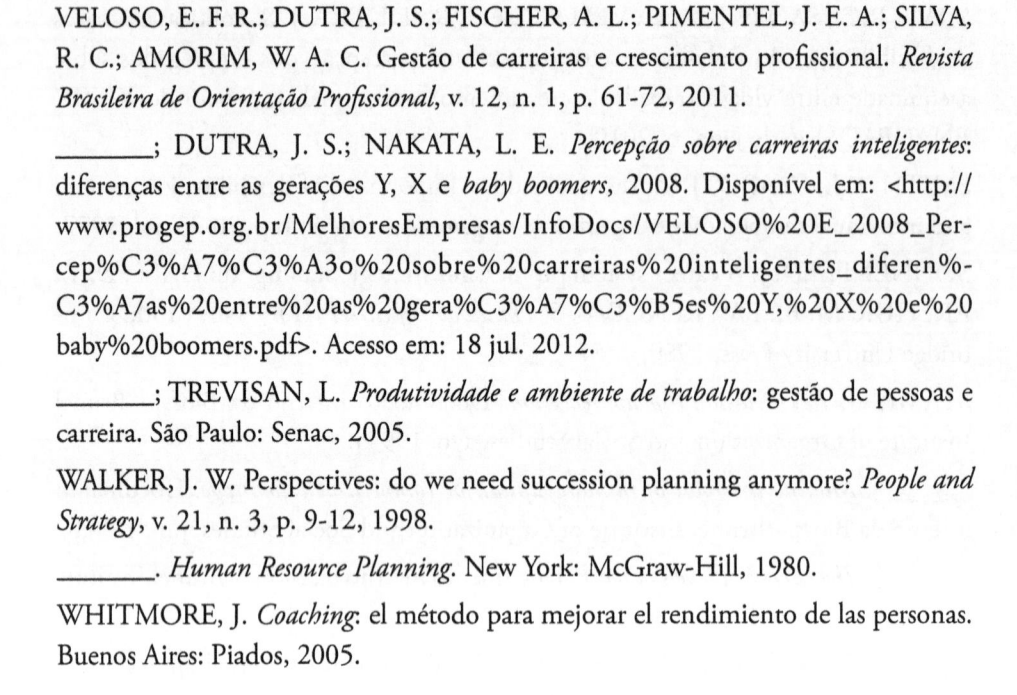

VELOSO, E. F. R.; DUTRA, J. S.; FISCHER, A. L.; PIMENTEL, J. E. A.; SILVA, R. C.; AMORIM, W. A. C. Gestão de carreiras e crescimento profissional. *Revista Brasileira de Orientação Profissional*, v. 12, n. 1, p. 61-72, 2011.

_____; DUTRA, J. S.; NAKATA, L. E. *Percepção sobre carreiras inteligentes*: diferenças entre as gerações Y, X e *baby boomers*, 2008. Disponível em: <http://www.progep.org.br/MelhoresEmpresas/InfoDocs/VELOSO%20E_2008_Percep%C3%A7%C3%A3o%20sobre%20carreiras%20inteligentes_diferen%­C3%A7as%20entre%20as%20gera%C3%A7%C3%B5es%20Y,%20X%20e%20baby%20boomers.pdf>. Acesso em: 18 jul. 2012.

_____; TREVISAN, L. *Produtividade e ambiente de trabalho*: gestão de pessoas e carreira. São Paulo: Senac, 2005.

WALKER, J. W. Perspectives: do we need succession planning anymore? *People and Strategy*, v. 21, n. 3, p. 9-12, 1998.

_____. *Human Resource Planning*. New York: McGraw-Hill, 1980.

WHITMORE, J. *Coaching*: el método para mejorar el rendimiento de las personas. Buenos Aires: Piados, 2005.

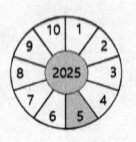